SHIXUE BACAI QIANZHONGLIAN

诗学霸才钱仲联

赵杏根 / 著

诗学霸才

钱仲联

北京大学出版社
PEKING UNIVERSITY PRESS

图书在版编目(CIP)数据

诗学霸才钱仲联/赵杏根著.—北京:北京大学出版社,2009.9

(中国学术大师系列)

ISBN 978-7-301-15621-6

Ⅰ.诗… Ⅱ.赵… Ⅲ.钱仲联(1908～2003)-传记 Ⅳ.K825.6

中国版本图书馆 CIP 数据核字(2009)第 133150 号

书　　　名：诗学霸才钱仲联

著作责任者：赵杏根　著

策 划 编 辑：王炜烨

责 任 编 辑：魏冬峰

标 准 书 号：ISBN 978-7-301-15621-6/K·0610

出 版 发 行：北京大学出版社

地　　　址：北京市海淀区成府路 205 号　100871

网　　　址：http://www.pup.cn　电子邮箱：weidf@pup.pku.edu.cn

电　　　话：邮购部 62752015　发行部 62750672　编辑部 62750673
出版部 62754962

印　刷　者：北京宏伟双华印刷有限公司

经　销　者：新华书店
787 毫米×1092 毫米　16 开本　16 印张　264 千字
2009 年 9 月第 1 版　2009 年 9 月第 1 次印刷

定　　　价：33.00 元

收拾桑榆双鬓白
商量王霸一灯红

钱仲联

目录

第一章 家世与少年时代

1. 吴兴与常熟

2. 翁家·俞家·沈家

3. 少年时代

1. 吴兴与常熟

1987年，冒效鲁去世，钱仲联作《悼冒效鲁》诗，开头两句就是："四十年前梦尚温，灯边南北两王孙。"自注云："君为成吉思汗裔，余为吴越王后。"[1]冒效鲁先生出身于如皋冒氏，如皋冒氏不仅是蒙古人，而且还是成吉思汗的后代，所以冒先生当然是"王孙"了。吴越王，五代十国时吴越王钱镠（即钱武肃王），他的后代，当然也是"王孙"了。

大江以南，有名的钱氏家族就有好几个，但未必都是同宗。例如，同样是无锡钱氏，钱基博、钱锺书的钱氏，是城内的钱，钱穆、钱伟长，则是无锡城外七房桥的钱氏，不是同宗。常熟钱谦益与钱曾，确实是同一个家族的，钱曾为钱谦益的族孙。钱仲联是常熟人，又非常推崇钱谦益，赞赏钱曾，所以，有人想当然，就说钱先生是钱谦益的后人。例如，日本坂田新氏《金陵学记》就说钱先生与钱谦益有"远亲关系"[2]。事实完全不是如此。钱仲联出于浙江吴兴的钱氏，与常熟钱谦益的钱氏，没有什么关系。钱玄同、钱三强，亦出于吴兴钱氏，钱仲联与他们，正是一家。

钱仲联曾经说过，钱穆先生和钱玄同先生，曾经有过争论，争论的焦点，就是各自认为自己家族是吴越王钱镠的后代。其实，在他们之前，钱仲联的祖父钱振伦，就在作于道光元年（1821）的《鲍山墓域图说》中说："钱氏受姓老彭，至吴越建国而始大。大江以南，子孙繁衍，类皆为后人。我家世业农，为浙湖乌程籍，理当为旁支。顾谱牒散亡，莫能自详世数也。就所知者，自高高组奉川公以下，世居城南之鲍山，乡居，墓域多不远庐舍。"[3]"类皆为后人"、"理当为旁支"云云，也都是猜测之辞。此类问题，学问宏富的史学家如钱大昕者，都不能明了，钱振伦以猜测之辞了之，实在是非常合适的。其实，在血缘上是不是吴越王的后代，这并不重要。家族或者家庭，感情和文化方面的联系，要比血缘方面的联系重要得多。

吴兴钱氏家族的钱恂，就更为实事求是了。他编写的《吴兴钱氏家乘》，就以能够追溯到的奉川为第一世，而不是像许多家谱那样，妄事攀扯，拉一些同姓历史名人为祖宗。钱恂自己，只是第七世而已，连晚辈在内，该家谱也一共只有记录到第九世。

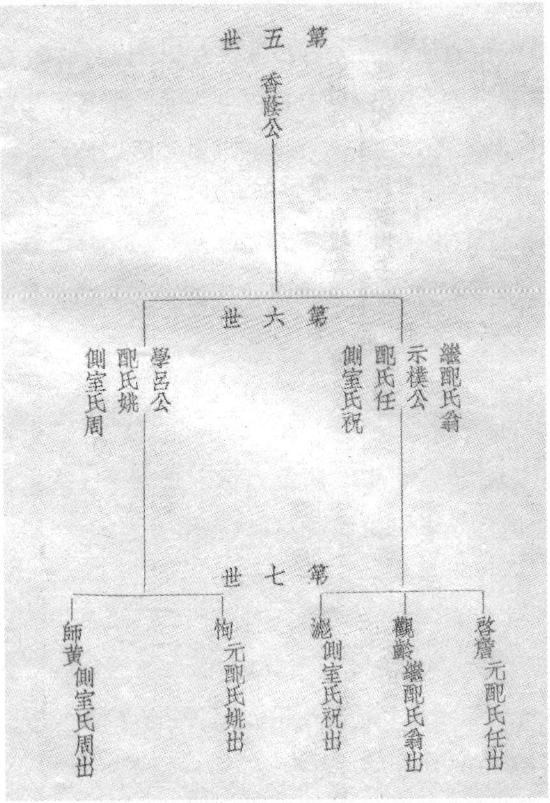

《吴兴钱氏家乘》，钱恂编

根据《吴兴钱氏家乘》记载，钱家从第一世到第四世，都以农为业。第五世孚威，字广泰，成了乌程县附生。钱家到这一代，才"由农而士"。孚威的两个儿子，也就是第六世，老大钱振伦，老二钱振常，则更进一步，"由士而宦"了。

钱振伦，就是钱仲联的祖父。尽管钱先生出生时，他已经去世多年，但是，他对钱先生还是有很大的影响。钱先生之认真学习古代文学，是从抄写他祖父钱振伦的著作开始的。此外，钱先生的性格，据说

也与其祖父有明显的相似之处。《钱仲联学述》说:“他(钱振伦)秉性狷介清高,‘淡荣利,不谐于俗’[4]。执教扬州时,一次应邀赴某盐商宴,见主人忙于应酬显贵,冷落其他客人,便大声说:‘我不能受盐商的气!’拂袖而出。我小时常听父亲说起此事,这对我的为人处世产生了深远影响。我一生性不随和,怕与此有关。”[5]

钱振伦(1816—1879),原名福元,字崙仙,一字楞仙。道光十年(1830)取入归安县学,成为秀才。十五年恩科中式本省举人,十八年考取二甲十七名进士,榜名钱福元。后来成为清王朝柱石的曾国藩,也在这一科成为进士,但只是在三甲,“赐同进士出身”。考取进士后,钱福元改翰林院庶吉士。曾国藩虽然名在三甲,倒也进了翰林院。道光二十年,散馆,钱福元得授编修。二十四年,他充四川乡试正考官,而他的副手,即副主考,正是曾国藩。回到北京以后,钱振伦以大考二等开列在前,升任国子监司业。三十年,丁母忧,终制,不复出。太平天国战争期间,钱振伦避乱居泰州等地。淮阴袁浦原有崇实书院,毁于捻军兵火。吴棠为漕运总督,购买黄氏废园,重开崇实书院,钱振伦应吴棠之聘,主讲该书院,并且担任山长,也就是校长。后来,他又长期主讲扬州梅花书院。钱振伦是晚清著名的骈文家,师法唐代骈文。著名学者谭献的《复堂日记》中,张之洞的《书目答问》中,都把钱振伦的骈文作为清人学唐代骈文的典范向世人推荐[6]。钱振伦也工书法,师法赵子昂而出以劲挺。至于诗歌,钱振伦罕为之,自定骈文、时文而不列其诗歌,然有《晏彤甫廷尉端书丙子重游泮宫越岁丁丑曾孙宗慈又以十一龄入学赋此志贺》七律二首,见于《两浙輶轩续录》,《吴兴钱氏家乘》卷二转录之。二诗皆端庄凝重,格高调响。其著述有《示朴斋骈体文》、《示朴斋随笔》、《鲍参军集注》、《樊南文集补编笺注》等。生平事迹,见《光绪常昭合志稿》卷四十,《民国续纂清河县志》卷十一。

《钱仲联学述》说钱振伦丁母忧终制时,“适其岳丈翁心存自国子监祭酒、工部侍郎、户部尚书擢官至体仁阁大学士。祖父为避免裙带之嫌,终制后不再进京任职。”[7]而刘声木《苌楚斋三笔》卷三《钱振伦与妻家不睦》云:“归安钱楞仙宫赞振伦,续娶妇翁氏,为常熟翁文端公心存之女。宫赞生平耿介绝俗,人品甚高,学问淹博,于妇家意颇轻之。文端不与较,凡宫赞所言,文端对他人言,私称‘女婿旨意’。卒与妇家失和,谓妇翁曰:‘尔恃尔家门第鼎盛耶?吾俟尔家人死完后,方出来做官’,拂袖竟归。历任各书院讲席,士论洽然。文端卒时,宫赞适主扬州安定书院讲席。翁文恭同龢,偕其兄弟到扬州谢孝,兼视其姊。宫赞拒弗见,文恭因向讲堂行礼而去,士论两贤之。”[8]这与“避免裙带”的说法并不矛盾。其实，钱振伦如果要做官，也不一定会依附翁家。他那个老同年、老搭档曾国藩，不当着两江总督吗？曾国藩当两江总督期间，确实邀请过钱振伦到他那里任职，但是，钱振伦是个文人、学问家，喜欢自由、清闲，一旦做官，就要受人管束，忙忙碌碌，他就没有去。曾国藩和钱振伦之间的关系，确实非同寻常。曾国藩向来不填词，但是，他曾经填了一首词，送给钱振伦。曾国藩当两江总督时，幕府中人才极多。幕宾虽然不一定有官职，但是，在曾国藩幕府中，如果真是个人才，那是不会被埋没的，肯定会得到恰当的任用。一般来说，有了功劳，也总会被保举。因此，在曾国藩幕府中的幕僚，其实绝大部分有官员职衔。像钱振伦这样当过国子监司业的五品官，起点高，前景就更为看好了。不过，钱振伦终究没有去。原因肯定是多方面的。要知道，在平定太平天国运动之时，曾国藩幕府，尽管是有志之士建功立业的好去处，但如果没有政治、军事、经济方面的非凡才能，特别是实干的才能，要想在那里站稳脚跟，是非常困难的，更不用说建功立业了。再说，其艰苦、辛劳、危险，也是难以想象的。像钱振伦这样的老学者，尽管经史之学富、文学之才高，但是恐怕并不适合于参与平定太平天国等军事活动。那么，太平天国被平定后，曾国藩威名赫赫，还当了好多年的极品大员，但是，钱振伦仍没有利用他与曾国藩的关系，去谋取一官半职。当然，曾国藩、李鸿章他们，与翁家似乎有矛盾，钱振伦由曾国藩再入官场，与曾国藩等走得近，似乎也不合适，会有点李商隐当年的情形。结合钱振伦一生的历史来看，他确实不热衷于做官，即使做官，也是担任文化教育方面的职务。他终制后不复出仕，不是没有仕进之途，最为根本的原因，乃是不乐仕进，喜欢过自由而又相对清闲的学者生活，当然，还可能有其他的原因，如厌恶官场的虚伪与腐败等等。

钱振伦原配任氏（？—1847），继配翁端恩（1826—1882），侧室祝氏（1857—1892）。钱振伦有三个儿子：启詹，原配任氏出，殇；观龄，继配翁氏出；滮，侧室祝氏出。

钱振伦的继配翁端恩，字璇华，号纫卿，江苏常熟人。工诗词，善画。有《簪花阁诗钞》、《簪花阁诗馀》行世。有馆名绿庄严，道光二十三年（1843）阮元为书额，故其诗词集又名《绿庄严馆集》。叶恭绰曾选其词入《全清词钞》。钱振伦在苏北去世后，一家人生活无着，翁端恩乃携全家到常熟依其娘家。其弟翁同龢购买常熟县城虞山镇引线街老屋三进，供翁端恩及其一家居住。从此，吴兴钱氏家族中的这一支，就不再回祖籍吴兴，而长期居住在常熟，为常熟人了。钱振伦、翁端恩和祝氏的墓地，也在常熟虞山西石虎浜。三墓的墓碑，都是钱滮所立。

钱恂像，见《清代学者像传》第二集

接下来说钱滮。要说钱滮，先要说钱振伦的弟弟钱振常的那一支。钱振常（1825—1898），初名福宗，同治十年（1871）进士，历官礼部主事等，光绪八年辞官归，遂不出。钱振常的儿子钱恂（1853—1927），字念劬，为薛福成门人。1890年以直隶候补县丞的身份随薛出使英国、法国、意大利、比利时等国。回国后，钱恂又为张之洞帮办洋务。此后，他又担任外交官，先后担任留日学生监督、赴东西洋考察宪政大臣参赞官，1907年以江苏省补用知府身份出任荷兰大臣，次年改出使意大利大臣，宣统元年（1909）方回国。其为人非常健谈，见《梦苕庵诗话》。他虽然出身于官僚士大夫家庭，自己也多年在清政府为官，但是，思想开明、不断进步，这与他多年担任外交官的阅历是分不开的。入民国后，他任北京政府参政院参政等职务，曾与鲁迅在教育部共事。1913年孔子生日，教育部总长命令部员到国子监行跪拜礼，钱恂大骂。（见《鲁迅日记》同年9月28日记载）钱先生对这位堂伯父也非常推崇，经常提到。阎宗临《中西交通史》中之《古代中西文化交流略述》云《大秦景教流传中国碑》在明朝天启年间出土以后，研究者甚多，然“总前贤所著，最精而最博者，当为钱念劬《归潜记》”[9]。

钱仲联的堂伯母、钱恂的夫人单士厘

其实，《归潜记》乃钱恂的夫人单士厘所著，只是其中附有钱恂的文字。钱先生常常提到的伯母，正是单士厘。单士厘（1856—1943），浙江萧山人，长于诗古文词，长期随钱恂在欧洲和日本居住并和那里的上层人物接触，被称为近代女子中放眼看世界的第一人。著名的《国朝闺秀正始集》这样一部有清一代女诗人的诗歌总集，正是出于单士厘之手。其《癸卯旅行记》、《归潜记》等，是我国在清代以前仅有的出于女子之手的外国游记，一向受到学术界的高度重视。

钱仲联的堂叔父钱玄同

钱振常还有一个儿子，是钱恂同父异母的弟弟，年龄比钱恂小得多，但是更为有名，他就是钱玄同。钱先生 1933 年作《病榻怀人绝句》有怀钱玄同之作，云："少接余杭讽籀书，晚标新异骇群愚。竹林何日从谈艺，一把今吾换故吾。"自注云："家叔父玄同。"钱玄同早年在日本留学时，曾经跟鲁迅他们一起师从章太炎学习文字学。章太炎是浙江余杭人，所以就称他"余杭"。钱玄同后来成为新文化运动的一员健将，有许多惊世骇俗的观点。说为这些观点所骇者是"群愚"，可见，钱先生对这位叔父的"新异"观点，也是持支持态度的，至少认为是有道理的。1987 年，钱先生作《题绩溪胡适之先生故居》，第一首后两句云："改良文学标刍议，同调分明是我家。"自注云："末句指家叔父玄同。"在新文化运动中，有著名的文言文和白话文之争。钱玄同和刘半农演双簧，引出守旧派代表人物林纾出战，他们痛快淋漓地大战林纾，大获全胜。不过，《梦苕庵诗话》中，则又对林纾推崇备至："林畏庐先生，以迻译说部名，以古文名，以画名，誉满海内外，诚旷代逸才也。浅学无知，妄为蚍蜉之撼树，于先生何损？"[10] 这应该是论述的角度不同或者侧重点不同乃至论题不同吧？肯定钱玄同，是肯定他许多进步的观点；肯定林纾，是肯定林纾的学问和诗、文、画方面的艺术功力。钱先生又转述张尔田的话说，胡适在北大提倡白话文，但是门下无成功者。

林纾诸老，只教古文，其门下文笔通顺者多，有成就者多，因为他重基本功。这里还有个评价标准不同的问题。此诗的后两句，希望有机会像以前一样，与钱玄同一起谈论学问艺术。《钱仲联学述》中说："我在国专读书时，除了读'四书'、'五经'等儒家经典外，还要读先秦诸子、《史记》、《汉书》、《资治通鉴》、《说文》、《昭明文选》、《文心雕龙》、《古文辞类纂》、《十八家诗钞》以及理学家的专集，这在今天青年学子看来，似乎难以做到，其实，这并不难。我的从叔父玄同、从兄钱稻孙、钱穟孙在年龄比我小的时候就读通这类书了。我叔祖父钱振常在给缪荃孙的信札中说：'长孙稻孙，九岁毕四子书，授《毛诗》。次孙穟孙，六岁诵《小学韵语》之类，皆母(谓我的伯母单士厘)授也。稚子师黄(钱玄同初名)，毕《尔雅》、《易》、《书》、《诗》，刻诵《戴记》小半。'玄同、稻孙、穟孙早年就留学日本和意大利，并非三家村冬烘，但幼时读书已有那样根底。必须指明，这仅仅是基础，离开博的要求还远。"[11]当然，四子书、《尔雅》等是初步的，但是以上所列《史记》等可就很不容易了。可见钱玄同等也是有深厚的经史之学功底的。

正是因为钱恂在光绪间担任清朝政府留日学生监督的机缘，钱滮就跟随这位堂兄，到日本留学。同时到日本留学的，还有钱滮的堂弟钱玄同。钱恂的两个儿子稻孙和穟孙，年纪尚幼，也同行。值得一提的是，同行者中，还有周树人，也就是后来的鲁迅。若干年后，鲁迅和钱玄同以《新青年》为阵地，并肩战斗，轰轰烈烈地开展新文化运动，而他们最初相识，正是在此时。钱滮因为体弱多病，所以没有能完成在日本的学业，中途辍学回国，此后，居家养病的时候为多，1938 年去世。

钱滮原配夫人为归氏，继配为金氏，再继配为沈氏。这位沈氏，乃常熟诗人沈汝瑾的堂妹。钱滮生有三个儿子，棣孙、萼孙和华孙，都是沈氏所出。

这三兄弟中的老大棣孙，生平未详。棣孙学过中医，但是，后来没有以医生为业。1925 年，钱先生有诗《四月廿五日，伯兄来沪，雨夜偕游浦滩公园》，但诗中也没有写到他哥哥的情况。日本军队占领常熟时，这三兄弟中的最幼者华孙死于战乱，年纪还很轻。1938 年，钱先生作有《得寅弟死讯，哭书三十四韵》诗。从这诗中，我们可以看到他们兄弟之间的深厚感情。华孙不管死于什么人之手，这笔账，记在日本侵略者头上，是决不会错的。

这三兄弟中的老二萼孙，不是别人，就是钱仲联。钱仲联，出生于光绪三十四年夏历九月初三，公历为 1908 年 9 月 26 日，出生地就是常熟县城虞山镇上引线街钱家住宅中。钱氏家族这一辈，名字中第一个字用植物名，第二个字是“孙”，如钱恂的两个儿子稻孙和穟孙，钱滮的三个儿子棣孙、萼孙和华孙，都是如此。萼孙在兄弟中是老二，所以字仲联，仲表示排行第二。中年以后，钱先生就以字行，也就是用字不用名了。因此，“钱仲联”之名满天下，但是知道“钱萼孙”的人却并不很多。

钱先生的斋名，最为著名者，当属“梦苕庵”。“苕”是“苕溪”，是浙江省吴兴境内的一条河。《钱仲联学述》云：“我生于常熟，长于常熟，故里吴兴虽邻郡之近，隔太湖相望，而数十年间竟未尝一至，因而取‘梦苕庵’以为室名，寓饮水思源、落叶归本之意。”出于对其祖籍故土的怀念之情，钱先生还曾多次请著名画家画《梦苕庵图》。1937 年黄宾虹为钱先生画《梦苕庵图》，一时名流张尔田、夏敬观、李宣龚、李宣倜等题咏殆遍。钱先生有《自题梦苕庵图，黄宾虹先生画》五律二首。后来，杨无恙、曹大铁、崔护、张秋泓、朱子鹤等，都曾为钱先生画《梦苕庵图》，钱先生几乎都题诗。1980 年，葛介屏自合肥刻《梦苕庵主》印章送给先生，先生为作二绝句。陈衍先生则在 20 世纪 30 年代，就给钱先生题了“梦苕庵”的匾。这块匾，一直挂在钱先生的客厅里。

直到 1986 年 4 月，湖州碧浪诗廊落成，湖州市政府邀集湖州籍知名人士前往观礼，年近八旬的钱先生才得以第一次回到祖籍所在地。在湖州期间，钱先生游览了一些名胜，作《游湖州铁佛寺》等诗若干首，终于了却了多年“苕梦”的心愿。自此，钱先生再没有请人画《梦苕庵图》了。

钱先生的另一个斋名是“攀云拜石师竹室”，并有诗《颜诗屋曰攀云拜石师竹室，纪之以诗》释之。“云”，绛云楼，指钱谦益；石，箨石、衎石、警石，分别指钱载、钱仪吉、钱泰吉；竹，竹汀，指钱大昕。

清末常熟黄人的斋名“石陶梨烟室”，乃是取清初四个黄姓先贤的名号，以寓敬仰之情。钱先生“攀云拜石师竹室”的命名思路仿此。

钱先生还有一个斋名，叫“望虞阁”。钱先生在 1923 年离开常熟后，在常熟的时候很少，为了表达对家乡的思念，就取斋名为“望虞阁”。虞者，虞山也。

2. 翁家·俞家·沈家

接下来，还要说一下钱先生后来提得比较多的三处亲戚，他们都在江苏常熟，与钱先生同乡。

一个当然是翁家，钱先生祖母翁端恩的娘家。

翁心存(1791—1862),道光二年(1822)进士,历官工部、兵部、吏部尚书等要职,咸丰间官至体仁阁大学士,谥文端。他服官前后达40年之久。能诗文,有《知止斋诗文集》。刘声木说的"文端",就是他。钱先生《道咸诗坛点将录》云:"翁幼慧,七岁能文,淹贯经史百家。及贵,以选拔人才为急。祁(寯藻)诗开道咸宋诗之派,翁诗结乾嘉传统之局,斯其异焉。"翁端恩,就是翁心存的女儿。

心存之长子同书(1810—1865),道光二十年(1840)进士。太平天国期间,官至安徽巡抚,同治元年(1862),以此前失定远,判斩监候,秋后处决。同年,发往新疆效力。四年八月,以战功赏四品顶戴,未久,卒。谥文勤。同书子曾源(1834—1876),字仲渊,同治二年(1863)状元,官翰林院修撰;曾桂(1837—1904),字筱珊,二品顶戴,历官江西按察使、浙江布政使,护理巡抚。孙斌孙(1860—1922),曾源子,字弢夫,号笏庵,光绪三年(1877)进士,历官侍讲衔翰林院检讨、直隶提法使。斌孙子之润,字泽芝,历官刑部主事。

心存之次子同爵(1814—1877),字侠君,号玉甫,咸丰元年(1851),由廕生用为兵部主事,历官陕西布政使、陕西巡抚、湖北巡抚、代理湖广总督。光绪三年(1877)卒。同爵长子曾纯(1834—1895),历官浙江衢州知府。次子曾荣(1836—1903),举人。三子曾翰,字海珊,又为同龢嗣子,钦赐内阁中书,官至内阁侍读。孙顺孙,曾荣子,字寅丞,举人,官至工部郎中。孙奎孙,曾纯子,字鼎臣,朝廷加恩赏给举人,历官工部主事、湖南道、川盐道等。曾翰孙之廉,字景之,官至直隶候补道。

心存之三子同龢(1830—1904),咸丰六年(1856)状元,历官刑部尚书、工部尚书、军机大臣、户部尚书、协办大学士等。光绪二十四年,因提倡和支持变法,被革职。同龢在兄弟姐妹中排行第六,所以也称"六爷"。其父亲翁心存,当过大学士,他也当过大学士,当时号称"父子宰相"。

翁心存的孙子、翁同书的儿子翁曾源同治二年(1863)中状元。至此,翁家就有"叔侄状元"之佳话。因为他的叔叔翁同龢也是状元,所以,他就被称为小状元。他与张之洞是同年同榜进士,而张之洞是第三名,也就是探花。张之洞是个心雄万夫的人,这次参加殿试,目标是状元,志在必得,但是,状元竟然落到了翁曾源手里,这是他非常难以忍受的。讲学问、文章、能力,翁曾源哪里是张之洞的对手?那么,皇帝,当然,实际上是慈禧太后,为什么不点张之洞做状元,要点翁曾源做状元呢?我们且看钱先生的祖母翁端恩《仲渊侄胪唱第一悲喜交集

翁同龢像

诗以却寄》诗，此诗正是翁曾源中状元的喜报报到翁家后所作，诗云："一纸泥金乍到门，开颜翻使泪添痕。更无凭借通天路，却道滋荣并宿根。哀乐杂乘真梦幻，升沈不次总君恩。却看雏凤高飞处，苦向樊笼忆哲昆。"[12]考取状元，是天大的喜事，翁端恩之"悲"从何来？翁曾源的父亲翁同书，因为在安徽巡抚任上丢失了不少地盘，手握重兵的两江总督曾国藩力主严加惩办，朝廷因为这样的关系，不得不加重处罚翁同书，将翁同书判个斩监候，秋后处决。当时，翁同书当然被囚于狱中，故诗中有"苦向樊笼忆哲昆"云云。但是，毕竟翁家在朝廷有很大的势力，所以，朝廷也想救翁同书，而不是真的要杀他。可是，怎样来救他呢？正好，他的儿子来参加进士考试，于是，朝廷就给了他一个状元。这样就有借口了。新科状元的老子，如何能杀呢？所以就不杀翁同书了，改为流放。朝廷这样的操作和用意，当时大家都看得出的，但是谁敢反对、揭露、评说呢？只是苦了张之洞，只好遗憾终生了。人才毕竟是人才，后来，张之洞官做得很大，很有作为，在政治方面做了许多事业，他的学问和诗歌，都足以名家。他在近代政治史、思想史、学术史、文学史上，都有非常重要的地位，状元名号的有无，应该没有什么关系。可是，据说，张之洞把这个看得很重，此后在官场上，与翁家这个派系相处得不大好，甚至写诗歌攻击翁同龢。钱先生《梦苕庵诗话》中说，张之洞《误尽》四首，都是讽刺翁同龢的，第二首讽刺翁同龢以颜真卿字和苏东坡诗歌教光绪帝，第四首讽刺翁同龢任用张謇等人。不过，作为光绪帝的老师，以颜真卿字和苏东坡诗歌教光绪帝，有什么不对吗？张謇确实是个人才，这是已经被历史证明了的，任用张謇，也没有什么不对。这样，就是张之洞的不是了。那么，张之洞为什么要和翁同龢过不去呢？《钱仲联讲论清诗》中说张之洞有送同年翁曾源诗，“可见出张、翁两家并不势不两立”。但是又说：“梁鼎芬此人坏透了，两面派，张之洞与翁同龢的瓜葛当中，梁多坏事，拨弄其间。”[13]可见张之洞与翁家，尽管不是势不两立，但是，矛盾确实是存在的。再说，诗集中有几首表示亲热的诗歌，也算不了双方关系好的铁证，官场人物之间的关系，尤其不能这样来断定。他们之间的“瓜葛”，连钱先生也说是有的。至于是哪些矛盾或者“瓜葛”，为什么有这些矛盾或者“瓜葛”，可能情况比较复杂，也不一定都是梁鼎芬的拨弄。再说，梁鼎芬又为什么要拨弄呢？状元问题，肯定是其中一个原因。这就是，在张之洞看来，那个状元本来应该是他的，而竟然因为那样，落到了翁曾源手里。他输得实在窝囊透了！人生有许多事情，大事小事，不是不可以输的，问题是有些输得太窝囊，就容易使人气愤。

翁家后人，多好风雅者。钱先生 1933 年作《病榻怀人绝句》有怀翁忍华之作，云：“手辑瓶庐稿几编，湖楼茶梦记当年。古藤图卷应无恙，回首前尘一惘然。”自注：“表兄翁忍华。”《病榻怀人绝句》中，都称被怀之人的字，所以，忍华当是其字。由诗中来看，翁同龢的诗稿《瓶庐诗稿》，是翁忍华所编。“古藤”二句，指 1929 年前先生为翁忍华题《邹巷古藤图》事。钱先生有《为表兄翁忍华题陶云伯邹巷古藤图》七言古诗一首，还比较长。翁宗庆，上海市司法局离休干部，翁同爵之玄孙。钱先生诗词集中，有几首作品是写给他的。

钱先生对翁家的感情是很深厚的。其诗词中有关翁同龢等的作品很多。1991 年，常熟市文物管理委员会于綵衣堂翁氏故居设翁同龢纪念馆，钱先生为撰一联：“一代完人，风烟乔木长留，忧国当初，谣诼到蛾眉，零雨东归龙阙变；九州硕望，日月新天照临，升堂此际，精灵通肸蚃，大云西仰鸽峰高。”

再一个是俞家。钱先生的大姨祖母、三姑母和一个姨妈，都嫁给俞家。

俞大文(1815—1858),号荔峰,优贡生,咸丰元年举孝廉方正。其祖父廷伯,号懋园,乾隆四十五年(1780)进士,历官刑部陕西司郎中;其父照,字镜寰,号朗亭,诸生,候选中书;其弟大润,字叔戊,号莲士,道光二十五年(1849)拔贡生,善于书画。俞大文卒后,翁同龢作有《清故优贡生诏举孝廉方正俞墓表》。

翁心存的大女儿寿珠(1821—1842),在兄弟姐妹中排行第二,钱先生的祖母端恩排行第五。寿珠嫁给俞大文后,生一子,名锺诒。生下锺诒仅仅九天后,她就去世了。翁同龢作有《适俞氏姊墓志铭》。

俞锺夔(1842—?),一名锺诒,字调卿,号渔隐,诸生,历官国子监典籍,离职后居住常熟。调卿是翁同龢的亲外甥,但调卿喜道教,常常去参加一些道教活动。翁同龢作为一个熟读圣贤书的高官,自然就不赞成调卿那样做。不过,他们舅甥之间的关系还是很好的,翁同龢诗文集中,就有不少诗歌是与调卿唱和的。

寿珠卒后,其丈夫俞大文娶一续弦夫人龚氏,生一子,名锺銮。锺銮(1851—1926),字金门,一字次辂,号养浩,别署一舟,光绪二十三年(1897)举人。并非翁同龢亲外甥的锺銮,却更深得翁同龢的喜欢,《翁同龢日记》中常常提到他,因为锺銮是个举人,有学问,善诗歌,又工书画,还通医学。《养浩居诗集》,正是锺銮所著。《清诗纪事》引用《梦苕庵诗话》云其:"以道德文章为一乡硕望,所为诗多表扬忠孝节烈之事,无苟作者。"[14]并云其《壬子送春和渔隐兄韵四首》和《书送春诗后四首》"怆怀故国,托兴香草,读之如辞汉铜仙,汍澜无已"。钱先生又说俞锺銮"治顾亭林之学,诗文都学亭林"[15]。

俞锺銮的妻子,又正是钱先生的三姑母。钱、俞两家,就更是亲上加亲了。钱先生与俞锺銮的关系比较密切。俞锺銮常给钱先生指点学问,也讲种种往事,包括他从翁同龢等人那里听来的事情。《梦苕庵诗话》云:"舅祖翁松禅,自戊戌放归后,即闭门不出。初居西门外锦峰别墅,有依绿草堂、延爽山房诸胜。余十五六岁时,读书于此,今则其地已易何姓矣。公居此不久,嫌近城市,移居白鸽峰。时往相见者,余姑丈俞孝廉金门锺銮,亦即公之甥也。公有时入城,访我祖母于隐仙街老屋。布衣芒履,曳杖步行,路人或识之者,则遥指曰:此翁相国也。人谓公荐举南海(笔者按:康有为),有'才胜臣十倍'之语。实不尽然。政变以前,金门姑丈在京师,公即戒以不可近南海,谓其心术不正。此事姑丈亲为予言之。外间所传,不免捕风捉影。今公日记俱在,可覆按也。"可是,如果真是这样,如何理解被人称为"中国变法第一导师"的翁同龢对康有为、梁启超的赞赏与推荐呢?《翁同龢日记》是事后被修改过的，不可靠，康有为的记载说不定也有夸大，也不全可靠。可是，翁同龢写给廖寿恒的密信，应该是真的吧？其中就有“康梁有经世之才，救国之方，此弟之所以冒万死而不辞，必欲其才能所用而后已”等语。如果密信也不可靠，那么，翁同龢向朝廷推荐康有为，这总是事实吧？《德宗景皇帝实录》中记载的慈禧太后的懿旨，其中说翁同龢“密保康有为，谓其才胜伊十倍”，也肯定是事实。如果翁同龢一方面认为康有为“心术不正”，另一方面又竭力向朝廷保举他，那么，慈禧太后说翁同龢“滥保匪人”，似乎还轻了一点呢。既要让翁同龢当“中国变法第一导师”，突出他对变法的历史贡献，又要体现他的“知人之明”，看来是有点难度的。翁同龢无疑是提倡变法的，赞赏康有为、推荐康有为，当然也是事实，并且也是出于真心，这些都没有问题，至于有没有说过康有为“才胜臣十倍”之类的原话，这个并不重要。那么，翁同龢为什么要对俞锺銮说康有为“心术不正”呢？这也许有相互联系的两个原因。第一，翁同龢确实认为康有为有缺陷，但是，在当时，变法已经刻不容缓，在翁同龢的视野中找不到更合适的人选的时候，康有为毕竟是最好的选择。再说，用人用其长么。第二，翁同龢无疑深深认识到变法的艰难与危险，自己参与进去，那是体现了他的无畏和献身精神，这是值得我们颂扬的。可是，作为舅父，他深怕自己年轻的外甥卷入其中而受到伤害，所以要外甥离开康有为远一些，这也是可以理解的。当然，康有为并不知道他在翁同龢看来，是“心术不正”的人。杨无恙《无恙初稿》有《同叔远表兄游瓶庐》诗云：“追谥何堪花落后，几人低首费踟蹰”，自注云：“康南海、张南通近俱来山。”可见康有为、张謇对翁同龢的感情之深。好在康有为在 1927 年就去世了，无法看到《梦苕庵诗话》，否则，他肯定会很伤心的。

钱先生后来到无锡国专读书，正是俞锺銮介绍的。

俞锺銮有三个儿子，都是秀才。一个在上海当律师，一个在常熟当律师，还有一个大名鼎鼎，叫俞天愤。

俞天愤(1881—1937)，又名承莱，字彩生，也作采生，号应北，我国最早的侦探小说作家之一。其生平、创作，参见范伯群主编《中国近现代通俗作家评传丛书》之三《中国侦探小说宗匠——程小青》一书附录吴培华的《中国侦探小说本是在下始创——俞天愤评传》。

俞天愤的亲舅舅，就是钱先生的父亲钱滮。新文学家钱玄同，正是钱滮的堂兄。钱先生七八岁时，钱玄同到常熟看望钱滮一家。这时，俞天愤刚好也在常熟，乃邀钱玄同和他合影。钱玄同欣然从命。出乎钱玄同意料之外的是，俞天愤把自己与钱玄同的这张合影交给鸳鸯蝴蝶派的《礼拜六》一类杂志发表，标题是："大文学家钱玄同与其甥俞天愤合影"[16]。钱玄同是俞天愤的堂舅，这样的照片和标题，也不是假冒。可是，钱玄同知道了，大怒，把刊登这照片的杂志邮寄给堂姐夫俞锺銮，说俞天愤做鸳鸯蝴蝶派小说，在鸳鸯蝴蝶派无聊杂志上刊登照片，实在是败坏俞家门风。俞锺銮看到杂志和信后，也大怒，责打已经三四十岁的俞天愤。俞锺銮屡次叫儿子不要写那些小说，但是俞天愤没有从命。俞锺銮临终前，还劝俞天愤莫写小说。这一回才有效。锺銮去世后，俞天愤果然不再写小说了。这样看来，所谓通俗小说也好，鸳鸯蝴蝶派小说也好，传统的文人看不起，新文学家也是看不起的。1949 年，钱先生有《明遗民逸休道人遗诗手稿，俞表兄采生旧藏，表嫂属题，即次松禅舅祖韵》诗。这个"采生"，就是俞天愤。

俞锺颖，当是俞锺銮的堂兄，钱先生称之为"姨丈"，也就是姨夫。可见他们之间的亲戚关系盘根错节，关系自然很密切了。俞锺颖，字君实，一字又澜，又字佑莱，同治十二年癸酉(1873)拔贡，光绪二年丙子(1886)举人，历官总理各国事务衙门章京、吏部员外郎、广东按察使、河南布政使等，著有《南郭草堂诗集》等[17]。

俞鸿筹，字运之，俞锺颖之子，钱先生的表兄。俞鸿筹热心地方文化事业，又曾经校补《中国藏书家考略》。1933 年，钱先生作《病榻怀人绝句》，其中有怀俞鸿筹者。

还有一个是沈家。沈家是钱先生的舅舅家。

近代常熟著名诗人沈汝谨(1858—1917)，是钱先生母亲的堂兄，也就是钱先生的堂舅。《梦苕庵诗话》云其为近百年常熟诗人中第一，且好以谚语和新名词入诗。《近百年诗坛点将录》以石勇当之，云其一生宗法杜甫，朴老真挚，多疾恶刺时之作，是当时的吴嘉纪。杨岘、陈衍等也赞赏其诗。吴昌硕为之刊刻诗集。汝谨又擅长书画，藏砚尤有名，多前代稀世珍品，见《沈氏砚林》。著有《鸣坚白斋诗集》。生平事迹见新编《常熟市志》。

沈棠(？—1927)，字企棠，钱先生的舅舅。诗人。《梦苕庵诗话》云："企棠舅氏诗，由遗山、东坡以窥杜。平生专作七律，古诗仅百之一也。""舅诗不作一艰深语，初看几似打油，然句极老硬，绝不浮华。"其诗中多关于"石哥"者。"石哥"者，沈汝瑾也。1928 年，钱先生作有《哭舅父沈企棠先生四首》诗，见 1983 年油印本《梦苕庵诗》，后来铅印本各本都不载，中有句云："三岁覆三豪，天伐一何速。"自注云："姑丈俞金门孝廉，伯父念劬星使"。

沈叔明，钱先生的舅舅，也是岳父。1941 年，钱先生有《题外舅沈叔明先生渔装小影二首》。

沈寿松，字之茂，一作子茂，钱先生的舅表兄。钱先生《病榻怀人绝句》有云："身世郊寒一例论，趋衙归去奉晨昏。怜余真气消磨尽，敢说渔洋比陋轩。"自注云："表兄沈之茂。兄诗真挚似吴野人。"《梦苕庵诗话》中言沈寿松"作诗纯从性情中流出，不假一毫粉饰，标格在吴野人、潘南村之间。此乃真诗人。仆与无恙辈，未忘矜持，愧对之也"。1948 年，钱先生有《表兄沈之茂四十九生日招饮，寿以小诗》诗。

3. 少年时代

钱先生出生时，他的祖父钱振伦已经去世 29 年，祖母翁端恩去世 26 年。他幼年的教育，主要来自父母。《钱仲联学述》中说："我四五岁时，常依母怀，听母亲柔声唱吴语山歌、吟诵唐诗、讲弹词故事。我至今记得的第一首歌是母亲唱的'白米饭好吃田难种，鲜鱼汤好喝网难扳'的吴歌，读到的第一首诗是贺知章的'少小离家老大还'那一首，都是母亲亲授的。'青灯有味是儿时'，'童心来复梦中身'，深深在我脑海中留下烙印，成为一种永久的记忆。"这民歌是这样的："山歌好唱口难开，樱桃好吃树难栽。白米饭好吃田难种，鲜鱼汤好喝网难扳。"此下还有问答对唱多首。《苏州歌谣谚语》一书中收录了这一民歌[18]，有好多首。这民歌中，"开"与"栽"是押韵的，但是，与"扳"在平水韵中并不押韵。不过，在江南许多地区的方言中，它们是押韵的。

1914 年，钱先生虚龄 7 岁，入常熟琴南初等小学读书。从次年起，到 1918 年初等小学毕业，每日放学后，就在父亲钱滤指导下自学。自学的主要功课，就是抄写其祖父钱振伦的各种著述，如《鲍参军集注》、《示朴斋骈体文》、《唐文节抄》等，日抄两三页，寒暑不辍，抄完一部又一部。钱先生在《钱仲联学述》中说："这项功课持续了好几年。就在这看似枯燥乏味的反复读写过程中，古奥艰深的旧体诗文由不懂到渐懂，由略知一二到较为广泛深入地理解掌握，由动手模仿习作到写得较为像样……坚实的旧学底子就这样日复一日地积累加固起来。"

1922 年，钱先生 15 岁，考入县立师范。钱先生说，该学校"面临湖甸，烟雨迷茫，背负青山，鸟鸣泉响"。校内"有延爽山房、依绿草堂诸胜，水石草树，廊榭亭台，花朝月夕，光景如画"。如此美丽幽雅的环境，对钱先生更具有亲切感，因为这学校本是名为"锦峰别墅"的别墅群，它的旧主人，不是别人，正是钱先生的舅祖父、赫赫有名的翁状元、翁相国翁同龢！

作为师范生的钱先生，实际上已经具备了坚实的旧学根基。他在课余时间，爱读名家诗集，写作五言律诗和古风。他的《梦苕庵诗》中最早的诗歌，就是这个时期所作。如：

幽起先明星，残月眷群木。
松云渐离峰，千鬟脱如沐。
诗趣溢春山，石气闭幽谷。
岩音孕清磬，涧香透疏竹。
微明交薄岚，云我影一绿。
萧机革尘迹，空翠眩奇瞩。
即此寄澄观，何用升乔岳。

（《破山禅院晓坐》）

林塘澄夜色，过雨绿浮村。
月与影成世，梦寻钟到门。
茶烟培静意，秋气健诗魂。
幽语无人境，微虫答草根。

（《山前塘步月，憩维摩下院》）

以上诗都作于1922年，是年钱先生仅仅15岁而已。其实，钱先生在十二三岁的时候就开始写诗了[19]，但是，那些诗歌没有保留下来。可以看出，他15岁时写的这些诗歌，就已经很成熟了。

钱先生在《钱仲联学述》中说："当时写诗学王孟韦柳一路，下及明阮石巢、清厉樊榭，心情生活与山水环境相协调，风格上力求幽雅精致，艺术上趋于成熟。但少年生活，眼界狭窄，与世隔绝，诗歌内容无非吟咏常熟山水，抒发个人情致，基本不涉及社会生活、国家时事。"又《钱仲联讲论清诗》第八篇说："技巧单纯去讲，必然要走入死胡同。我们不能单纯谈技巧，而是讲写作才能，包括生活实践与选择生活、表现生活的态度和方式。我首先要批判我自己。我十五六岁写山水风景诗，在艺术上未必现在比那时好，但那时我写的是什么东西？处于五四运动时代，而走《学衡》派的路，是不对的，要批判。看到我的诗，就会看到我的变化。我小时逍遥处世之作，是否情真、景真？是真的，但这种真要不得，要批判，要看向往的是什么东西。"[20]这当然是谦虚之辞。诗写真情真景，这些情与景都没有什么不健康的，都是美的，为什么不可以呢？古典诗歌中，绝大多数诗歌，甚至为人千古传诵的许多第一流佳作，不都是这样的吗？

著名画家陆抑非，就是钱先生当时的同学。陆抑非（1908—

1997)，名冲，改名翀，字一飞，又作抑非，常熟人。早年曾经师从常熟画家李传笏，能传其法，后又学画于李摩。1977 年钱先生 70 岁生日时，陆抑非自西湖南山画墨竹和寿石相赠为贺，钱先生报之以诗。同年，钱先生又为其题月姊花画册绝句二首。

1923 年，钱先生毕业于常熟县立师范。这年才 16 虚岁。

注释

［1］ 本书所引用钱仲联所作诗歌、词、联语，除特别注明者外，都出自《梦苕庵诗词》，1993 年广东南社研究会印刷本。

［2］ 周秦：《著名文学家钱仲联》，苏州政协文史资料研究委员会编：《苏州文史资料选辑》第 13 辑，1984 年印刷，第 140 页。

［3］ 钱恂编：《吴兴钱氏家乘》，苏州大学藏复印本。

［4］《续纂清河县志・人物下・流寓》。

［5］ 钱仲联著：《钱仲联学述》，周秦整理，浙江人民出版社 1999 年版，第 5 页。

［6］ 钱仲联：《钱仲联自传》，见江苏省政协文史资料委员会编：《江苏文史资料》第 41 辑《江苏近现代历史人物》第 2 集，《江苏文史资料》编辑部 1991 年版，第 209 页。

［7］ 钱仲联著：《钱仲联学述》，周秦整理，浙江人民出版社 1999 年版，第 5 页。

［8］ 中华书局 1998 年版，第 537 页。

［9］ 阎宗临：《中西交通史》，广西师范大学出版社 2007 年版，第 13 页。

［10］ 本书所引钱先生《梦苕庵诗话》，为齐鲁书社 1986 年版。因本书引述该书较多，故下文不再注明。

［11］ 钱仲联：《钱仲联学述》，周秦整理，浙江人民出版社 1999 年版，第 82 页。该书是钱先生传记资料中最为后出者，又是钱先生亲自所著，故最为可靠、详明。本书引述《钱仲联学述》比较多，皆出此版本，下文不再注明。

［12］ 钱仲联主编：《清诗纪事》第 22 册《列女》卷，江苏古籍出版社 1989 年版，第 15922 页。

［13］ 魏中林整理：《钱仲联讲论清诗》，苏州大学出版社 2004 年版，第 125 页。

［14］ 钱仲联主编：《清诗纪事》第 20 册《光绪宣统朝》卷，江苏古籍出版社 1989 年版，第 14179 页。

［15］ 钱仲联：《钱仲联自传》，见江苏省政协文史资料委员会编：《江苏文史资料》第 41 辑《江苏近现代历史人物》第 2 集，《江苏文史资料》编辑部 1991 年版，第 211 页。

［16］ 此事我亲闻于钱先生，但是，我在苏州大学所藏《礼拜六》中，没有找到这张照片。

［17］ 钱仲联主编：《清诗纪事》第 18 册《光绪朝》卷，江苏古籍出版社 1989 年版，第 12527 页。

[18]　金煦、钱正、马汉民主编:《苏州歌谣谚语》,中国民间文艺出版社 1989 年版,第 9 页。
[19]　周秦:《钱仲联与诗》,《文苑纵横谈》4,山东人民出版社 1982 年版,第 22 页。
[20]　魏中林整理:《钱仲联讲论清诗》,苏州大学出版社 2004 年版,第 125 页。

第二章　在无锡国专读书

1. 无锡国专之创办

2. 唐文治管理下的无锡国专

3. 师友交游

4. 第一篇学术论文《近代诗评》

钱仲联的名字，几乎是与无锡国专联系在一起的。钱先生在无锡国专毕业，又长期在无锡国专教书。他工作了四十多年的苏州大学，前身之一，就是无锡国专。人们在谈到无锡国专所培养出来的杰出人才时，总是会提到钱仲联，在谈到无锡国专雄厚的师资力量时，也绝不会忘记钱仲联。

要讲钱先生在无锡国专读书的情况，就得首先讲无锡国专这个学校。需要说明的是，该校在 1920 年创办的时候，名无锡国学专修馆，1927 年 3 月，更名无锡国文大学，同年 7 月，院董事会成立，商议改名为无锡国学专门学院，呈请教育部备案。1930 年 1 月，教育部下达文件，更名为私立无锡国学专修学校。1949 年 4 月，经苏南行政公署批准，更名为中国文学院。1950 年初，该校并入苏南文化教育学院。1952 年，全国高校院系调整，苏南文化教育学院并入江苏师范学院。1982 年，江苏师范学院更名为苏州大学。在并入苏南文化教育学院之前，该校校长一直是唐文治先生。

1. 无锡国专之创办

钱先生《钱仲联学述》中说无锡国专的“办学起因是北洋军阀政府大总统、前清翰林徐世昌打算通过该校招收一批旧学根柢较好的学生，为政府培养秘书人才。”钱先生是无锡国专的第三届学生，他报考该校时，肯定听到这样的说法，此外，他与无锡国专校长唐文治先生关系极为密切，长期在该校任教，肯定会在唐文治先生处听到或者证实此说法。

从当时国内的政治形势，可以推测这一说法的合理性。科举制度废除后，人才哪里来？京师大学堂或者北京大学，由于历史原因和地理优势，被认为是培养政府干部的地方，事实上，开始的时候，确实也是如此。北京大学的学生曾经被称为“学生大人”，这虽然可笑，却是事实。那么，既然已经有北京大学这样的大学，承担为政府培养人才的任务，为什么不在北京大学下功夫，而是还要另起炉灶呢？看看当时的形势，就可以知道了。五四运动前后，各种新思想风起云涌。就全国范围而论，当然以北京为甚，而就北京而论，则以北京大学为甚。当时的北京大学，实际上已经成为宣传新思想最为重要的基地。徐世昌是个旧派人物，当时担任着中华民国的总统，因此，从思想上、政治上，他都是反对新思想、新文化的，肯定把北京大学视为反对的力量，但是又没有办法控制。电影《开天辟地》中，有一个镜头：老迈的民国总统徐世昌，面对堆满一张很大桌子的种种宣扬新思想、新文化的刊物，愤怒又无奈，举起拐杖，试图把这些刊物扫到地上，但是刊物实在太多，他明显力不从心，根本扫不动。因此，在这样的形势下，他不可能把为政府培养人才的希望或者任务，放在北京大学或者北京的其他大学，试图另起炉灶，也就在情理之中了。培养什么样的人才，作为政府的干部？满脑子新思想、新文化的，明显不是徐世昌所希望的，而公开反对培养新思想、新文化的人才，又会带来太多的麻烦，因此，便从正面提出“招收一批旧学根柢较好的学生”。“旧学”是与传统思想、传统文化紧密结合在一起的。也许徐世昌认为，旧学根柢较好的学生，不容易接受新思想和新文化，学校再对他们进行旧学教育，让他们学习“国学”，这些人毕业后进入政府，徐世昌们就可以放心一些了。

无锡国专出资创办人施肇曾

可是，无锡国专并不是北洋军阀政府出资创办，也不是地方政府出资创办，而是施肇曾出资创办的，是一所私立学校。谢彬《民国政党史》附录一《中国内阁更迭史》中记载，民国九年，先后有三任内阁，前两任内阁中，教育总长都是傅岳芬代理，后一任内阁，范源廉为教育总长。[1]如此频繁的内阁更迭，有关官员也不可能去实施创办一个为政府培养秘书人才的学校，事实上也没有为创办这样一个学校做什么事情。也许事情是这样的，作为当时总统的徐世昌，有过这样的设想，但是，政府并没有将这样的设想付诸实施，甚至很可能根本就没有这样的计划。施肇曾知道徐世昌这样的想法后，就出资创办了这个学校。

唐文治《茹经堂文集》六编卷六《钱塘施公省之墓志铭》云，施肇曾(1867—1946)，字省之，浙江钱塘人，后建造别墅于江苏吴江县震泽镇，占籍江苏。清末，施肇曾两度主持京汉铁路工程，民国年间，又督办陇秦、豫海铁路事务达10年之久。60岁时，他急流勇退，离开官场，研究佛学，并致力于教育、慈善等公益事业。上海育英中学就是他创办的。他特别重视传统文化的继承与传播，曾经出资刊行唐文治所藏《十三经》评点善本。其弟肇基，曾经担任民国政府驻美国公使，见台北文海出版社1979年版沈云龙主编《近代中国史料丛刊续辑》第670本李振华辑《近代中国国内外大事记》1933年1月7日条。《钱仲联学述》中说，施肇曾又为丝业巨擘，上海丝业公会董事长。可见，他是个由官而商的人物，且在政界、商业界甚至社会上有很大的影响。

这样的一个人物私人出资创办一个旨在为政府培养秘书人才的学校，有什么个人目的？据“常理”推测，是不是把教育商品化，通过投资教育来直接获利，像当今社会常见的“利用社会力量办学”？这肯定不是，因为这个学校创办时，根本就不向学生收学费，反而还给学生津贴和奖励，国家政府和地方政府也并没有拨款。对出资人来说，几乎就是只有支出，没有收入。因此，将教育作为产业来赚钱的动机，可以排除。那么，他是不是企望那些毕业生进入政府以后对他的事业有所照顾，因而出资创办这个学校？当然，我们不能排除这样的可能。在商业等实业运作中，政治是一个非常重要的因素，有时甚至是决定的因素。当年吕不韦劝说他父亲干参与立一国之君的买卖，老商人说可以获得无数倍的利润，于是就干了，也成功了。出资创办一个据说是为政府培养秘书人才的学校，比起吕不韦父子的买卖来，当然远远不如，但是，明显是买一个极为强劲的潜力股。不管施肇曾是不是这样打算的，这样的推测，是符合情理的。当然，无锡国专创办没有几年，北洋政府就垮台了。但北洋政府垮台之前，无锡国专已有的两届毕业生，也没有听说有多少人进入北洋政府任职的。不仅如此，无锡国专培养的毕业生，进入政府任职的很少，在国民党政府任职的，好像没有听说过。实际上，无锡国专的毕业生，后来绝大多数在大学、中学当教师，即使当官，也是以在中学、大学当官的为多。几乎可以肯定，不管是施肇曾，还是无锡国专的其他出资人，都没有在经济活动中得到身在政府任职的该校毕业生利用手中公共权力的帮助。

出资创办无锡国专的，虽然说是施肇曾，但实际上，向该校出资的，并不只是他一个人。该校的开办费用八千元是他所出，此后他承担常年经费是每年一万。到第三届学生入学，唐文治不想让施肇曾独自赞助，就与商人孙鹤卿商量，想请他赞助一些，孙鹤卿答应了，也给了赞助，只是学校的董事长变成了施肇曾与孙鹤卿。施肇曾知道这样的事情后，就发火，于是，从第四届起，他就不管了。此后，无锡国专就由荣氏、薛氏等十多个商人做校董，由他们赞助。后来，校董进一步扩大。当时民族资本正雄厚，商人也乐于赞助教育事业。民国十二年(1923)十二月出版的《无锡国学专修馆讲演集初编》，前有唐文治作于是年冬月的序言，云："无锡国学专修馆，钱塘施省之先生捐资所创建，且刊刻《十三经》以饷多士，盛德伟业，可垂不朽。本邑孙鹤卿先生又益扩充其规模，而图有以继之。"出版于民国十四年(1925)一月的《无锡国学专修馆文集二编》，有唐文治作于上一年冬至后二日的序言云，1924年江浙战事期间，无锡国专留馆诸生14人，唐文治与陈柱教授为学生讲学不辍。"九月，馆主施省之、孙鹤卿两先生以书来，属辛苦维持。"民国十五年(1926)出版的《无锡国学专修馆文集二编》，前有"丙寅季秋之月馆董孙鸣圻"所作序言，这孙鸣圻，就是孙鹤卿。1931年出版的《无锡国学专修学校校友会集刊》第1集《本校大事纪》中云，1925年1月，"招收第四班学生30人。施省之先生脱离馆主，孙鹤卿先生继任"。除了馆主外，无锡等地方的士绅也给学校捐赠，甚至校长唐文治和教务长钱基博也曾经出资建造了学校的忠义孝悌祠。《集刊》附录1931年6月时的《本校校董》，共20人，其中教育股10人，都是无锡籍贯，经济股10人，仅仅刘克定一人为浙江定海籍贯。无锡历来是我国经济最为发达的地区，地方绅士有出资办学的传统和风气，因此，无锡国专能有相对充裕的办学经费，学校不仅能够维持下去，而且还比较快地发展，规模不断扩大，设施不断完善，建造新校舍之外，还能建造忠义孝悌祠这样有点类似于西方基督教国家学校教堂的建筑。

无锡国专的校长，自始至终是唐文治。唐文治，清同治四年(1865)十月十六日生，江苏太仓人。其父亲唐若钦，清朝贡生，以课徒

钱先生的老师、无锡国专校长唐文治

教书为业。唐文治自幼从父攻读经史，16 岁入州学，师从太仓理学家王紫翔(祖畬)，潜心研读性理之学及古文辞。18 岁中举。21 岁进江阴南菁书院，受业于东南经学大师黄以周和王先谦门下，研究训诂之学等学问。光绪十八年(1892)春考中进士，官至农工商部左侍郎署理尚书等。光绪三十二年末，因母丧回籍。从此脱离仕途，致力于教育事业。光绪三十三年八月，唐文治就任邮传部上海高等实业学堂(上海交通大学)监督(校长)。民国九年，唐文治因目疾加深等原因，辞去校长职务，回无锡前西溪寓所休养。是年夏，应学生高阳之请，担任私立无锡中学校长。年底，又应聘任无锡国学专修馆馆长。此后，一直到无锡国专与其他若干学校合并之前，唐文治一直担任无锡国专的校长。[2]

《钱仲联述学》中说，无锡国专"这所小型的私立学校在开办招生时，竟然要在北京、上海、武汉、广州四地设立考场，报考人数乃以千计"。这样的盛况，是当时章太炎、康有为等办的国学讲习学院、讲习会等望尘莫及的。究其原因，主要如下。

首先，主要原因，就是钱先生所说，"徐世昌打算通过该校招收一批旧学根柢较好的学生，为政府培养秘书人才"。这里，妙就妙在"招收旧学根柢较好的学生”。“旧学根柢较好的学生”，一般就是出身在前清的官僚士大夫家庭。在我国的传统文化中，做官总是知识分子的第一选择。科举制度废除之后，读书人进入仕途的“正途”消失了，如何进入仕途，习惯于以科举进入仕途的传统知识分子，在为子弟安排前途时，不免迷惘。听到有这样一所学校，学生毕业后能进入政府当秘书，这与当年的科举确实有点相似，于是，他们就趋之若鹜了。无锡国专，特别是开始的时候，对前清官僚士大夫及其子弟，是有很大吸引力的。这种吸引力，无论是康有为的天游学院，还是章太炎的章氏国学讲习会，都是不具备的。

其次，唐文治校长的个人魅力。他进士出身，属于堂堂正途，官至侍郎，还曾经代理过尚书，算是二品大员，这些，就已经足以使封建官僚士大夫们艳羡的了。康有为和章太炎，都没有这样的资本。更使封建官僚士大夫们倾倒的是，用当时的道德观念来衡量，唐文治绝对是个正人。在政治上，他是坚决反对帝制的。辛亥革命爆发，当时担任上海高等实业学堂监督的他在校内发动捐助军饷，支援沪上起义军，并与伍廷芳等一起联合通电，要求清帝宣统逊位。但是，进入民国后，他没有担任政府的任何职务，因此，哪怕用很陈旧的政治道德衡量，他也没有任何欠缺之处，没有“身仕两朝”的行为。康有为保皇，在前清是“帝党”，能得到忠于光绪皇帝的前清遗老的认同，但是，又很难得到思想进步的前清官僚士大夫的认同，甚至连前清遗老中的“后党”人物，也许都不认同他。至于章太炎，前清官僚士大夫中的遗老人物，自然很难认同他。在思想文化上，唐文治尽管在许多方面是进步的，但是，实际上他是不赞成新文化运动的，至少对新文化运动冲击传统文化，特别是对新文化运动否定儒家思想文化，持反对的态度。他出任无锡国专的校长，明显有挽狂澜于将倒、保存读书种子、保存中国文化的用意在，这种自觉的文化意识，与当时许多前清过来的官僚士大夫是一致的。仅仅在这个方面，康有为、章太炎与他差不多。总之，唐文治的人格魅力，足以吸引足够多的旧式知识分子将子弟送到他的门下，而康有为和章太炎的人格魅力，对旧式知识分子和他们的子弟而言，还远远没有达到这样的高度。

再次，就是相对充足的办学经费。当时的青少年，不管读什么专科学校或者本科学校，他们中的绝大多数人所花的，如果不是父亲的正在多起来的钱，就是祖父的正在少下去的钱。当时“旧学根柢较好的学生”，恐怕主要是花他们的祖父的正在少下去的钱。虽然有毕业后可以进入政府部门做秘书的说法，但是毕竟不像以前中了进士就一定可以有职务一样来得可靠，更何况是在政局非常不稳定、政府内阁变更频繁的时期，再者，学习中国传统的文史之学，尽管毕业后也可以当教师，但是，就谋生而言，明显不及学习工科专业。《钱仲联述学》中说："无锡国专初创时期，学生不交学费，伙食概由学校负担，所用书籍亦由学校赠送。校方且另外按月发给膏火费。膏火费是按学生作文成绩等第发给的。作文每月两次，每次命题两个，学生择作一题，当堂交卷，由唐文治先生及朱、陆、陈三教授轮流评阅。凡两次作文成绩均列超等者，发给膏火费十元，以下递减，即使不及格者也发给三元。国专学生大多来自旧时官僚文人家庭，家境一般在小康以上，学生生活无忧，可以安心读书。"十元在当时是个不小的数目，相当于两三个纺织女工的月工资，一名县立初级小学的教师，一个月的工资，也不过六到十元，更何况无锡国专的学生还不用交学费呢！康有为的天游学院和章太炎的章氏国学讲习会，明显没有这样的财力。

2. 唐文治管理下的无锡国专

光绪三十二年(1906)秋，商部改为农工商部，唐文治为农工商部左侍郎署理尚书，当时年仅虚龄42岁而已。不久，因母丧回籍。按照当时的礼法，居丧期间，不能担任政府官职了，但是可以担任学校的职务。于是，有人请他担任北京实业学堂监督，又有人请他担任北京贵胄学校监督，他都没有接受。邮传部请他担任设在上海的高等实业学堂监督，他接受了。为什么他没有选择在北京办学，而是选择了上海？家庭方面的原因是其父亲唐若钦想回家乡江苏居住。更重要的原因或许是北京作为京城，政治气氛太浓，且政治变革之际，必有这样那样的动乱，事实上，这样的动乱，在鸦片战争以后也发生过多次，实在不如上海来得相对平安一些。居丧结束后，他没有回到清廷任职，也没有奏请朝廷恢复他侍郎的品级。朝廷曾想任命他为山东巡抚[3]，这样一个重要的封疆大吏的职务，是多少人所向往的，但是，他却拒绝了，而选择了继续任上海高等实业学堂的监督。他为什么会做出这样的选择呢？其根本原因是他对政治局势和清廷的失望，这些都是容易理解的。脱离官场的士大夫转向教育，这在封建时代，是极为普遍的现象，就是孔子也是如此。更何况，在唐文治那个年代，"教育救国"的口号已经非常响亮了。

在上海高等实业学堂，唐文治很有建树。可是，民国九年(1920)，56岁的唐文治不顾交通部以及学校同人的再三挽留，主动辞去上海工业专门学校(即原上海高等实业学堂，该校屡改名。今上海交大前身）校长职务，回无锡前西溪寓所休养。十月初三日“余遂决计解职回锡”，见《茹经先生自订年谱》。为什么辞职后到无锡居住，而不是回老家太仓呢？原来，此前八年，他已经在无锡购地建屋，奉父徙居。大学校长，当得好好的，为什么要辞职呢？无锡国专许多学生的回忆，一般是说他因为失明，才辞职的。据《茹经先生自订年谱》中他自己所说，主要原因一是目疾日深，二是“自上年学潮后，学风愈觉不靖”。所谓“上年学潮”，就是指大名鼎鼎的五四运动。和当时许多社会名流一样，他既肯定五四运动中表现出来的学生的爱国热情，又对此后校园乃至社会的秩序有深沉的忧虑。崇尚“礼”是儒家最为突出的特点，“礼”的主要功用之一，就是维持社会秩序，创造社会和谐。作为一个理学家，作为一个大学校长，当然无法容忍校园的“不靖”，但是，他又深深明白，自己无法改变这样的现实。更为重要的是，五四新文化运动对我国传统文化的否定，特别是“打倒孔家店”这样对儒家学说的否定，他更是无法容忍。《茹经堂文集》三编第一卷第一篇就是《废孔为亡国之兆论》，虽然此文作于 1924 年，但肯定是他一贯的见解。另一方面，他又深知无法与这样的时代风潮抗衡。如果不选择辞职，冲突肯定无法避免，尽管他身为校长，但是，强弱之势是很明显的。就在他辞职前九年，该校教授、教务长辜鸿铭，因为发表反对辛亥革命的言论，被学生围攻，只好辞职。实际上辜鸿铭就是被学生赶走的。学生把许多鞭炮挂在他的马车后面，趁他离开学校时点燃，他以为在开枪，吓得不敢再来学校了。[4] 其时，唐文治就担任着校长，对此事，他应该是非常清楚的。

唐文治的辞职，与辜鸿铭的被驱逐，其间相隔九年之久，但是其间也许有一定的关联。帝制被推翻，当然是一大变局；包括儒家文化在内的传统文化被否定，这又是一大变局。帝制被推翻的变局，唐文治完全能接受，做得非常得体。他与伍廷芳等一起，致电清廷，请末代皇帝溥仪退位，然后朝衣朝冠向北京方向对溥仪行三跪九叩首大礼，大礼完毕，脱去官服，宣布君臣之义到此而绝。不仅如此，他向师生宣布，他已经不再是清朝官员，学校不再隶属邮传部，马上改名为南洋大学，他的职务变为校长，随即，他又剪了辫子。他的老师王祖畬、沈曾桐、沈曾植都对他这一行为表示不满，他的老朋友曹元弼与他绝交，一些封建思想浓厚的学生讽刺他，他全然不顾。[5] 在这样的历史关头，一个浑身上下浸透着儒家思想的理学家、进士、二品大员，能做出这样的选择，实在是很不容易，足称大智大勇。可是，包括儒家文化在内的传统文化被否定，这一大变局，唐文治是无法接受的。唐文治如果不辞职，会不会就是下一个辜鸿铭？看到传统被以种种方式否定，人们的种种行为离经叛道时，林纾、辜鸿铭等选择了对抗，结果是惨败。按照陈寅恪先生的说法，王国维选择了“殉文化”，自沉于颐和园，这实际上是另一种形式的失败。唐文治选择了撤退，寻找可靠的阵地，做持久的坚守，事实证明了他的成功。

民国九年(1920)年底，唐文治开始担任无锡国学专修馆的馆长。他们租赁惠山之麓五里街原山货公所为馆址，创办了无锡国学专修馆。(见黄汉文《记唐文治先生》[6])

提议创办该校的传说是当时的中华民国大总统、前清翰林徐世昌，他在前清曾经与唐文治同时担任商部的左丞和右丞；出资创办人是由官而商的施肇曾；学生都“旧学根柢较好”，绝大多数出身于旧式官僚士大夫家庭；教学内容是“国学”也就是我国传统文化；学校性质是私立，规模又小，既可以有很大的自主权，又没有树大招风之患；地方是在富庶、文化传统深厚的无锡：这是何等理想的坚守传统文化的阵地！唐文治当该校校长，真正是得其所哉！该校由唐文治当校长，真正是得其人哉！

《茹经堂文集》初编卷二载唐文治1920年庚申所定《无锡国学专修馆学规》十条。文长不录。该学规所言，不仅没有超出中国传统文化的范围，找不到民主、科学，更没有平等、自由，也没有实业，实际上完全是儒家思想的内容，而且主要是理学的观点。即使用当时的标准来衡量，其中也有不少落后的内容。

无锡国专学规中没有“讲求实业”，这明显与学校的性质有关。上海工业专门学校中，学生以工业为专修，人格与实业，自当兼修、兼重。无锡国专，学生以国学为专修，人格与国学，自当兼修、兼重，于实业则可以不加注意。因此，无锡国专学规中没有实业等的内容，并不是唐文治思想的退步，看他在担任上海工业专门学校校长期间给教育部上的关于学校增设航海学科的呈请等就可以知道他不是不注重科技的教育家。不过，这样一来，坚守传统文化的色彩，就更为鲜明了。《学规》中开宗明义：“吾馆为振起国学，修道立教而设。”非常明显，在唐文治看来，当时真正是国学不振，道教不修，因此无锡国专要承担这样的使命。1931年，他为无锡国专写的校歌，同样表现了这样宏大的使命感：“五百载名世生道统，继续在遗经。乾坤开辟，学说何纷纭。惟我中国，教化最文明。上自黄帝迄孔孟，先知先觉觉斯民。大道行，三代英，吾辈责任讵敢轻！勉哉勉哉！俭以养德，静以养心，建功立业，博古通今。为生民立命，为万世开太平！”[7]

这样的使命，当然是宏大的，在当时，还不乏悲壮的色彩，因为，相对于如日中天的新文化，传统文化是弱势；相对于新兴的各色各样的富豪，传统文化的负载者们是弱势；相对于政治势力，特别是当道者、军阀和政客，传统文化及其负载者更是弱势。精通中国传统文化、富有官场经验的唐文治，深深明了自己的弱势地位，采取了相应的正确策略，来为完成自己的使命而努力。

无锡是东林书院的所在地，明代末年赫赫有名的东林党，正是发源于这里。因此，对以“振起国学，修道立教”为使命的无锡国专来说，东林书院和东林党，无疑是难得的文化资源。同时，东林书院也自然成为人们评说或看待无锡国专的一个参照。遥想明朝末年，东林书院的师生，以在野的身份，裁量人物，批评朝政，联络官员，干预政治，甚至直接参与重大政治斗争，付出了惨重的代价而无怨无悔。什么是东林精神？是以天下为己任的使命感，是为完成这样的使命而参与政治实践的精神、牺牲的精神。对唐文治来说，以天下为己任的使命感，这绝对没有问题，他是完全认同的。《钱仲联学述》中说：“唐文治先生不仅传授学问，还特别看重人品和文章的关系，注意对学生进行道德教育，注意教师的以身示范作用。无锡国专的校训中有‘栽培树木如名节’这样的话，校内礼堂里悬挂的对联则是‘为天地立心，为生民立命，为往圣继绝学，为万世开太平’之类，激励学生把德育放在首位，以天下为己任，做对社会、对时代有用的人。”“为天地立心，为生民立命”云云，乃宋代理学家张载说的话，正是东林党人的精神资源之一。无锡国专也自觉地突出对东林人物的推崇。饭厅里悬挂的著名对联“铁肩担道义，辣手著文章”，就是出之于东林名臣杨继盛之手。唐文治的校长室里，也挂这副对联。《茹经堂文集》二编卷三《东林学校陶斋记》中，他更是对东林作了极高的评价。陈平原《传统书院的现代转型——以无锡国专为中心》中说，唐文治对高攀龙是推崇备至的，可到具体评论时，或称赏“论学精粹处极多”，或表彰高风亮节，就是从不直接提及“东林党人”的政治抗争。[8]

中国历史上，特别是在秦朝以后，当道者是不喜欢在野知识分子“讽议朝政，裁量人物”的，朝廷是如此，地方政府是如此，几乎任何部门都是如此的。如果以团体的方式进行类似的活动，更是犯了大忌，几乎任何一个当道者都是无法容忍的。郑国子产不毁乡校，那是在一个既没有政治权威、也没有思想权威的“非常时代”春秋时代，况且即使在那时，也是一个特例，否则就不值得史家大书特书了。在我国历史上，这既成为佳话，又成为绝响，绝不是值得庆贺的事。韩愈《子产不毁乡校颂》成为名篇，传颂千古，除了明了一个普通的道理以外，这文章及其被传颂千古这个文化现象本身，都是大有深意的。汉朝的清流和明朝的东林，在当道者的残酷镇压下，除了惨烈的牺牲，还有什么呢？还能有什么呢？

上海古籍出版社1987年影印本《清代碑传全集》中《续碑传集》卷七十五缪荃孙为其师黄以周撰《中书衔处州府学教授黄先生墓志铭》中说："先生教以博文约礼，实事求是。道高而不立门户。常语门弟子曰：前代之党祸可鉴也。"黄以周也是唐文治在南菁书院读书时的老师，唐文治应该也受到过黄以周这样的告诫。再说，这样的道理不算深奥，唐文治精通传统文化，熟悉历史，官场生涯几十年，更是深谙国情，有成熟的处事艺术和策略，更何况，就力量而言，无锡国专如何可以与东林相比？而当时中国的政治，又明显比明末复杂得多。所以，无论如何，唐文治绝不会把无锡国专办成东林书院。

如果说唐文治不想把无锡国专办成东林是有鉴于"前代之党祸"，这当然是不错的。可是，除此之外，也许还有别的原因。他也许不喜欢学校和学生参与政治活动。五四运动以后到1949年以前的中国大学，似乎多多少少，都有点东林的味道，北京大学就是其中的代表。别的不说，在这段时期的大学里，学潮就像家常便饭，而这些学潮，大多是与政治有关的。唐文治辞上海工业专门学校校长之职，主要原因之一就是"学风不靖"。这"学风不靖"，肯定包括学生因为参与政治活动而打乱学校的正常教学秩序等内容。即使从这样的角度考虑，他也不会把无锡国专办成东林书院。无锡国专从1920年成立到50年代初并入他校，三十多年里，几乎从来就没有闹过学潮，这在中国同时的大学里，也许是个例外。当然，该校学生会也会给政府发电报表达爱国立场等等，也有许多参加政治活动的学生，但是，那主要是日本开始大规模侵略我国以后的事了。

无锡国专不仅没有东林式的现实政治味道，而且，也不和新文化发生矛盾冲突。主张传统文化的知识分子，与代表新文化的知识分子较量的，不乏其人，前有林纾，后有《学衡》派、《战国策》派等等，没有不惨败的。可是，无论是唐文治本人，还是无锡国专的老师和学生，都从不与代表新文化的人物正面论争，也不激烈地公开批评新文化。奇怪的是，新文化人物，也几乎不提起无锡国专。他们与新文化及其代表人物，好像绝缘了一般。

无锡国专的师生，不介入政治斗争，漠视文化纷争，又"学生大多来自旧时官僚文人家庭，家境一般在小康以上"，况且有可观的津贴，

“学生生活无忧，可以安心读书”，沉浸在中国传统文化之中。

陈平原认为，无锡国专继承了南菁书院的办学传统。确实如此。南菁书院在江阴，离无锡不远，按照今天的行政区划，江阴为无锡所属。唐文治早年在南菁书院学习，应深知南菁书院的特色。南菁书院的教学特色是什么？是重在经史小学等根底之学，而不在于科举之学。经史小学这些根底之学学好了，科举之学自然也就不难对付了。经史小学这些根底是体，此体之用多多，而科举仅仅是其中的一种而已，政治也仅仅是其中的一种，民政、管理、军事、河防、公益、教育也都是如此。无锡国专的学生学些什么？经史小学，加上古典文学，而不重实用技能。至于像东林那样或者相类似的政治斗争，那也是属于“用”的范畴。为什么要在经史小学之外加上古典文学呢？唐文治在《学规》中说得很明白，那就是文学能够陶冶学生的情操，对培养学生高尚、健全的人格大有好处。后来的实际结果是，这样做，也使国专的毕业生增加了就业的机会，因为古典文学后来在社会文化结构中所占的份额，比经史小学要大得多。学生学习以经史小学、古典文学为主体的传统文化，造成大器，此器之用甚多且甚大，然而不轻用其器。待到内在外在条件成熟，大用其器，对社会、对国家，就有积极的贡献。无锡国专不仿效东林作政治抗争，不与如日中天的新文化运动作文化抗争，不仅是一种以弱势自守的自我保护方法和低调的坚守，而且也体现了一种教育思想。学校的任务是培养人才，将人才培养成大器。在学校里，学生自身的学问修养、品格能力等还远远不足的时候，在尚未成器的时候，外在条件又还没有成熟的时候，如果轻用其器于所关甚大的方面特别是政治斗争等，就很可能对自身、对社会造成损失。应该说，即使在处于正常状态的社会里，这种教育思想也是可行的。

但是，如果认为无锡国专的师生只是埋头于中国传统文化里面死读书，不关心国家和社会，那就完全错了。例如，《无锡国学专修馆讲演集初编》中，第一届毕业生“以资应用”的演讲文章，绝大多数既是研究传统文化，又很明显地有“致用”的意图。如：侯堮《高忠宪易学》，毕寿颐、王蘧常《诗经之社会进化观》，夏云庆《周礼教育行政》，唐兰《婚礼概论》，严济宽《春秋外交概略》，蒋庭曜《左氏传礼学概论》、《孝经大义》，丁儒侯《论语政治学》，毕寿颐、王蘧常《孟子弭兵学说》，陈吕年《人道教育》，俞汉忆《文学与道德之关系》。至于《无锡国学专修馆文集初编》中王蘧常《拟说日本政府改变外交方针书》等，则带有强烈时政色彩。《无锡国学专修馆讲演集》二编中所收文章，经世致用的色彩就更为浓重，如《周礼之地方自治制度》、《孟子尊民学说》、《孟子家庭学说》、《墨子弭兵学说》、《历代诗家弭兵之主义》、《历代用兵长江之形势》、《江南团结民兵之效果》、《对于陆桴亭先生治乡三约之意见》、《曾文正公办团练之方法》、《论奢侈足以召劫勤俭可以养心》等。要知道，当时刚刚经历了江浙之战！这些文章，都是经过唐文治亲自鉴定的。

在招生方面，无锡国专既不拘一格，又选拔从严。在大学教学第一线长期当教师的人都知道，入学时基础好、素质高的学生，容易培养成才。相反，把入学时只适宜进入大专学习的学生在四年中培养成合格的本科毕业生，是何等困难的事情。这样的道理是很简单的。每个大学校长，每个大学教师，都希望学校能招收到素质尽可能高、学业基础尽可能好的学生，可是，在大学录取率已经超过一半的时候，真正优秀的大学生，在大学生总数中，比例就不大了。

报考无锡国专的学生每年数以千计，而招生数量不多。在其鼎盛时期，无锡国专也就三百来个学生。1935 年 9 月出版的《国专月刊》第 2 卷第 1 期《校闻》刊登，校方已经于 9 月 8 日停止注册，已经注册的新旧同学一共 264 人。也就是说，每年招生，最多也就是 100 名。就算 1000 人报考，录取率也就是 10%，实际上恐怕要更低。有了这么丰富的生源，就有了足够大的选择余地，可以挑选非常优秀的学生。特别要提到的是，无锡国专招收到的不少学生，出于当时一些著名学者的门下。例如，王蘧常出于著名诗人、学者、前清大官僚沈曾植门下，蒋庭曜、严古津、闵仁、胡子远等，出于著名诗人、学者、常州前清进士钱振锽(名山)门下，陈光汉等出于吕思勉门下。

《钱仲联学述》中说："国专校址选定于无锡城内原学宫旁。校舍不多，因初创阶段学生较少，首届三十六名，二届也是三十六名，以足成孔门七十二贤之数。三届沿袭成规，仍招三十六名，四届以后才逐渐在招生人数上有所突破。"关于无锡国专首届招生数，许多记载与钱先生说的不同。我经详细考证，确知国专首届学生，正额 24 名，附额(备取)6 名。第二届招生数确实是 36 人。第三届招收学生 30 人。《毕业生通讯录》中，第三届毕业生 33 人，再加未毕业者等，为 36 人。

什么是无锡国专学生学习和研究的"国学"？《钱仲联学述》中说：

> 无锡国专所研习的"国学"，并不局限于传统的经学或宋明理学，而是囊括经、史、子、集，涵盖文学、哲学、史学、地理、经济、艺术等中国文化诸多领域的学问。这同唐文治先生的学术修养有关。他是理学家，少时从太仓王祖畲学程朱之学；他也重视考据学，曾从晚清汉学家定海黄以周学(黄曾任江阴南菁书院山长，唐

无锡国专课堂

文治先生办无锡国专的方法有不少即从南菁借鉴得来)；他还是古文家，曾得桐城吴汝纶之传。因此，唐文治先生的学问并非单纯理学，而是融通义理、考据、辞章，三者兼而有之。……体现在办学方面，无锡国专虽类似于旧时代的书院，主要讲授五经、四书、宋明理学、桐城派古文、旧体诗词，旁及《说文》、《通鉴》以及先秦诸子等，学生却可以就性之所近有所选择偏重；实际上，学生大多对理学兴趣不浓，不少人喜爱考据、文学、作诗填词，这些爱好都得到唐文治先生的赞许。

在教学方法上，钱先生在《无锡国专的教学特点》[9]一文中，讲了这样几点：1. 教书又教人，强调品德修养。在教学活动中，更体现出教书育人。某次作文课，题目为“原才”，钱先生在作文中，提到明末大奸臣阮大铖的才华。教师批改时，在阮大铖的名字旁边加了一大抹，眉批“何足挂齿”四字，并在和钱先生见面时，严厉训斥了钱先生。2. 重在读原著，重在基本功培养。教材等多国专教师自编。3. 重自学。一天只上四个教时课。学生在学好课堂所授内容的基础上，各就自己的爱好，主动、认真地自学，老师也给予认真指点。4. 重写作。每两个星期作文一次，命题作文，用文言文写作，用毛笔誊写，三个小时，当堂交卷。

从《无锡国学专修馆文集》初编和二编所收录的文章，可以看到当时学生作文的内容和水平。所收录到这两编《文集》中的文章，一般是三年级学生作文中最好的，二年级学生的，只选录少量，且不论哪个年级的，每次最多只取前三名录入，有时只选第一名录入。这些文章，分这样几个类别：经学（包括小学）、史学、理学、政治学、杂著、诗赋。二编有馆主孙鸣圻序言云："蔚芝先生独于举世不为之日，高兴灭继绝之功，使泰伯、文王、龟山、东林之遗韵不绝如缕。是则先生谆谆讲学之宗，事功兴文德并进之意，夫则是编也，谓为东林之补志也可，谓为道南之中兴志也可。"可见这些文章，是体现唐文治办学宗旨的。

钱先生的文章入选的有：经学类，《周易言潜龙论语言求志古人萧然畎亩之中自任天下之重德行闇然世衰道微不知圣贤为己之学特慨叹之》，《师严然后道尊道尊然后民知敬学论》；史学类，《司马温公以荀文若为仁过管仲论》；理学类，《孔教精义》、《孔学救国论》；杂著类，《拟董邵南赴河朔后致韩退之书》，《曾涤生圣哲画像记书后》，《飞行艇说》；诗赋类，《观潮赋》，《由铁道至燕京拟班叔皮北征赋》。

无锡国专还非常重视文章的诵读。唐文治先生教学的一大特点是注重诵读，通过朗诵来表现对于古文辞思想内容的深刻理解。他当时已经双目失明，上课时用助教。助教朗读一段，他阐述发挥一通。但这样的做法仅限于讲授《论语》、《孟子》之类。讲授古文辞时，即使是长篇巨制，也多由他自己全文背诵。唐文治先生的示范朗诵，抑扬抗坠，阳刚阴柔之文不同其调。学生们都仿效其读法，每日渊渊金石声充盈天地之间，号称"唐调"。《茹经堂文集》六编卷一《无锡国专校友会春季大会训词》云："读文一事，虽属小道，实可以涵养性情、激励气节，近时诸同学为鄙人读文灌音，本月杪可出版问世。诸同学注意读文，则精神教育即在于是。他日家弦户诵，扩充文化，为文明教育最盛之邦，其责任实在我诸同学。"可见唐文治对诵读之重视与提倡。

此外，无锡国专也鼓励学生发挥个性，进行学习、创作和研究。初期是《文集》、《演讲集》发表学生的优秀文章，后来则以该校学生自治会的名义，出版《国专月刊》，发表师生的各类研究成果和诗文等，相当于现在的高校学报。这不仅对学生的学习、研究有很重要的鼓励、指导作用，而且，对繁荣学术研究和文艺创作，作用也是非常明显的。其中不少论文，仍然是今天进行相关研究的基础。

无锡国专还出版了丛书，其中几乎都是该校教师的专著，且绝大部分都用做教材。这既给该校教师出版多年的研究成果提供了方便，提高学校在学术界的声望，又能尽可能地使学生掌握学术界最新的研究成果，尽快地进入学术前沿，对增进学校的学术气氛，作用尤其明显。

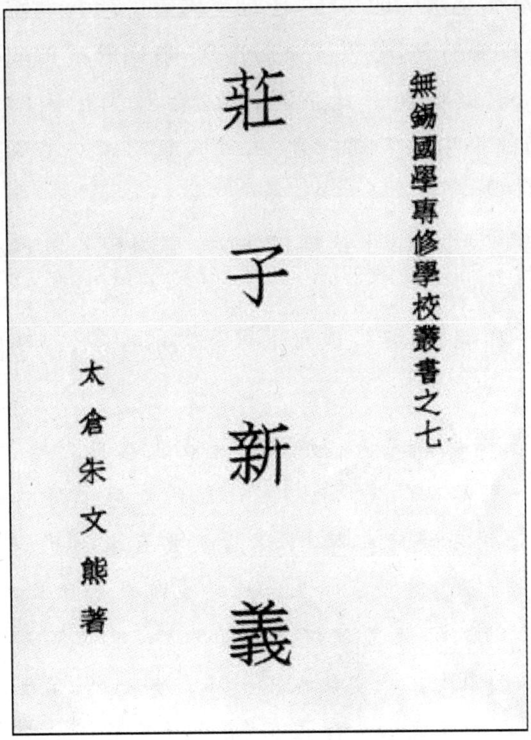
無錫國學專修學校叢書之七

莊子新義

太倉朱文熊著

朱文熊教授的《庄子新义》列入无锡国专丛书出版

总之，至少在钱先生读书的时候，无锡国专的师生，生活在传统文化极为浓厚的氛围中，学习和研究传统文化，自然容易收到比较理想的效果。

3. 师友交游

《钱仲联学述》中说："教职员工则唐文治校长以外，另有朱文熊、陆景周等教授两名、助教一名、勤杂办事人员两名，总计六人而已。自第三年起才又添聘了唐文治先生执教南洋大学时的学生陈柱为教授。"陆还兼任唐的秘书。总之，人数很少。

唐文治《茹经堂文集》初编卷六《记翁文恭公事》云："文治于光绪壬辰应京兆试，受知于公，一见即曰：吾识子名，今果为我所得。"[10] 不久，翁同龢还聘请唐文治当他家里的家庭教师，教他的侄曾孙之润和嗣曾孙之廉读书。此后，唐文治经常见到翁同龢。一年后，唐文治到朝廷户部任职后，和户部尚书翁同龢见面更加频繁了。他认真学习政务，努力做事，也受到上级特别是翁同龢的赏识。甲午中日战争，中国惨败。唐文治因此撰写了《请挽大局以维国运折》，条陈十二事，因为他官职品级低，按照规定不能直接给朝廷上奏章，遂由当户部尚书的翁同龢代奏。翁同龢非常欣赏这篇奏折，亲自抄录数条，言于当道者，但是朝廷没有采用。唐家在北京住的房子，还是翁同龢的侄孙翁斌生代为租来的。后来，戊戌政变前夕，受慈禧太后排斥，翁同龢被革职回乡，交地方官严加管束。翁同龢离开北京时，唐文治送到正阳门车站。[11]唐文治称翁同龢为他平生三大知己之一，翁同龢称唐文治为至交。他们之间的关系，密切如此。

翁同龢是钱先生的舅祖父。由于这样的关系，身为校长的唐文治，对钱先生的学业特别关切。

唐文治对学生的严格和随和，也给钱先生很深刻的印象。《钱仲联学述》中记载：

> 国专校纪严肃，上课寂静无声。唐文治先生虽双目失明，而听觉特敏。他的办公室就在教室隔壁，他时常到走廊上屏息静听，一旦发现有谁上课时不遵守纪律，下课后就要召来训斥。教授们也像唐文治先生一样严格要求学生。故学生都敬重师长，正派用功，但又决不呆板酸腐，死气沉沉。课堂以外，行动绝无拘碍，校门出入无禁，甚至学生在外宴饮也不干涉。有一次，学生酒后回校，大醉喧闹，有人向唐文治先生报告，唐先生笑笑说："我年轻时也爱喝酒，偶然的事，不必在意。"……可见唐文治先生为人极其通达，决非有人所云道貌岸然，不近人情者，其门下也没有什么道学先生。

钱先生以上有些话，是针对张舜徽《清人文集别录》卷二十六《茹经堂文集》的评论中的一段话而言的。"有人"就是指张舜徽。张舜徽云唐文治：

> 晚岁以斯道干城自任，其尊经卫道之见，略与孙雄同趣。雄尝著《读书救国论》，文治为序其书以张之，谓"经者乃万世是非之标准，即人心之标准。经者常道，知常则明，明常道则明是非。政治，伦纪之是非，于经中求之，理财、教育、兵事、外交之是非，亦于经中求之，如丹素之判，如权度之齐，如化雨之苏庶彙，如医师之有良方，活人以此，活国以此。"此识此议，固迂远而阔于事情，而文治必欲操斯论以转移一世之人。尝创立国学专修馆于无锡，以此十事教士：一曰躬行，二曰孝悌，三曰辨义，四曰经学，五曰理学，六曰文学，七曰政治学，八曰主静，九曰维持人道，十曰挽救世风。则其规模次第，亦犹仍往旧书院陋章耳。所揭维持人道、挽

救世风诸端，尤为空言靡补。实启后生夸诞之渐。其门弟子既众，乃人人道貌岸然，欲肩斯文之重矣。顾文治少游于黄以周之门，习闻经师绪论，故于为学，亦初识端绪。……肄业南菁书院时课艺之作，实事求是，语多可徵，知其少年时从事朴学，颇具根柢，抑非其门弟子所能逮也。惟其晚岁持论偏激，与曹元弼友善，而所见大同，皆不识时达变之过。[12]

若云唐文治之持论有迂阔之处，无疑是不错的。不过，唐文治也不是“不识时达变”之人，与曹元弼相比，即使在文化方面，也是有很大差别的。至于唐门弟子“人人道貌岸然，欲肩斯文之重”云云，则明显不是事实。

钱先生1933年作《病榻怀人绝句二十六首》，怀师友亲戚25人，其中第一个，就是唐文治，可见在钱先生心目中，唐文治是多么的重要。与唐文治有关的诗歌，钱先生诗集中很多。

著名经学家曹元弼，是钱先生的经学老师。曹元弼（1867—1953），字谷孙，又字师郑，一字懿斋，号叔彦，晚号复礼老人，又号新罗仙吏，江苏吴县人，清光绪二十一年进士，历官中书、郎中等。曹元弼早年学于江阴南菁书院，是黄以周的学生，与唐文治是同学，友谊深厚，为换帖兄弟。辛亥革命爆发后，唐文治先生和张元济等联名致电溥仪，敦请退位。曹元弼知道后，遂与唐文治绝交。长达十年后，才恢复关系。可见，唐文治先生是反对帝制的，是随着共和的时代步伐前进的，而曹元弼则是个帝制的拥护者。辛亥革命后，他隐居在家乡苏州，研究经学，教授学问，做清王朝的遗老。不过，此人是颇有造诣的经学家，且与唐文治路子不同，唐是理学先生，属于宋学一派，他则是汉学一派。其著作有《复礼堂文集》、《复礼堂诗存》等。其生平事迹，见王大隆《吴县曹先生行状》。[13]但是，治学可以分门派，办学不可以分门派。唐文治办学，颇有北京大学蔡元培先生“兼收并蓄”的气概。当时，曹元弼不可能到无锡国专当教师，因此，唐文治就与他联系，然后选派无锡国专的学生，从无锡到苏州他的寓所，听他讲学，每星期一次。这是无锡国专早期的事情。因为钱先生是以第一名考取无锡国专的，再加上唐文治与常熟翁家的渊源，所以，唐文治先生便选派他和高年级同学每周一次去苏州曹元弼先生家学习《仪礼》和《孝经》。这样，钱先生也就成了曹元弼这样一个有名的经学家的正式弟子了。钱先生跟曹元弼学经学时，正好是清廷末代皇帝溥仪被冯玉祥赶出紫禁城时。他们到曹元弼家，看到曹痛哭流涕，说些“皇上蒙尘”之类的话。至于曹讲的经学，钱先生没有学到多少,也很难使人感兴趣。钱先生《病榻怀人绝句》中的第二首,就是怀念曹元弼的。这也许是曹年辈高、资格老、学问名气大的缘故吧。诗云:"阔绝师门七八年,礼经文义两茫然。白头臣甫千行泪,东向犹应拜杜鹃。"此诗作于1933年,距离当年钱先生跟曹元弼学经学,确实已经有七八年了,所学也已经茫然了。曹元弼也许还为清王朝的灭亡而痛苦,还是死死忠于那个王朝。

陆修祜(1877—1964),字笃初,号景周,晚号慕陶,以景周名于世,光绪二十一年(1895)秀才。他先后受业于太仓李伯豫、王晋蕃、王紫翔等。从唐文治脱离官场从事教育事业开始,陆景周都在唐文治左右,协助唐文治管理学校、教学和著述。特别是唐文治失明后,就更加倚重陆景周。钱先生在无锡国专读书期间,陆景周教《孟子》研究、《左传》研究和《公羊传》研究等课程。陆景周的长兄陆勤之、沈兄陆修瀛,也参与了无锡国专的创建工作[14]。

钱先生在无锡国专读书时的老师朱文熊像

朱文熊(1868—1934),江苏太仓人,初字叔飞,因慕宁都魏禧之文章,故更字叔子,叔子是魏禧的字。文熊出身于所书香门第,光绪二十八年(1902)乡试副贡,父兄也都是诸生。文熊长期追随唐文治办学,在无锡国专先是讲授史学和理学,后来又教《诗经》、《庄子》、文选和小学,还有诗词等。在无锡国专任教达十余年之久。钱先生多次对我们说过朱叔子对他的影响很大。

在钱先生无锡国专的老师中,除了唐文治以外,陈柱是与钱先生关系最为密切的一个。钱先生诗歌中,关于陈柱的不少。陈柱(1890—1944),字柱尊,号守玄,广西北流人。先后师从唐文治、陈石遗。又曾留学日本。陈柱在无锡国专教《说文解字》、《诗经》等课程,发的讲义很多。例如，关于《诗经》的讲义，《皇清经解》上的要点，几乎都收罗进去。他上课也讲广西话，且好读讲义，往往读了半小时就不读了，让学生自己看，等着到时间下课。

《梦苕庵诗话》中，对陈柱的诗歌，钱先生作了很高的评价。钱先生《南社吟坛点将录》中，将他点为步军将校十七员之一的地默星混世魔王樊瑞，并云其诗“颇欲自出手眼，越出其乡朱琦、王拯之藩篱。张尔田比之汤鹏，陈衍谓似宋湘。桂林道中纪游之作至工。馀则奇句如：‘月缺何妨千载洁，天高容得万山侵’；‘我愿星星皆堕地，一人一星万河山。秦王汉武随所安，世界永无战争端，尘寰扰扰成仙寰。’奇横无匹，足令小儒咋舌。”

在无锡国专的同学中，钱先生最为钦佩唐兰。唐兰（1901—1979），浙江嘉兴人，著名学者。无锡国专第一届毕业生。主要著作有《殷墟文字记》、《古文字学导论》、《天埌阁甲骨文存》、《中国文字学》等。《梦苕庵诗话》云：“嘉兴唐兰庵兰，锡山唐蔚师门下同学也。又曾受业于金甸丞（蓉镜），为沈寐叟再传弟子。诗功极深，同门中除王瑗仲蘧常外，无人能及。”“曾作《圣贤英雄异同论》，应《甲寅》杂志之征，段芝老（段祺瑞）见之，大激赏，寿以四百金。金脱手豪游，数日而尽，已而弊车羸马，泊如也。其落拓自喜如此。”“兰庵数年前旅食平津，常与海藏诸老倡和，颇诵法陶韦。己巳冬，自津回南，在沪为匪人误绑，诗稿亦同时遭劫。君旋自匪窟中逃出，不久，诗稿亦合浦珠还，真不幸中之大幸也。”《诗话》中举其名篇和名句甚多。

在钱先生所有的同辈学人中，与他关系最为密切、对他影响最大的，首推王蘧常。王蘧常（1900—1989），浙江嘉兴人，中国哲学史家、历史学家、诗人、著名书法家，曾任无锡国专教师、教务长。在20世纪30年代和40年代，王蘧常在我国南方教育界和学术界都有很高的地位和很大的影响。20世纪50年代开始，在复旦大学哲学系当教授，直到逝世。王蘧常在学术、艺术方面的造诣，固不待言，他也没有什么政治问题，何以在50年代后，其声名反而沉寂？即使在八九十年代，他也主要还是以书法闻名。

在20世纪二三十年代以后，文化圈内有“唐门三鼎甲”的说法。这一说法，又有两个版本。一个版本是，状元王蘧常、榜眼陈柱、探花钱仲联。这三人都是唐文治的学生。不过，陈柱是唐文治在上海工业专门学校的学生，后来到无锡国专教书，成了钱仲联的老师，而王蘧常、钱仲联，则是无锡国专的学生，把这三个人放在一起，不大协调。另一个版本是《钱仲联述学》中所说：“我是于1924年初以第一名的成绩考入无锡国专的。三年后，1926年冬，又以第一名的成绩毕业，是国专第三届学员中的高材生。当时与首届学员王蘧常、二届学员蒋天枢齐名，号称'唐门三鼎甲'，而国专同学之中，群推王蘧常先生为首座。"这一个版本较为顺。不管是哪个版本，王蘧常都是状元。王蘧常的女儿王平孙《王蘧常和唐文治的师生情谊》中记载，唐文治先生曾经多次说过，唐门弟子中，状元为王蘧常。

王蘧常学于名门，功力深厚，且与钱先生有世谊渊源。他是近代名儒沈曾植晚年的弟子，而沈曾植是翁同龢的门生，翁同龢又是钱先生的舅祖父。加以唐文治先生考取进士后，曾经师事沈曾植，唐文治是王蘧常、钱先生的老师，所以，钱先生就称沈曾植为太老师。如果从沈曾植的关系算来，王蘧常是嫡传弟子，而钱先生是再传弟子，王蘧常要比钱先生高一个辈分。如果从唐文治门下算来，他们则是同学。事实上，他们也是以师兄弟相称的。

他们在无锡国专读书时，王蘧常二十五六岁，钱先生才十七八岁，两人正当青春年少，兴趣相投，情同昆弟，唱酬甚多。王蘧常先生赠钱先生诗有云："钱郎三尺万夫师，爱我如兄屡赠诗。握手毕倾肝膈语，异乡温得弟昆私。"

王蘧常对钱先生的诗歌创作和理论，也有很大的积极影响。《梦苕庵诗话》云：

> 乙丑（1925年）春始与仲瑗订交于锡山，商榷文字，益我者良多。是夏在家，有作必寄君，往返书札颇频。有一书批导利病，精极不刊，且可以药世之学西江派诗者。书云："尊作伉爽有奇气，渐脱清味。如能于豪放中求深沉，空灵中求密致，则更加人一等。古人未有不从密致中作功夫也。自此以后，尤须精研训诂，细窥物理，求字字锤炼，句句沉着，无空响，无捐义。如此方能亘古长新，觉有一种光气，常动荡于字里行间，不可捉摸，不可遏抑，不袭古人声音笑貌而自有声音笑貌，可与古人颉颃。弟于近代诗人，常不敢亲近，恐为一时习气所囿，便难摆脱，即海藏、散原，观之犹有戒心也。生平颇嗤姚□□诸公，学陈几如剧家之双簧，不敢失一板眼。不失板眼时，固惟妙惟肖，一失时使不成腔调。盖自己无立足点，处处靠人，遂落此圈套"云云。此一段议论，非真有得者不能道。所谓"清味"，指乾嘉人格调而言。

钱先生晚年所作《钱仲联学述》中所云，完全与此相同，并云王蘧常此"书中关于诗功与学问、学古与创新关系的论述，尤其是末尾关于不要囿于风靡一时的‘同光体’习气的‘圈套’的提醒，批导利病，精极不刊，且可以药世之死学西江诗派者。这给当时年仅18岁的我以有益的启迪和深远的影响”。可见他对钱先生的诗歌创作和诗学观点的影响。《梦苕庵诗话》中，对王蘧常的诗歌，也作了非常详细和非常高的评价，并录其佳作和佳句甚多。

王蘧常生于庚子年，与唐圭璋和夏承焘同岁，属鼠。张大千曾经给王蘧常画一幅画，画面上是一个大米囤，上面四只老鼠。钱先生说，这画太好了，很切。后来王蘧常生了四个孩子，大千真有先见之明！

1977年，钱先生70岁生日，王蘧常先生在上海用他所最擅长的章草，写了一副对联寄给钱先生为贺：“高才八斗，看诗同潮，文同海；生朝七十，正露似珠，月似弓。”这副对联，后来挂在钱先生的客厅多年。

郑学弢先生说过这样一件事。1979年，王蘧常先生80寿诞。先是钱先生写一诗去祝贺。王蘧常回信说，读了钱先生的贺诗，他不满意。因为在无锡国专读书的时候，钱先生说过，将来王蘧常80岁时，钱先生要做一首八十韵的长诗祝贺，而钱先生写的贺诗，不是八十韵。钱先生当年的这个承诺，经过了半个多世纪，其间人世沧桑，早就忘记了，而王蘧常还记着。经过王蘧常这么一提，钱先生想起了当年这个承诺，于是，又写一首贺诗，这回当然是八十韵的长诗了，且仿沈曾植诗体的五言古风。这就是《明两老人八秩寿言八十韵》，这是钱先生晚年的一首力作。诗很长，典故极多，内容又写他们两人半个多世纪的交往，其间又涉及到沧桑变幻，所以，我们很难完全读懂。

1987年秋，钱先生80寿辰时，年近九旬的王蘧常先生亲撰寿联云：“六十年昆弟之交，亲同骨肉；八百卷文章寿世，雄视古今。”上联言他们两人几十年坚贞不渝的友谊，下联赞钱先生的著作。这副对联，钱先生请其弟子范建明刻在两块木板上，挂在钱先生客厅里多年。

1989年的一天夜里，钱先生在梦中得五律一首，醒来后全部记得，但是当时没有写下来，过了几天，就忘记了最后两句，这时，得到了王蘧常先生以90高寿病逝于上海的噩耗。钱先生极其悲痛，补上了最后两句，完成了这首诗：“一鹤寥天去，云中见玉楼。境随孤月定，气作万山秋。好梦持长夜，青山换白头。残生馀几辈，吾道在沧州。”仙气缥缈，又深沉伤感，赫然就是为王蘧常先生逝世而作。钱先生又撰挽联云：“名世文章，法乳千秋传海日；平生风义，孑馀一鸟哭昌黎。”上联称赞王蘧常先生的学术文章足以承续其师沈曾植，下联以唐代韩愈和孟郊的交情比喻他们两人65年始终不渝的真挚友情。

跟钱先生关系比较密切的国专同学，还有吴其昌、毕寿颐和蒋天枢等。

4. 第一篇学术论文《近代诗评》

《钱仲联讲论清诗》第八篇中，钱先生说："我个人，小时受《学衡》影响，而不是受《新青年》影响。《新青年》，我那时很看它不起。《学衡》为胡先骕等留学归国学生主持，由中华书局出。"[15] 1926年，钱先生在《学衡》杂志第51期上发表了自己的第一篇学术论文《近代诗评》。《钱仲联讲论清诗》第八篇中，钱先生又说："至于论文，《近代诗评》大可不必要了。"[16] 也许正是这样的原因，齐鲁书社1983年出版的《梦苕庵清代文学论集》和1993年出版的《梦苕庵论集》，都没有收录这篇论文。可是，《钱仲联学述》所附录年表中，说此文之发表"为公开发表论文于重要刊物之始"。钱先生在不少文章中和讲话中，也提到他19岁时在《学衡》发表《近代诗评》的事情，可见在钱先生的学术生涯中，这是很重要的一件事情。以下对该论文作诠释和论述，以见钱先生当时的诗学思想、研究方法和特色。

> 诗学之盛，极于晚清。跨元越明，厥途有四：瓣香北宋，私淑西江，法梅（尧臣）王（安石）以炼思，本苏（东坡）黄（庭坚）以植干，经巢（郑珍）、伏敔（江湜）、蝯叟（何绍基）振之于先，散原（陈三立）、海藏（郑孝胥）、海日（沈曾植）大之于后，此一派也；远规两汉，旁绍六朝，振采蜚英，骚心选理，白香（邓辅纶）、湘绮（王闿运）凤鸣于湖衡，百足（高心夔）、裴村（刘光第）鹰扬于楚蜀，此一派也；无分唐宋，并咀英华，要以敷畅为宗，不以苦僻为尚，抱冰（张之洞）一老，领袖群贤，樊（增祥）易（顺鼎）承之，拓为为宏丽，此一派也；驱役新意，供我篇章，越世高谈，自辟户牖，公度（黄遵宪）、南海（康有为），蔚为大国，复生（谭嗣同）、观云（蒋智由），并是附庸，此一派也。

论文一开头就不同凡响。先从我国诗学史的高度，肯定"诗学之盛，极于晚清"，且"跨元越明"，然后，从整个中国古典诗坛的全局来看，证实晚清诗学之盛。从取法对象、诗歌和诗学理论特色、代表人物及发展、地域这几个方面，总结出晚清以来中国古典诗坛上的四大流派。一是"宋诗派"，他们为诗，取法北宋诗歌和江西诗派，主要学习梅尧臣和王安石诗歌的思致、苏东坡和黄庭坚诗歌的体格，代表人物前

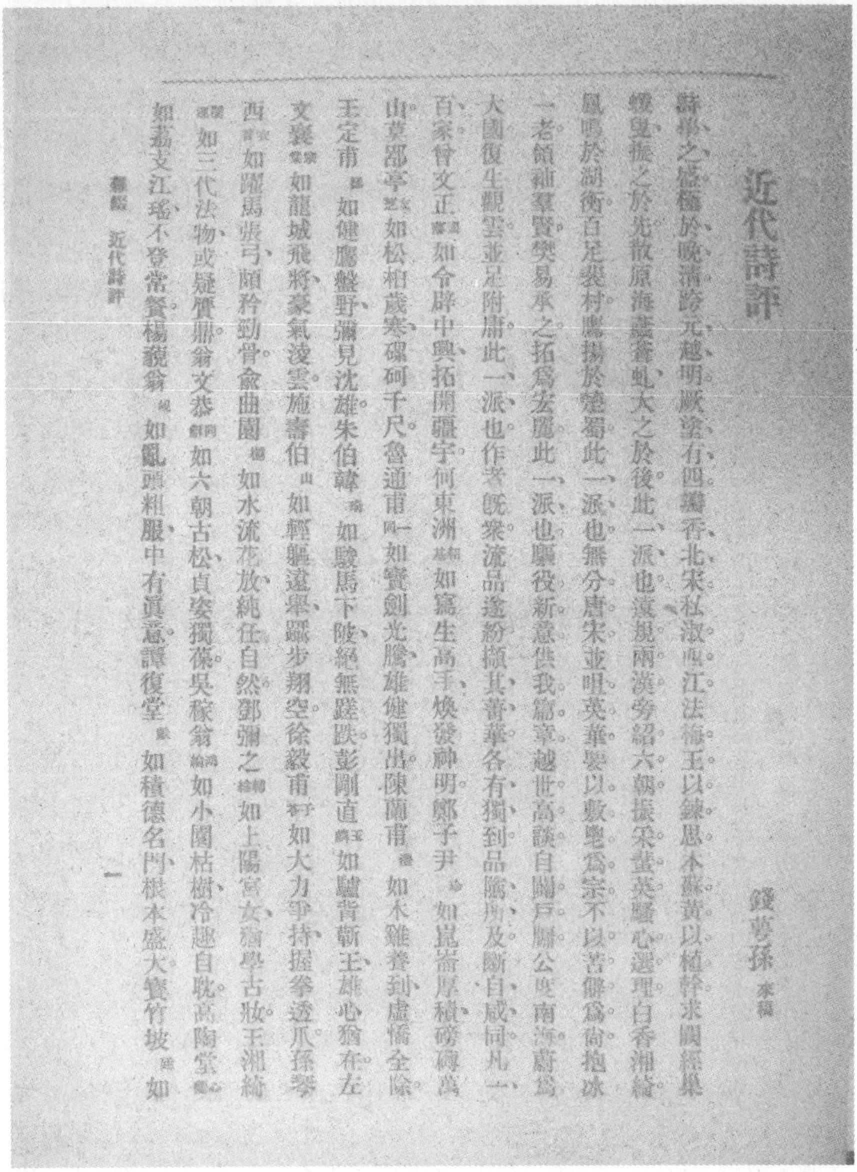
近代詩評

錢萼孫

詩學之盛極於晚清跨元越明厥途有四瓣香北宋私淑西江法梅王以鍊思本蘇黃以植幹求闕經集蝯叟振之於先散原海藏蒼虬大之於後此一派也遠規兩漢旁紹六朝振采蜚英騷心選理白香湘綺鳳鳴於湖衡白足褉村鷹揚於楚蜀此一派也無分唐宋並取英華要以敷暢爲宗不以苦僻爲尚抱冰一老領袖羣賢樊易承之拓爲宏麗此一派也驅役新意供我陶鎔越世高談自闢戶牖公度南海蔚爲大國復生觀雲並足附庸此一派也作者既衆流品遂紛摘其菁華各有獨到品騰所及斷自咸同凡一百家曾文正如令辟中興拓開疆宇何東洲如寫生高手煥發神明鄭子尹如崑崙厚積磅礴萬山莫邵亭如松柏歲寒磥砢千尺魯通甫如寶劍光騰雄健獨出陳蘭甫如木雞養到虛憍全除王定甫如健鷹盤野彌見沈雄朱伯韓如駿馬下陂絕無蹉跌彭剛直如驢背斬王雄心猶在左文襄如龍城飛將豪氣淩雲施壽伯如輕軀遠舉躡步翔空徐毅甫如大力爭持握拳透爪孫琴西如躍馬張弓頗矜勁骨俞曲園如水流花放純任自然鄧彌之如上陽宮女猶學古妝王湘綺如三代法物或疑贗鼎翁文恭如六朝古松貞姿獨葆吳稼翁如小園枯樹冷趣自耽高陶堂如嘉文江瑤不登常餐楊覲翁如亂頭粗服中有眞意譚復堂如積德名門根本盛大寶竹坡如

學衡 近代詩評 一

钱先生发表的第一篇学术论文

期有郑珍、江湜和何绍基，后期则有陈三立、郑孝胥和沈曾植，后期声势更大于前期。二是汉魏六朝派，他们取法汉魏六朝诗歌，总体特点是“骚心选理”，代表人物是湖南的邓辅纶、王闿运，湖北的高心夔、四川的刘光第。三是唐宋兼采派，以张之洞为领袖，其弟子樊增祥和易顺鼎承之，总体特点由英华舒展到益以宏丽。四为诗界革命派，其大将为黄遵宪、康有为，羽翼为谭嗣同、蒋智由，该派特点是创新性强。周秦《梦苕先生论传》中评论钱先生这些论述云：“寥寥数言，把一时诗坛的主要流派及其艺术趋向剖析得如此精确透辟，七十余年以下，我

们犹不能不对这位十九岁的少年诗人的才华见地，尤其是不为当时甚嚣尘上的学宋风气所囿的胆识志向而发出由衷的赞叹。值得一说的是，这样的胆识志向完全不同于一般年轻人的狂妄轻率。”钱先生的这些论述，真实、准确地揭示了晚清直到当时古典诗坛的客观状况。直到今天，学术界对这段时期诗坛的格局的论述，还是钱先生所说的这四大流派，通行的几种文学史都是如此，并没有多少突破。

钱先生之所以能得出如此精到的结论，是因为他的阅读实践、创作实践和宏通的见识。《钱仲联学述》中说："近代诸家的诗作，我很早就有广泛的阅读、精心的思考，同时我还通过自己的创作实践，体会个中三昧。因此，直到现在，当初的论断还站得住脚。”这是说的阅读实践和创作实践。用周秦的话说，当时古典诗坛上宗法宋诗的风气是“甚嚣尘上”；用《围城》中的话说，陈散原的名字，好像是一支哈瓦那雪茄，放在嘴上，是能够提高身份地位的；陈衍的《石遗室诗话》，影响之大，隐隐然有乾嘉间袁枚《随园诗话》的模样。如果为宋诗派的诗学观点所笼罩，对当时别的诗歌流派和诗人，或会视而不见，或不能客观对待，也就无法作出如此准确的论述。作为诗人，自然有自己的宗尚，但是，作为诗论家，就不能为自己的宗尚所限制，而必须具有广阔的胸襟与宏通的见识。从这篇篇幅不大的论文的开头，就可以看出，钱先生是诗人，又是一个胸襟广阔、见识宏通的诗论家。他此后在诗歌研究中的巨大成就，是与这样的素质分不开的。甚至可以说，这样的素质，是成为大家的坚实基石。

从这样一段论述中，也可以看到钱先生研究诗歌的一些方法，这些方法，在他以后的研究中，运用纯熟，成就斐然。例如，整体性的研究方法，这主要是对某一时期整个诗坛作整体性的研究。后来钱先生的一系列《点将录》，就属于此类研究。这段论述将晚清到当时诗歌分为四大流派，并用非常简洁的语言，概括了他们各自的特点，列举他们的代表诗人。诗歌流派研究，在钱先生此后的研究中，也是很突出的，《论同光体》等论文，就是他流派研究的名作。在这段论述中，钱先生提到若干地名。注目于地域，钱先生在诗歌研究中的这个显著特点，也首先在这篇论文中体现了出来。他注目的若干流派，许多是与地域结合在一起的，例如秀水派、虞山派、娄东派、浙派等等，至于他的力作《三百年来江苏的古典诗歌》、《三百年来浙江的古典诗歌》则完全是从地域着眼的。取法研究，则在钱先生的诗学研究中，几乎是最为常用的、最基本的方法了。在谈到清代诗人时，他总会说，某某人学唐代的某某诗人，某某人学宋代的某某诗人，某某人则就学清代的某某诗人，如数家珍。这与清代诗歌的总体特点是相一致的。钱先生研究清代诗歌，重学诗取向，是抓住了要点。总之，钱先生这段论述中，体现出来的若干研究方法和特点，在他以后的研究中，都有长足的发展。

对某一时期的诗坛作整体性的研究，属于宏观研究的范畴。宏观研究，容易有蹈空之患。如何避免蹈空之患？很简单，那就是把宏观研究建立在足够多的微观研究的基础之上，或者把宏观研究与微观研究结合起来。钱先生这篇论文的开头部分，是属于宏观把握、宏观论述。他的宏观把握或宏观论述，是建立在对许多代表作家的微观研究这坚实的基础之上的，所以可靠。接下来，钱先生就用极为简洁的语言一个个地评论这些诗人，实际上就是发表他对这些诗人分别作研究的成果：

> 作者既众，流品遂纷。撷其菁华，各有独到。品骘所及，断自咸同，凡一百家：曾文正国藩如令辟中兴，拓开疆宇；何东洲绍基如写生高手，焕发神明；郑子尹珍如昆仑厚积，磅礴万山；莫郘亭友芝如松柏岁寒，磥砢千尺；鲁通甫一同如宝剑光腾，雄健独出；陈兰甫澧如木鸡养到，虚憍全除；王定甫拯如健鹰盘野，弥见沉雄；朱伯韩琦如骏马下陂，绝无蹉跌；彭刚直玉麟如驴背蕲王，雄心犹在；左文襄宗棠如龙城飞将，豪气凌云；施寿伯山如轻躯远举，蹑步翔空；徐毅甫子苓如大刀争持，握拳透爪；孙琴西依言如越马张弓，颇矜劲骨；俞曲园樾如水流花放，纯任自然；邓弥之辅纶如上阳宫女，犹学古妆；王湘绮闿运如三代法物，或疑赝鼎；翁文恭同和如六朝古松，贞枝独葆；吴稼翁鸿纶如小园枯树，冷趣自耽；高陶堂心夔如荔枝江瑶，不登常餐；杨藐翁岘如乱头粗服，中有真意；谭复堂献如积德名门，根本盛大；宝竹坡廷如禅宗顿义，自在游行；江弢叔湜如自描妙相，藻绘全空；金亚匏和如狭巷短兵，犀利无敌；陈蓝洲豪如隐囊坐倚，闲靡自悦；吴子隽观礼如章逢习礼，蕴藉有容；张幼佩纶如昌言不讳，卓为谏臣；叶写经大庄如一意孤行，独成谊士；黄公度遵宪如浮海乘桴，新宇另辟；张今颇锡銮如边城吹角，秋思独多；张文襄之洞如临戎缓带，弥见从容；陈弢庵宝琛如名宦归田，故为疏放；李越缦慈铭如天葩奇芬，弹指即放；袁忠节昶如谏果隽味，徐含始知；易哭庵顺鼎如琪花瑶草，异彩纷披；樊云门增祥如百宝流苏，眩人心目；陈散原三立如五老匡庐，自开奇境；郑苏堪孝胥如三峰太华，独见高标；范肯堂当世如灵均呵壁，奇闢自矜；唐元素晏如蒙叟寓言，诙谐写恨；沈寐叟曾植如急就篇章，深奥入古；梁节庵鼎芬如吴兴书法，婉丽可

人；冯蒿庵煦如引吭奏曲，宛转入情；林畏庐纾如挥麈清谈，高超中理；……王明两蘧常如文度江东，后来独步。聆八音之并奏，知吹万之不同。真性各存，郁为风气；矩矱有在，无愧雅音。虽其体或殊夫洪纤，而发言咸系乎时会。

用八个字组成的形象语言来评论每个诗人，这样的方法，见之于清代的敖陶孙与洪亮吉。这些八字评语，既形象生动，又简明扼要，有妙语中的之佳。我国文学批评，好用形象批评之法，如"出水芙蓉"之类。这样的批评，本身就有浓厚的文学色彩。敖陶孙与洪亮吉分别在这一传统的基础上，再作创造性的精细加工，更增加了精警工致。如敖陶孙评曹操诗"如幽燕老将，气韵沉雄"是也。洪亮吉所云如："压雪老梅，形愈倔强"，"激电怒雷，云雾四塞"，"霁日初出，晴云满空"，"宫人入道，未洗铅华"，"海山出云，时有奇采"，"久旱名山，尚流空翠"，"新月入帘，名花照镜"等等，美不胜收。《青鹤杂志》第一年第12期至第20期上有《时人诗与女性美》一文，也是如此，如"郑海藏如飞行女侠，剑气逼人"，"赵尧生如唐宫仙侣，游戏人寰"，"夏剑丞如憔悴姬姜，躬操井臼"，"冒鹤亭如天宝宫人，喜谈旧事"，"许疑庵如水边丽人，态浓意远"等等。此类评论，看似有趣，但是，撰写却是不容易的。首先，作者得是写诗的内行，能把握被评论诗人所作诗歌的特点；其次，要用优美、形象的语言，把这些特点一一表现出来，其本身，也有诗歌的意蕴。与以上这几位的评论相比，钱先生的评论，还有三个特点，一是这些评论，只是这篇论文的一个有机组成部分；二是所评论的诗人众多，超过了洪亮吉等；三是钱先生认为，这众多的风貌，正是每个诗人个性的体现，从理论上肯定了这种"百花齐放"的现象。此外，钱先生对这些诗人的评论，在他以后的研究中，会有进一步的发挥。

钱先生接着说：

至于弋浮誉、张卮词，振翅窜雉之林，争长夏虫之族，其人有四，可得而言：挟卷朱门，投谒华屋；夸靡七字，谐律千篇；频岁怀人，影缨金绂之姓氏；累牍公饯，河梁落日之藻词；取资结纳，无求精思。此一类也。妖态百端，意存骇俗。襞绩怪险，则狐穴取材；文饰浅陋，则鸟篆盈简。铣豁虬户，易类而逞奇；桂饵翠纶，强泽而无当。此一类也。伏首程格之内，茹气蠹腐之中；幸猎声华，自耻谫陋，窃骊爪于芬苑，攫牛耳于骚坛。四声仅解，乃效玉溪之獭祭；六合未赋，已同刘昼之驼伏。此又一类也。本无实诣，好为大言。桂林湘水，笑平子为无奇；箜篌白马，以陈思为可夺。涂泽古貌，诋諆作者，山膏善骂，麒麟成楦。此又一类也。下至揉杂俗腔，标榜新派，尝试草儿之集，女神湖畔之编，僭据诗坛，见悦市贾，斯更等诸曹桧，略予攻弹。

这里所说的第一类乃诗人中的可怜虫，他们把诗歌当成获取名利的工具，看重的是诗歌在与富贵者交往中所起的作用，而不会在诗歌本身下功夫。第二类诗人乃诗人中的另类，他们不适当地在诗歌中堆砌奇奇怪怪或者华美瑰丽的词藻，以图惊世骇俗，获取名声。第三类为诗人中的抱残守缺者，从内容到形式，都是那么陈腐不堪，而拒绝创新与变革。第四类乃诗人中的空疏狂妄者，他们以攻击大诗人成名。这四类诗人之外的那一类，明显是指白话诗人，而在钱先生看来，这一类诗人，更加不值一提，连到被他批评的资格都轮不上。其实，这几类诗人，从唐代以下，哪一个朝代没有？至于当代，第一类和第三类诗人或者不多见，其他几类，则也不少见。钱先生写这篇论文的时候，当时诗坛上，这几类诗人都很突出，因为那是个新旧交替的时代，文化现象比别的时代更为丰富。

> 夫正始之义，匪可浅言。风雅所趋，奚云小道。尝综其源流，寻其窔奥，窃以为华严之喻，难云妙悟，蜂鹤之禁，亦属外篇。斫梓染丝，学在始化。宏诵载籍，以充其气；审别俳伪，以正其趋。气充始厚，趋正斯雅。然后调飞沉之韵，极情采之变，九幽觑怪，千仞刷翮。用能流响中韶，造端成化。千状万态，炉冶在我。是故宵鱼秋磬之奏，丰黛盛鬋之容，辊霆驱海之势，湍寒石瘦之致，或擅专门，自成孤诣，以论大家，终讥单步。况今梯航四达，心灵棣通，海市飞腾，鱼龙漫衍。旁行蟹篆，扬扢千年；雷艇风轮，呼吸万里。世有作者，脱落声气，牢笼物象，发皇坠绪，振起宗风，揖让弥莎之庭，出入李杜之囿，不亦盛哉！

这一段从正面阐述自己的诗学主张。诗歌乃至文学的发展趋向，不是小道，其中有许多重要的道理。妙悟灵感不可倚为作诗的根本，作诗不能仅仅凭妙悟灵感而达到大成。在诗歌形式、作诗格律等方面下功夫，那只是外在形式而已，仅仅在这些方面讲究是远远不够的。创作诗歌的正途，在于多读书，多明理，学博识高情富，并且研究前人诗歌的正变得失，增强辨别能力，选择雅正的取法对象，再在音韵、辞藻等诗歌形式上下功夫。自我意识强烈，驾驭控制、选择锻炼的能力强大，如炉火旺盛，所冶炼者又多，就可以熔铸出自己独特的诗篇。诗歌内容和形式单薄单一，虽然也显示了诗人的真面目，突出了诗人的创作个性，但是，这是不够的，远不足以成为大家。在交通和科技越来越发达的时代，国际交流频繁，诗歌就更应该具有极大的丰富性、广泛性和多样性，这才能直追中外大诗人，称得上“盛”。以弥尔顿、莎士比亚和李白、杜甫对举，说明钱先生绝不是抱残守缺、孤陋寡闻的冬烘先生，而是放眼世界、与时俱进的诗学先觉。

余愧非掞摛之才，略识咏吟之旨，用敢抑扬人杰，雕绘士林？蟪蛄之知，畴责旦暮；斥鷃之笑，不愈枪枋。何况秋兰被途，莫禁萧艾之长；秦鉴受影，难绝盐嫫之来。网罗既宽，雅郑易杂。特是笔舌所骋，差有异于鼓簧；月旦之评，更无关乎存殁。俾知逝者祖唐述宋，沿馀制于古贤；后者电举飙张，导先声于来哲。斯知人之渊薮，抑论世之蓍龟也。

“余愧”以下八句，乃自谦之语，也预示了以退为进。“何况”以下四句，虽为无奈，亦是实情，其中又有隐隐自负之意在。此下则阐明该文所论广泛，而其宗旨，则在于知人论世。

嗟乎！一士之生，百年如寄。上之欲寤寐姬孔，光绝学于千秋；次亦当风雨名山，留谤书于万古。乃徒沾沾于雕虫之末，矜窥豹之论，亦足慨矣。怀往伤今，问天不语，目瞑意倦，对影自书。折衷诗教，匪用爱憎；凭臆而言，谁誉谁毁？知我者，其在高山流水间乎！

这是结尾，从人生取向的高度，言该论文之评价标准，乃是诗教。“上之”云云，指研究儒学，也就是经学。在当时，经学早已由在清朝时显学的地位一变为被抛弃之学，五四运动，就曾经提出过“打倒孔家店”的口号，所以，经学在当时几乎已经成了“绝学”，尽管经学家还大有人在，别的不说，钱先生的老师唐文治和曹元弼就是。孔子、墨子研究周朝文化、周公之道，白天孜孜不倦，夜里形之于梦寐，梦见周公告诉他们答案。后来，用梦中见到周公、孔子来表现其坚持儒家之道的人不一。在传统文化中，儒家之学被认为是经国济民的学问。史学或史书，对经国济民的作用也很大。但是，这两样都没有做，现在做的是研究诗歌这样的雕虫小技中又最为微不足道的事情，又自矜这些管中窥豹之论述，也足以使人感慨的了。世事如此，人生如此无奈，那就以儒家的诗教观，来评论诗歌，希望以诗歌对社会起到积极作用，期待读者中的知音，理解作者的苦心。

注释

[1] 荣孟元、章伯锋主编：《近代稗海》第 6 辑，四川人民出版社 1987 年版，第 126—127 页。

[2] 参见陈其昌:《唐文治》,《无锡国专在广西》,苏州大学原无锡国专广西校友会编,1993年印刷,第12页。

[3] 黄汉文:《记唐文治先生》,苏州大学(原无锡国专)广西校友会编:《无锡国专在广西》,1993年印刷,非卖品,第48页。

[4] 苏州大学(原无锡国专)广西校友会编:《无锡国专在广西》,1993年印刷,非卖品,第51页。

[5] 黄汉文:《记唐文治先生》,苏州大学(原无锡国专)广西校友会编:《无锡国专在广西》,1993年印刷,非卖品,第51页。

[6] 同上书,第61页。

[7] 此校歌载1931年出版的《无锡国学专修学校校友会集刊》第1集,由上海沈叔达先生谱曲。

[8] 陈平原:《大学十讲》,复旦大学出版社2002年版,第90页。

[9] 苏州大学(原无锡国专)广西校友会编:《无锡国专在广西》,1993年印刷,非卖品,第19页。

[10] 唐文治:《茹经堂文集》,沈云龙主编:《近代中国史料丛刊续辑》本,台北文海出版社1979年版。

[11] 黄汉文:《记唐文治先生》,苏州大学(原无锡国专)广西校友会编:《无锡国专在广西》,1993年印刷,非卖品,第44页。

[12] 张舜徽:《清人文集别录》卷二十三,中华书局1963年版,第647—648页。

[13] 卞孝萱、唐文权编:《民国人物碑传集》,团结出版社1995年版,第522页。

[14] 关于陆氏三兄弟的事迹,参见《太仓文史》第19辑(四)鼎龄《唐文治和陆氏三兄弟》。

[15] 魏中林整理:《钱仲联讲论清诗》,苏州大学出版社2004年版,第155页。

[16] 同上书,第168页。

第三章　在上海任教

1. 从私塾教师到大学教授

2. 在文化圈内的交游

3. 前后《胡蝶曲》

4. 前后《游仙诗》

1. 从私塾教师到大学教授

1927年春，钱先生到上海谋生，就馆于丝商施家。施家知道钱先生文章写得好，请钱先生多多教导他们家的孩子如何作文。于是，钱先生让孩子们看林纾翻译的外国小说，并就这些林译小说，给他们讲作文之法。这种作文教学方法，效果果然很好，在不长的时间内，学生的作文水平提高很快。由此也可知道，钱先生不是只埋头古籍的冬烘学人，他也看林纾翻译的小说，而且有自己独到的心得，悟得作文和教人作文的有效方法。

1928年春天，钱先生与其表姐沈毓秀结婚。同年，钱先生辞去施家馆事，受聘到上海经文公学教书。1929年，钱先生辞去经文公学教师职务，接受交通大学教授金井羊的聘请，到金家处馆，教金家的孩子。

金井羊(1892—1934年前)，字其眉，上海宝山人，德国基尔大学政治学博士。回国后历任国民党中央党务学校教务长兼代理校长、国民政府铁道部建设司科长、铁路部参事、上海光华大学商学院院长、铁道部财务司司长等职务。这是个政界、学界两栖的人物。钱先生在多种自传中，只说他是“交通大学教授”，而不及其他，也许是出于政治上的考虑，也许钱先生本人是个学人，因此，他所注重的，也是金井羊学者的一面。

金井羊虽然比钱先生年长14岁之多，但是，他无疑是个新式的人物，研究的专业，也与钱先生完全不同。可是，在文化认同方面，他们应该有相同的部分。就年龄和经历而论，金井羊属于“五四”学人这个辈分。“五四”学人的总体倾向是主张“西化”，否定中国传统文化。钱先生从小到在无锡国专所接受的，都是中国传统文化，对中国传统文化的认同之坚定，是毋庸置疑的。那么，为什么钱先生与金井羊在文化认同方面，会有相同的部分呢？

“五四”以后，20世纪20年代初留学西方的一些学人，在文化取向方面，发生了变化，他们不再简单地主张西化或否定中国传统文化，相反，转而推崇中国传统文化。这与当时欧洲学术界的情况有关。第一次世界大战后欧洲的学术界，鉴于大战之祸，许多学者对欧洲文化作了反思，批判其中的许多重大缺陷，并拟采纳东方文化之长，来弥补欧洲文化之不足。这一时竟然成为欧洲学术界的潮流。在那里的中国留学生，自然很容易接受这样的思想。金井羊也是其中的一个。因此，金井羊对中国传统文化的肯定和热衷，是完全没有问题的，他们与从国外留学回国而坚持中国传统文化的《学衡》诸公，在文化思想上，正是同一个路子的。结合陈平原《传统书院的现代转型——以无锡国专为中心》一文的第二部分《另有渊源的东南学术》[1]中所论当时江苏、上海文化界的形势及其与以北京为代表的北方文化界形势的比较，整体印象就更加深刻了：南京、上海、苏州、无锡，都是我国传统文化最为深厚，也最为活跃的地区。金井羊是这样一个人物，那么，在文化认同方面，他与钱先生有许多相同的部分，那就是都肯定中国传统文化的重要价值。正因为如此，他才会请长于中国传统文化的钱先生给他的孩子讲授中国传统文化，包括古典诗文词赋等等，他们才会成为主宾关系。

钱先生在金井羊家处馆，从1929年到1932年秋天，也算比较长的一段时间了。当然，在钱先生以后的学术和创作活动中，甚至在生活中，他在金井羊家处馆的这一段经历，没有起到什么明显的影响，但是，这一段文化因缘，对钱先生坚守中国传统文化、认识中国传统文化的价值，肯定是只有正面作用，而没有负面作用的。

在这段时间里，钱先生写作了许多诗歌。1931年，他与师兄王蘧常合刊了诗集《江南二仲集》，这标志着他作为一个诗人的创作成就达到了一个新的高度，在旧体诗人圈子内确立了自己的地位。此外，也是在这一年，他开始了黄遵宪《人境庐诗草》的笺注工作，这是他一生大量笺注著作中的第一部。也就是说，他显赫的笺注成就，是在金井羊家任教开始的。

1932年初，日寇侵犯上海，十九路军艰苦抗战。以此为题材，钱先生写了大量的诗歌，发表在《申报》的副刊上，黄炎培、金天羽等人读了这些诗歌，大为叹赏。是年秋，由黄炎培和钱先生在无锡国专读书时的老师陈柱介绍，钱先生到大夏大学任教，先为讲师，不久，被聘为教授，时年仅25岁。

据中央文献出版社2000年出版的金以林《近代中国大学研究》记载，大夏大学创办于1924年。厦门大学学潮，部分师生集体到上海，创办新的大学，初名“大厦大学”，后更名“大夏大学”，以志该校与厦门大学的渊源，并寓“光大中华”的意思。王伯群、吴稚晖、汪精卫等为校董，马君武、王伯群先后任校长。1929年，该校在中山路梵皇渡购买土地三百多亩，作永久性校址。1936年，该校注册学生达到一千五百多人，与复旦、大同、光华同为上海私立大学中的“四大金刚”。1951年，大夏大学与光华大学等一起，合并为华东师范大学。

在大夏大学，钱先生担任基本国文(相当于现在的大学语文)和修辞学等课程的教学任务。王蘧常则早在1929年春天，就来到大夏大学教书。这时，他们师兄弟就一起在该大学教书，成为同事。

关于在大夏大学的教学情况，钱先生说，他教的学生，许多是富有的华侨子弟，不少人的年岁，甚至还长于他，因为当时他也仅二十五六岁而已，学生的水平和素质，根本不能与无锡国专相比，再者，这时他也是刚刚进大学教书。正是这些原因，他说有些学生很难对付。修辞学课程的教材是陈望道的《修辞学发凡》。钱先生开始按照课本讲授，效果不大理想。后来，他给学生讲《文心雕龙》，以此来传授修辞方面的学问，学生听了，兴趣大增，觉得钱先生很有水平，教得很好。教学效果，自然就很好了。无锡国专，至少在钱先生读书的时期，也就是它的初期，是传统的书院型的学校，名字就叫“国学专修馆”，教学是在传统中进行的，教材是原文甚至原著。大夏大学是现代型的大学，许多课程是概论型的，教材当然也是概论型的，像钱先生教的修辞学就是如此。

钱先生在大夏大学的教学工作，一直持续到1934年上半年。

2. 在文化圈内的交游

在鸦片战争之前，上海只是一个县城而已。后来，作为对外通商口岸，作为十里洋场的所在，在当时特定的历史环境中，在一系列的大变故中，上海成为我国工商业和文化最为发达、最为繁荣的城市。这是明显的事实。文化与经济的发展并不一定成正比，但是，经济确实可以促进文化的发展，特别是在某些因素的作用下，经济对文化的发展，确实可以起到很大的促进作用。上海就是一个非常突出的例子。

当时的中国，上海的文化最为多元，正像上海夜间的霓虹灯，五光十色：欧美文化、日本文化、俄国文化、印度文化、中国文化等等。中国文化中还有传统文化、革命文化、通俗文化等等。就文学圈子而言，也有多种。大而言之，有新文学作家，当然，他们内部还有“左翼”、“右翼”、“第三种人”、后来被称为“小资产阶级作家”之类的；所谓的通俗文学作家，也就是被后来的新文学作家和文学研究者贬称为“鸳鸯蝴蝶派”的那些作家；有传统的旧式文人。钱先生在上海时期的前期，通俗文学在上海占绝对优势，而后期，特别是鲁迅到上海以后，新文学，特别是左翼文学如日中天。钱先生与新文学与通俗文学这两大文学潮流都有比较密切的关系。钱先生的堂叔父钱玄同，就是当年与鲁迅并肩战斗的新文化运动健将。若论通俗文学，当时上海的通俗文学作家，十有七八来自无锡、常州、苏州和常熟。通俗文学前辈、《孽海花》的作者曾朴，就是常熟人，他当时也在上海。以《玉梨魂》著名的徐枕亚和以写侦探小说著名的俞天愤，还有以写江湖会党小说著名的姚民哀，也都是常熟人，俞天愤还是钱先生的表兄！他们可都是上海滩通俗文学的大名家。可是，钱先生在上海这么多年，跟这两个潮流的人竟然没有什么来往！

钱先生选择的圈子，是旧式文人的圈子。这是他的家庭背景、所受教育和经历决定的。

其实，在上海这样那样的文化人圈子中，旧式文化人圈子的历史是最长的。从外地迁居上海的最早的一批文化人，是在太平天国时期为避难而进入上海的，著名诗人姚燮，就是其中的一个，他写的词《苦海杭乐府》108首，是当时上海青楼的真实画卷，而时间远在《海上花列传》、《九尾龟》之类的上海青楼小说之前。自从太平天国以后，大乱小乱常常发生。小乱进城，大乱下乡。中国的军阀，对老百姓如狼似虎，但是最怕洋人。因为上海有租界，所以，不管大乱还是小乱，人们就往上海跑，有钱人尤其如此。许多文化人，就这样来到上海居住。当然，也有的文化人，是到上海来谋求赚钱机会的。上海工商业发达，有钱的人多，钱自然也就好赚一些。这些旧式文化人来上海之后，当然也要分化。有的人当人家的秘书或会计，有的当报馆的记者或者编辑，有的就写通俗文学作品，甚至还有当工人的，恽铁樵小说《工人小史》中的主人公，就是如此，那是我国文学史上第一篇工人题材的小说。当然，此前有些社会地位的，或者比较富有的旧式文人，还在上海当着寓公，坚持着风雅，不时参加一些雅集之类的文酒宴会，有的也卖文卖字，凭着自己的文学、艺术功底或者先前的地位、名气，多挣几个钱，好在上海附庸风雅的暴发户总比外地多，这也是这一类旧式文化人迁居上海的原因。当时的上海，这一类旧式文化人，大多是前清的官员，有进士、举人、秀才之类的科名。钱先生这个时期在上海所来往的，正是这些人物。这与他的家庭背景，特别是与常熟翁家在晚清显赫的地位，有密切的关系，更与他对中国传统文化的认同和追求有关系。就年龄来说，钱先生比他们小得多，完全是两个时代的人物，但是，就对中国传统文化的认同和追求而言，他与他们是非常接近的。他与他们之间在文化认同和追求方面的距离，要比他与上海新文学作家、通俗文学作家之间的距离小得多。俞天愤的年龄比钱先生大近 30 岁，他中国传统文化方面的修养，应该不会比钱先生差多少，家庭背景也差不多，同样拥有常熟翁家的资源。可是，俞天愤到上海，投身于通俗文学，没有与前清的那些遗老们打成一片。其间原因，应该在文化认同和追求方面。

特别是在大夏大学任教以后，钱先生与这些以前清人物为主体的旧式文人来往颇多，且并不限于居住在上海者，也有居住在常熟、苏州、常州等附近地区的，因为这些地方，离上海近，交通非常方便。他们活动的地点，也并不限于上海。

苏州惠荫园秋禊图

例如，1933 年秋天，他们就在苏州惠荫园举行秋禊，大家作诗谈艺宴饮而外，还合影留念。钱先生有《八月十二日吴门惠荫园秋禊，会者陈丈石遗、金丈松岑，凡二十八人》七律诗纪其事。据钱先生在诗中的自注，酒后，陈衍还高唱辛弃疾的《永遇乐》词。邹绵绵《惠荫园秋禊图旧影考》云，邹绵绵君本藏有登载此秋禊时与会者合影照片（即《惠荫园秋禊图》）的20世纪30年代出版的《学艺》杂志，后又从秋禊与会者之一谢玉岑的后人处获得此照片原版，对此照片作了甚为详细的考证，云谢玉岑《谢玉岑诗词集·孤鸾词》中有《一萼红》词题此图。邹君又就这照片向已经94岁高龄的钱先生请教，经钱先生辨认，确认照片上右起第一排第一人钱仲联，第五人陈石遗，左起第三人金松岑，第七人王遽常，第八人张大千，左起第十一人为谢玉岑。

《钱仲联学述》云："我与王蘧常先生合刊《江南二仲集》，并陆续和海上文坛名人谢玉岑、张大千、潘飞声、陈诗、冒广生、夏敬观、李宣龚等缔交往来，经常参与他们的宴饮和诗会，视野得到了较大的开拓。"与这些人物的交往，对钱先生学习和研究中国传统文化，对他的诗歌创作，肯定是有很大帮助的，因为，这些人物，大多是诗文高手，熟悉中国传统文化，甚至他们本身，就是中国文化的一部分！直到今天，他们已成了研究中国传统文化时的对象。

甲：在常熟文化圈内的交游

与钱先生在诗歌和诗学理论方面交流最多的常熟前辈诗人，是汪佑南。汪佑南（1875—?），字启东，江苏常熟人。有《山泾草堂诗话》。所作诗歌，自删定编为《山泾草堂集》，凡六卷，刊于1932年冬，诗集刊行后，汪佑南还屡有改动。1925年，钱先生在其舅父沈棠家里认识汪佑南，当时，钱先生年仅虚龄18岁，还在无锡国专读书。他们第一次见面，就纵论古今诗人得失，观点大为相契。此后，他们每次相见，都要谈论诗歌不倦。钱先生到上海后，他们仍然有比较多的诗歌唱和。1931年农历三月，钱先生应汪佑南邀请，为之作序，序言中回顾了两人的交往，又云："先生生平，除诗无所嗜，居常键户苦思，一灯自媚，冥搜万象，与古精灵游。尤沉浸于韩，一篇出手，剔髓刳肝，必以示余。必强之摭其利病而后快。先生为人处世和而论诗严，其自为诗然，衡他人诗，亦无不然。一字未安，必龂龂然争。世方意为狂，先生不顾也。而独器余，每摘其一二佳语，于稠人广众中，扬挹极齿颊。昔定庵以童子见知于仲瞿，余何幸得之于先生哉！"[2]然对其诗歌，没有论述。或是当时汪佑南尚在世，钱先生于其诗歌有所不足，不便直言，更何况是应邀作序言！再者，当时钱先生才24虚岁，而对方已经是个成名的前辈诗人了，在序言中评其诗歌，肯定有所顾忌。后来，钱先生在《梦苕庵诗话》中评其诗云："丈诗初由剑南入，晚年好学韩，喜为长篇七古，有作必以示余，必强之摭其利病而后快。丈虽自负其七古，要于平淡处学韩，究不能得韩之髓。余独重其近体短篇，时有佳语耐寻味，丈诗之足以传后者，倘在此而不在彼欤？"钱先生在诗话中举其不少佳作。后来，汪佑南又重新编辑他的诗集，选择尤严，删去了很多，特别是七律，如果不是全首都好，就删而不存。钱先生就在这些被删的诗歌中，选择了许多佳句，写入诗话中。当然，汪佑南的七古，在钱先生看来，也有写得很好的，1930 年，钱先生作有《汪丈寄示七古一章，极工。即以五言倒次其韵报之，时重九前二日也》。次韵之作是常见的，但是，倒次其韵的，却很少见，由此可以看出钱先生的诗歌功夫和在诗歌艺术方面的追求。

钱先生于 1926 年作《论诗与汪启东先生》："东坡内静外豪放，双井貌韩心义山。当时两雄不并列，各穷其力拔一关。眼前尔我亦奇绝，纸上英灵相唤还。诗统直将二子续，绝境不许千人攀。"开头两句是说，苏东坡和黄庭坚诗风不同。第二句说黄庭坚的诗风，表面上是韩愈一路，但是实际上还是学李商隐的，这样的见解，与曾国藩相同。继云他们两个人各攻一种风格。下半首云钱先生和汪启东二人，也像苏、黄二人那样，分别继承他们的诗统，开拓出去，到达前人没有达到的境界。在钱先生看来，诗歌要有"统"，有所本。那么，既然继承苏、黄的诗统，谁继承谁的呢？就他们的诗歌来看，钱先生的意思可能是：钱先生继承黄，而汪启东继承苏。

1930 年，钱先生作《赠汪丈水蜜桃，媵之以诗》："时论矫甜熟，诗味涩为胜。我意不云然，涩滑同一病。如口餍粱肉，姜桂暂适性。甘蜜彻中边，何如桃味正。十年耽歌诗，坐悔趋瘦硬。得公一药之，忘年契韩孟。万古《山泾集》，回味穷究竟。浪吟海上归，无物为公赠。桃乎将存心，诗味期参证。"在这首诗中，钱先生借桃子表达了他的诗歌见解。从明代以下，诗坛风气，学唐学宋，或涩或滑，此起彼伏，相互消长，其实老是从一个极端走向另一个极端，如此循环往复。钱先生这首诗中的观点，正是切中了这一现象的结症所在。"涩滑同一病"，实在是持平之论。不仅如此，钱先生还以此反思自己的诗歌创作历程，总结经验，这就更加可贵了。"甘蜜彻中边"，用佛教典故。《四十二章经》中说佛法"譬如食蜜，中边皆甜"。

钱先生最为推崇的常熟前辈诗人是张鸿。张鸿(1867—1941)，初名澂，字映南，号璚隐，江苏常熟人。光绪十五年(1889)举人，光绪三十年进士。历官外务部郎中，驻日本长崎、神户及朝鲜仁川领事等。

就诗歌而论，张鸿为晚清吴地西崑派代表作家。官北京时，与同乡徐兆玮，吴县曹元忠、汪荣宝等仿西崑故事，以西崑体酬唱，成《西砖酬唱集》，其所居胡同名西砖，故名。亦工词。又为小说，作《续孽海花》。著有《蛮巢诗词稿》。另编译《成吉思汗实录》及文稿、笔记，未刊。生平事迹，见唐文治《张君璚隐墓志铭》、钱先生《张璚隐传》。[3]

钱先生《张璚隐传》云其诗学西崑体外，晚年颇沉浸梅尧臣、王安石，能取异派所长，以博其趣。词从姜夔、吴文英出，“冥搜幽造，出入于机，无迹可蹑”。《梦苕庵诗话》又云其诗得雄直气，《近百年词坛点将录》以薛永当之，云其词“风华绝代”，晚年“藻采尤腾”。《近百年诗坛点将录》和《近百年词坛点将录》，都把张鸿点为病大虫薛永。

钱先生与张鸿，尽管年龄悬殊，但是，相识却早。钱先生《张璚隐传》云：“公婿翁文恭公从孙女，余则于文恭为离孙，又公女又与余中表姊氏为宛若。其姻娅盘互若此。然公之知余，不以姻而以诗。其所以望余者，乃不啻蒙叟之于渔洋。顾余性落落，不能逐群儿日趋公门下随俯仰，而公亦不以为忤也。”从钱先生的诗文和诗话来看，他与张鸿的交往是很密切的。抗日战争初期，他们都在桂林逃难。其间张鸿还为钱先生找房子居住等等，两人相濡以沫。张鸿回上海不久，钱先生也回到上海，他们仍然常在一起谈论时事。张鸿去世后，钱先生作《张璚隐传》。

从张鸿那里，钱先生听到不少史实和轶事。例如：一、甲午战争期间，萍乡文廷式集朝士于松筠庵，张鸿参与集议，具疏请战，公车上书，所列 16 省举人 603 人，其中没有张鸿的名字，那是漏写的缘故，实际上张鸿也列了名。实际列名的，远不止 603 人。二、沈鹏《劾三凶疏》，实际上由张鸿参与撰写。常熟人沈鹏，在翰林院当编修期间，痛恨刚毅、荣禄和太监李莲英三人横亘市朝，权势喧天，于是上疏弹劾这三人，谓之“三凶”。因为编修没有上疏的权力，沈鹏请翰林院掌院学士徐桐代奏，徐桐不许。沈鹏乃将《劾三凶疏》投《国闻报》发表。这下沈鹏声振天下，而闯下大祸，遭革职、逮捕。《劾三凶疏》，洋洋万言，实际上由沈鹏授意，张鸿为他修改润色而成。三、小凤仙本来是杭州驻防清政府军队的家属，常熟曾朴，也就是《孽海花》一书的作者，在浙江做官时，他的夫人用 20 两银子把年仅 12 岁的小凤仙买来养着，待长大后给曾朴做小妾。但是，小凤仙生性桀骜不驯，曾朴知道她不是樊笼中物，乃将她还给她的母亲，她母亲乃一名妓。她们先在上海，后到北京。蔡锷将军与小凤仙事，曾朴也出了力。曾朴与张鸿在少年时代就是朋友，所以对此事本末知道得特别详细。这些，见之于《梦苕庵诗话》等。

钱先生所交往的乡前辈中，也有多位书法家，如萧蜕友即是。萧蜕友（1881—1947），字仲渊，号中友、忏摩居士、松篆居士等，常熟人，与长兄萧谷士、次兄萧蜕有“三萧”之称，都是卓越的书法家，又都好佛学。蜕友隶书造诣最高。见李猷《抗战前常熟书画家略述》。1990 年，钱先生有诗《四十年前，萧蜕友先生摩莫郚亭联见贻，丙午、丁未之劫，失其上联，李鹤云为余补书，戏续莫句成八言绝二首》。“丙午、丁未之劫”，指文化大革命中的 1966、1967 年。李鹤云，书法家，苏州大学教师。我见过李老师补书后的这副对联，上联是“似出非出似处非处”，下联是“有官无官有家无家”。李老师的书法，几乎各体都擅长，他补写上联后，我辈外行，很难看出上下联之间在笔法等方面等的区别。前几年，李老师曾讲过他为钱先生补书该对联上联的全过程，说用茶水使宣纸如旧，以求与下联的纸色相同，这也不是容易的事情。

在常熟同辈诗人中，与钱先生交往最为密切的，是杨无恙。杨无恙（1894—1952）原名元恺，字冠南，因体弱多病，自号无恙，后以号行，常熟港口镇（今属于张家港）人。

钱先生的好友杨无恙

自少年时代起，杨无恙就好游览，历过名山大川，还曾和史良一起东渡过日本。且交游甚广。其诗歌华美精炼，有李贺、李商隐、陈与义、厉鹗诸人诗歌之长，人称“江东诗虎”。又擅书画。抗战时期，穷困潦倒，但坚持民族气节，拒绝高位厚禄的诱惑，坚决不出任伪职。为了避免向日本军人鞠躬，不入城市。先前好友董康、梁鸿志做汉奸后，杨无恙就与和他们绝交。他写了许多抗日诗篇，其中包括歌颂八路军抗战者。1949 年后，杨无恙任上海文物管理委员会顾问。其诗文《无恙初稿》有 1933 年武进董氏诵芬室版，董康作序言。1959 年，钱先生和无恙的表弟祁薇谷据原稿校辑，纂成《无恙后集》，1960 年由杨无恙生前好友、全国人大常委会副委员长陈叔通醵资影印。钱先生《近百年诗坛点将录》点他为锦豹子杨林，云其诗“从玉溪、昌谷入，时参以樊榭之隽秀，后更用力于东野、山谷。游黄山、扶桑诸诗，颇多杰构。丧乱以后所作，庶几由简斋以窥杜矣”。钱先生还为《无恙后集》作了序言。[4] 在他们的诗集中，两人一起游览、宴饮、题咏、唱和的诗很多。

还有两个在常熟的老一辈文人，钱先生尽管没有和他们诗词唱和，但是，也有翰墨因缘，这就是徐枕亚和季今啬。

徐枕亚像

徐枕亚（1889—1937），原名觉，南社社员，常熟人。出身在书香门第，且早慧。1904 年，毕业于常熟师范学校，此后在当地和附近地区担任小学教师，教学之余，写作古体诗词。1912 年，由其兄徐天啸推荐，出任《民权报》编辑，并开始撰写哀情小说《玉梨魂》，在《民权报》副刊上连载，获得很大成功，此后就长期从事通俗文学的创作、编辑、出版

工作。其小说大多写爱情悲剧，对后来的鸳鸯蝴蝶派有巨大的影响，因此，他被人目为“哀情巨子”和“鸳鸯蝴蝶派开山之祖”。其诗文才藻富艳，也有不少社会批判的内容和进步的思想。[5]

这样一个鸳鸯蝴蝶派名家，钱先生如何会与他有翰墨因缘？钱先生说过这样一件事。常熟有个枕石轩，是个茶馆，前清遗老和文人们，常在那里吃茶。“九一八”事变以后的第一个元宵节，在枕石轩吃茶的茶客们作诗钟，是嵌字格，嵌“九一八”三个字，作者自己作或者集前人诗句，都可以。时间是下午两点到四点之间交卷。当然有许多奖品。第一名的奖品是徐枕亚买来的季今啬画的扇面。钱先生做了四副集句，分别为：“八骏日行三万里，一封朝奏九重天”、“八方风雨三秋泪，一夕烽烟九域兵”、“一夜八公惊草木，九秋万里满烽烟”、“九州人物谁唯一，八面风雷独敢当”。徐枕亚看了，评云：这些诗，放在杜工部诗集里，也是好诗。我见诗人多了，见这年轻诗人，有如此声音、气魄，这些诗，何止值一扇面！钱先生就理所当然地获得了第一名，当然也获得了季今啬画的扇面。用做奖品的扇面，当然不会有题款。钱先生得到这个扇面后，马上赶到季今啬的家里，说明情况，请季先生补上题款。当然，季先生非常高兴地补上了题款。这样，这扇面就像季先生专门为钱先生画的一样。季今啬是季芝昌（谥号文敏）的孙子，而钱先生的祖父钱振伦，是季芝昌的学生。两家有世谊。“文革”中，张大千为钱先生画的画，黄宾虹为先生画的画，都失掉了，值得庆幸的是，季今啬画的这个扇面，没有失掉。钱先生讲完这个故事后，说，徐枕亚也是他的知己。

季今啬（约 1860—1948），名瀛山，原名厚焘，别号今啬，江苏江阴人。晚年作画，只写“今啬”二字，所以人们习惯于称他季今啬。季今啬在前清中过秀才，长期居住常熟。1948 年，季今啬先生逝世，钱先生写《悼季今啬先生》诗。

在当时常熟文化圈内，与钱先生有交往的还有金病鹤、金鹤冲、蒋元绶、蒋元庆、金惺斋等。

乙：在上海文化圈中的交游

钱先生常说，有两个前辈文人，对他的影响最大，也是他的知己。金天羽即是其一。金天羽（1874—1947），原名懋基，又名天翮，字松岑，号鹤望，笔名爱自由者、天放楼主人，卒后，门人私谥贞献。祖籍安徽歙县，后迁至吴江，为同里镇人。

金天羽曾学于曹元弼。早年从事教育。光绪二十四年（1898），荐经济特科，不就。数年后，以诗文和翻译小说鼓吹革命。民国初年，曾出任江苏省议员。此后主要从事文化和教育工作。其诗歌成

钱先生的两大知己之一金天羽先生

就卓著，钱先生后来著文认为，他是诗界革命在江苏的一面大纛。五四运动后，与章太炎等提倡国学，尊崇孔子。学生中成名者很多，如柳亚子、王佩净、潘光旦、金国宝、严宝礼、费孝通、王绍鏊、蒋吟秋、范烟桥等。著有《天放楼集》等。生平事迹，见金元宪《伯兄贞献先生行状》。[6]

《钱仲联讲论清诗》的第八篇中，钱先生说："我与松岑相识在上海淞沪抗战时。我写了许多抗战诗，得黄炎培赏识。黄炎培与金天羽友善，荐我于金，故相识。"[7]金天羽在他主编的刊物《文艺捃华》上发表了钱先生的一些诗歌，评为"才雄骨秀，独出冠时，老夫对此，隐若敌国"。金先生还为钱先生的诗集作序言，称为"其骨秀，其气昌，其辞瑰玮而有芒"，并鼓励钱先生在诗国"图王"、"称霸"[8]。钱先生《病榻怀人绝句》怀金天羽云："独立岩岩七尺松，相逢老子叹犹龙。江山一代回澜手，容我诗城作附庸。"可谓推崇备至了。钱先生在抗日战争期间，曾随无锡国专辗转在湖南、桂林等地。金天羽先生在这一时期所作《人日怀人诗》中，怀钱先生云："仲联躯干小无敌，意气公然雄万夫。山水桂林甲天下，诗成赛得二樵无？"[9]

夏敬观也是这一时期钱先生交往较多的前辈文人。夏敬观(1875—1953)，近代诗人、词人。字剑丞，号吷庵。江西新建人。光绪二十年(1894)举人。为著名经学家皮锡瑞弟子，又出文廷式之门，精通经史。历任江苏巡抚参议，署提学使。民国初年，任浙江教育厅厅长。1924年，隐居上海。晚岁以鬻画自给。钱先生《梦苕庵诗话》云："近代江西诗家，陈散原后，最负盛名者，推夏剑丞。其诗并不学山谷，而为宛陵之清苦。"又赞扬其《湖上》诗，云"寥寥数笔，足为西子写真"。著有《忍古楼文》、《忍古楼诗》、《吷盦词》、《忍古楼词话》、《忍古楼画说》、《夏吷庵画集》等。继妻左又宜，左宗棠孙女，亦工诗词，有《缀芬阁诗》、《缀芬阁词》。见陈谊的《夏敬观年谱》等。《清诗纪事》中收罗他的资料甚多。[10]

1934年初夏，夏敬观在其家中宴请客人，钱先生也应邀赴宴。席间，钱先生作《四月十日夏丈剑丞汤丈定之招饮吷园》诗。就诗中来看，参加这次宴集的还有陈诗、冒广生、梁鸿志、李宣龚等前辈名宿和黄公渚等。其时梁鸿志刚游览过钱先生家乡常熟的名胜虞山，席间，他极口夸奖钱先生写虞山的名句"春山女儿臂，亲切抱人来"。

钱先生在这个时期，还与并不属于上海文化圈内的钱振锽相交往。钱振锽，字梦鲸，号名山，江苏常州阳湖人。光绪二十九年癸卯(1903)进士。其诗有《谪星诗草》四卷，《名山诗集》五卷。《清诗纪事》载其资料甚为丰富。[11]陈衍《石遗室诗话》言其为"立脚不随流俗转"的"狷者"。钱先生《梦苕庵诗话》初版云名山先生"余友小山之尊人也。国变后闭门不仕，高隐寄园，时或作名山之游。济人穷乏不稍吝，人品之高，末世罕见。余初未识先生，而友其婿谢玉岑。先生一日见余所著《蝴蝶曲》，大为赏叹，立书七绝一首寄余曰：'硬语清词出少年，家王遗泽竟无边。梁溪海岳才如海，不道虞山有仲联。'海岳，谓无锡钱海岳也。其后于上海一见先生，再见无锡，先后以诗集见贶。先生诗于古人不专学一家，以意胜，不屑于字句间争工拙。其极至之作，盖有合于兴观群怨之旨者，非世之寻章摘句者所能知也。最先刊者为《谪星诗草》四卷。""继《谪星诗草》刊行者，有《名山诗集》五卷，清奇朴老，掇皮皆真，视前刻为尤胜。""家名山丈诗，愈老而愈真。顷寄余《乙亥存稿》一册，殆语语从肺腑中流出。"钱先生第三次与钱名山相见，则是在抗日战争期间的上海了，此后不久，钱名山就去世了。钱名山是清朝的遗老，但是，在文化方面，其成就还是可观的。

在上海期间，钱先生还有许多同辈分的诗友。这些年轻诗人主要有谢觐虞、王蘧常、朱寄、顾宪融、钱小山、陈器伯、庄吕尘、徐澄宇、陈家庆等。他们在上海结鸡鸣诗社，后来因为他们觉得这个名字不雅，就把诗社改名为“变风诗社”。朱寄、顾宪融二人参加诗社活动的积极性最高，而钱先生和王蘧常则常常缺席。此外，钱先生与张大千、黄宾虹、陆丹林等画家也有较多的交往。

3. 前后《胡蝶曲》

《胡蝶曲》是钱先生早期所作叙事诗中的名篇，于 1933 年先后发表于《学艺》、《青鹤》杂志，影响极大。

《胡蝶曲》这首长诗，是钱先生平生最为得意的作品。钱先生曾作八秩自寿联云：“八秩菊花辰，身行万里半天下；两篇胡蝶曲，人言一脉接娄东。”这两首《胡蝶曲》，是典型的“梅村体”诗歌。

要比较顺利地欣赏这两篇《胡蝶曲》，我们有必要了解什么叫“梅村体”。

吴伟业(1609—1671)，字骏公，号梅村，太仓人。崇祯三年举人，次年，连捷成进士。会试第一，殿试第二。时年仅 23 而已。立朝五月，获钦赐归娶，天下荣之。官京师时，作为复社骨干，参与党争，坚持正义。官至南京任国子监司业。弘光朝，至南京任少詹事，不及两月即归。隐居近十年，被迫出仕清廷，官侍读、国子监祭酒等，凡三年而归。不再出。遗嘱以僧服殓，碑书“诗人吴梅村之墓”。

《四库全书总目》评梅村诗云：“其少作大抵才华艳发，吐纳风流，有藻思绮合、清丽芊眠之致。及乎遭逢丧乱，阅历兴亡，激楚苍凉，风骨弥为遒上，暮年萧瑟，论者以庾信方之。其中歌行一体，尤所擅长。格律本乎四杰，而情韵为深；叙述类乎香山，而风华为胜。韵协宫商，感均顽艳，一时尤称绝调。”所论甚确。七言歌行而藻采纷披、多用律句、严谨整练者，始自初唐骆宾王《帝京篇》、卢照邻《长安古意》，中唐白居易之《长恨歌》、《琵琶行》，元微之之《连昌宫词》，晚唐韦庄之《秦妇吟》亦如是也，明代则有李祯之《至正妓人行》，为人所罕道。元白所为，称“长庆体”，而用于叙事，故纪昀云云。这里所说的“歌行一体”，就是“梅村体”。其中藻采纷披、多用律句、严谨整练者，为广义之“梅村体”，源自初唐《长安古意》、《帝京篇》，而其中用以叙事者，则又是狭义之“梅村体”，源自中唐《长恨歌》等。其狭义“梅村体”代表作品有《圆圆曲》、《琵琶行》、《听女道士下玉京弹琴歌》、《萧史青门曲》等，都是长篇七言歌行叙事诗。这些叙事诗的主人公，都是引人注意、人们乐于谈论的公众人物，这些公众人物，又曾经活跃在上层社会，“梅村体”诗歌，就是以他们为红线或者因由，来写明清之际史事，特别是上层人物在历史关键时刻的活动等，因而有“史诗”之称。

明人生活，以奢靡为尚，上层社会尤然，而晚明益变本加厉。明清之际，陵谷变迁，繁华化为彩云紫烟。废墟尚且美丽，况彩云紫烟乎！所追绘史事，多处彩云紫烟之中，又与世事沧桑相结合，出之以沉博艳丽之语，婉转凄切之调，“梅村体”之艺术魅力，正在于此。今人读之，尚且深为感动，况当时人乎！

吴伟业以后，“梅村体”名篇很少，只有近代樊曾祥的《彩云曲》、《后彩云曲》，王闿运的《圆明园词》、金兆蕃的《宫井篇》和王国维的《颐和园词》等屈指可数的几篇而已，再接下来，就是钱先生的《胡蝶曲》和《后胡蝶曲》了。当然，就大家比较熟悉的来说，贾宝玉写林四娘事的《姽婳词》也是，但是，那是小说中的诗歌了。

知道了梅村体的源流和特点，就可以比较容易地欣赏钱先生的两篇《胡蝶曲》了。阐述中关于胡蝶、张学良等的史料，采录自东方出版社 2006 年版木兰编《一个真实的胡蝶》、湖北人民出版社 2006 年版遨然著《胡蝶传》、经济日报出版社 2006 年版张学继、刘红著《张学良全传》等而整合之。

罗浮影幻宫妆立，片片春云作裙叶。
化出人天绝代姝，前身合是仙山蝶。

胡蝶(1908—1989)，初名宝娟，又名瑞华，后名胡蝶，广东人，出生在上海，现代最为著名的电影演员之一。这四句诗押仄声韵。诗人用浪漫笔法，结合罗浮山及其有关仙蝶的传说，作为引子，以写胡蝶。

仙蝶飞来南海家，珊珊锁骨擅容华。
明珠擎出争相看，白璧生成未有瑕。

这四句押平声韵。此言胡蝶为广东南海人，长成而美艳动人。第一句“仙蝶”承上句结尾“仙山蝶”，这就是顶针。由于这一类七言歌行中，每四句一个押韵单位和内容单位，其间容易产生割裂之患。如何解决这一问题呢？那就是用顶针，将前后两个单位联系起来。这样，尽管这两个单位不同韵脚、不同内容，它们之间，在字面上有明显的承接，就使这两个单位之间的联系显得密切了。正因为如此，顶针是这一类歌行中常用的修辞手法。这一首诗歌中，就用了不少。后三句赞扬胡蝶之美，并且超凡脱俗如神仙。用美丽的词藻铺叙渲染，正是“梅

影后蝴蝶

村体"的一个特色。《红楼梦》中贾宝玉赋《姽婳词》时也说,写七言歌行,必须用美丽的词藻点缀点缀才好。

豆蔻梢头刚十六,年年揽镜春江绿。
谢逸诗篇拟未工,滕王画本摹难足。

此言少女胡蝶之美。"豆蔻梢头",出杜牧诗:"娉婷袅袅十三馀,豆蔻梢头二月初。"言其如二月初刚刚开放一点点的豆蔻花那么美丽。"春江""揽镜",言其少女爱美。形象与画面清新美丽。谢逸,字无逸,宋代诗人,尝作《蝶》诗三百首,对蝴蝶描摹尽致,反复咏叹,其中多佳句,因此,人们称他为"谢蝴蝶"。滕王,唐高祖之子李元婴,被封为滕王,能画,所画蜜蜂、蝴蝶尤其有名。名家诗画,难状胡蝶之美。后面两句对偶。这四句押仄声韵。

郎罢当时北度关,一官盐铁又南还。
极天风浪收帆早,携取文姬向海山。

这四句押平声韵。此言胡蝶到上海。"郎罢",父亲。"盐铁",此言胡蝶的父亲胡少贡先后担任铁路督办和盐务官。《梦苕庵诗话》云:"影后胡蝶,粤之南海人。其父曾任职京奉铁路,职累迁。蝶幼侍父任所。旋其父任粤盐务,罢职侨沪,因以家焉。""极天风浪",此指宦海沉浮。"文姬",蔡文姬,东汉蔡邕之女,著名才女。此指胡蝶。"海山",海上仙山,此指上海。

海山遍吸人间电，玉奴一到开生面。

幻魂初传谢氏情，断肠替写英台怨。

这四句押仄韵。此言胡蝶在上海，开始做电影演员，以演爱情戏擅长。“海山”承上，又是用顶针之法。“玉奴”，古代对女子的称呼，此指胡蝶。胡蝶一开始进入友联电影公司，演电影《秋扇怨》。

林雪怀和胡蝶在电影《秋扇怨》中。左二人即是。

谢氏，《秋扇怨》中女主人公。后来，她又进入天一电影公司，演《梁祝痛史》等电影，声名鹊起。英台，祝英台。《梁祝痛史》乃根据民间传说《梁山伯与祝英台》改编。后面两句用对偶。

笼眼琉璃一笑温，娟娟过幔影留痕。

夺来天上三分月，消得江南十万魂。

这四句押平声韵。此言胡蝶作为电影演员获得成功。“琉璃”，一种矿物质，为有色半透明体材料。“琉璃笼眼”，语出《大佛顶如来密因修正了义诸菩萨万行首楞严经》，意思是说，人们因为世俗的困扰，无法见到真实的世界，人们所见到的世界，是不真实的。诗中用这样的典故，是说人们见到的胡蝶的表情、形象，不是真实的，那是表演而已。人们被她的表演所着迷。“幔”，这里指银幕。后面两句是典型的律诗句子。

小姑居处原芳洁，无奈怀春情内热。

宋玉墙东倩影来，因风吹上梅边雪。

这四句押仄声韵。此言胡蝶开始初恋。“小姑”，长江中有大孤山和小孤山，小说家附会，云其神分别为“大姑”、“小姑”，乃二年轻女子，为长江水神。这里的“小姑”，指刚进入社会的胡蝶。“宋玉”句，用宋玉《登徒子好色赋》中的典故。该赋中说，宋玉住处东邻年轻美貌的女子，隔墙窥宋玉三年，而宋玉不好色，不为所动。诗中以宋玉指胡蝶的初恋男友林雪怀，而“倩影”，当然就是胡蝶的倩影了。“梅边雪”中的“雪”，就是指林雪怀。这四句是说，胡蝶少女怀春，爱上了演《秋扇怨》的男主人公的演员林雪怀。

花为郎貌雪为怀，有约双飞好事谐。
鸳带从教亲手结，绣帘长为画眉开。

这四句押平声韵。此描写胡蝶恋爱生活。第一句中“雪”也可以看作顶针手法。第一句切胡蝶恋人林雪怀的名字。“花为郎貌”，用唐代武则天宠爱的张昌宗典故。张昌宗排行第六，貌美，杨再思奉承他：“人言六郎似莲花，非也，正谓莲花似六郎耳。”“鸳带”，女子衣带。“绣帘”，闺房的门帘。“画眉”，用汉朝张敞的典故。张敞，汉宣帝时担任京兆尹，为首都的行政首长。他和妻子感情很好，常给妻子画眉。后面两句是典型的律诗句子。

南园草绿春如海，片石三生盟誓在。
凤子呼名最有情，韩凭抵死期无悔。

这四句押仄声韵。此言胡蝶和林雪怀感情之深厚。“片石三生”，用“三生石”的典故。诗中的意思是，这对恋人，他们上一辈子就有盟誓在，所以，这一辈子爱得如此深厚。“凤子”，一种大蛱蝶，其大如蝙蝠，或黑色，或青斑，一名凤车。见晋朝崔豹《古今注》卷中《鱼虫》。“韩凭”，用南朝干宝《搜神记》中《韩凭夫妇》的典故。后面两句用对偶手法。

好梦如云不自由，是乡那得老温柔。
欢场横被钱神误，孽海曾难宿愿酬。

这四句押平声韵。此言胡蝶与初恋情人发生情变。“是乡”句，用“温柔乡”的典故。后两句写林雪怀因为在电影业感到没有前途，于是脱离电影业，去经商，但是经商失败，一直颓唐，导致他和胡蝶之间的情变。“钱神”，鲁褒有《钱神论》，写金钱的魔力。

翻云覆雨高唐恶，铸就黄金成大错。
纨扇何曾便弃捐，粉衣早识多轻薄。

这四句押仄声韵。此继续咏他们的情变，情变进一步发展。“翻云覆雨”，比喻反复无常，惯于玩弄手段或者权术。“高唐”，云雨所出。此句云胡蝶为林雪怀的事情花了很多钱，而她与林雪怀的恩恩怨怨，实在就是一个错误。“纨扇”句，出汉乐府《怨歌行》：“新裂齐纨素，鲜洁如霜雪。裁为合欢扇，团团似明月。出入君怀袖，摇动发微风。常恐秋节至，凉飙夺炎热。弃捐箧笥中，恩情中道绝。”此外，这也与胡蝶和林雪怀所演电影《秋扇怨》相合。“粉衣”，蝴蝶翅膀上多粉，故代指蝴蝶，此指胡蝶。林雪怀根据小报报道指责胡蝶对爱情不忠，而他自己也自暴自弃，流连声色场所。

剪断连环更换新，公庭对簿翠眉颦。
沟头蹀躞东西水，从此萧郎是路人。

这四句押平声韵。此言胡蝶和林雪怀对簿公堂，彻底决裂并分手。“萧郎”，本是王俭称年轻、尚未当皇帝的梁武帝萧衍之语，或云称秦穆公之女婿萧史为萧郎。后常用萧郎称所亲爱或为女子所爱的年轻男子。唐人崔郊《赠去婢》诗云：“侯门一入深如海，从此萧郎是路人。”

春驹却向燕台住，一曲霓裳人尽顾。
太息燕脂北地颜，为他金粉南朝误。

这四句押仄声韵。此言胡蝶到北京拍电影，在那里的娱乐圈声名大起。“春驹”，蛱蝶的别称。“燕台”，指北京。“霓裳”，即《霓裳羽衣曲》，唐明皇为杨贵妃所制舞曲，此指舞曲。“金粉”，金钿和铅粉，与胭脂等，都是女子用品，用以借代女子。“金粉南朝”，就是“南朝金粉”的倒装，指南方美女。南北朝时南朝的美女，可以代表南方美女的丰采。“燕脂北地”则是“北地燕脂”的倒装，指北方美女。这里是说，北方美女在胡蝶的映照下，大为逊色，不为人重了。其实，胡蝶当时正同时拍《自由之花》、《啼笑因缘》、《落霞孤鹜》三部电影，非常忙碌，没有时间在当地娱乐圈如此活跃，也没有时间出席宴会之类。见下文胡蝶在《申报》所登载《辟谣启事》。

虎帐牙旗督八州，十三年少富平侯。
才惊相见还相许，彼是无愁此莫愁。

这四句押平声韵。此言张学良与胡蝶一见钟情。“虎帐牙旗”，指大将军。虎帐为大将军的营帐，牙旗为大将军军中的旗帜，用象牙为饰，故名。“督八州”，言所管辖的地方之大，责任和权力之重。汉代张安世受封富平侯，这一爵位，传了五世。李商隐《富平少侯》诗云：“七国三边未到忧，十三身袭富平侯。”当时张学良尽管远远不止13岁，但是确实非常年轻。他继承父亲张作霖在东北的地盘和军队，又担任全国陆海空军副总司令，位高权重。《北齐书·幼主纪》云：“乃益骄纵，盛为《无愁之曲》，帝自弹胡琵琶而唱之，侍和之者以百数。人间谓之‘无愁天子’。”这就是“无愁”。“莫愁”，古代女子名。此言张学良、胡蝶二人，都只管自己享乐快活，而不知道忧国忧民。其实，他们二人终生没有见过面，说他们此时寻欢作乐等，那是当时的谣言。或云这样的谣言乃是日本特务为了搅乱我国而制造的。这些，见之于胡蝶和张学良的多种传记。1931年11月21日，胡蝶在《申报》刊登《辟谣启事》，实乃胡蝶之声明，云：“蝶于上月为摄演影剧曾赴北平，抵平之日，适逢国难。明星同人乃开会集议公决，抵制日货，并规定罚款，禁止男女演员私自出外游戏及酬酢，所有私人宴会一概予以谢绝。留平五十馀日，未尝一涉舞场。”又云：“蝶亦国民一分子也，虽尚未能以颈血溅仇人，岂能于国难当前之时，与负守土之责者相与跳舞耶？‘商女不知亡国恨’，真是狗彘不如者矣。”所云“负守土之责者”，当然就是指张学良了。次日。明星电影公司导演张石川及洪深、董天涯、郑小秋、龚稼农、夏佩珍等全体演员和职员，也在《申报》刊登启事，为胡蝶作证。见张学继、刘红《张学良全传》第195至196页。

凤城正值中秋夜，罗袜香尘生舞榭。
玉笛梅花并较量，琼枝璧月双无价。

这四句押仄声韵。此言张学良与胡蝶跳舞。“凤城”，京城。相传秦穆公的女儿弄玉，吹箫引来凤凰，凤凰降落在京城，所以叫丹凤城，简称凤城。“罗袜香尘”，语出曹植《洛神赋》写洛神之美的句子：“凌波微步，罗袜生尘。”“梅花”，就是《梅花落》，乐曲名。李白《与史郎中钦听黄鹤楼上吹笛》诗：“黄鹤楼中吹玉笛，江城五月落梅花。”“琼枝”，玉树之枝；“璧月”，如璧之月。

酒阑人倦画楼阴，拥髻灯前意不禁。
绣被焚香魂欲醉，良宵何止值千金。

这四句押平声韵。此言张学良与胡蝶沉溺于爱情之中。“拥髻”，捧着发髻。

此际有人鼾榻侧，徙辽燕喜仍羁国。
绝塞谣惊白雁来，狄泉谶兆苍鹅出。

这四句押仄声韵。此言日本图谋侵占我东北三省。“鼾榻侧”，用宋太祖典。北宋开宝八年，宋军进攻金陵。南唐李后主派大臣入宋，请求缓兵，说他们并没有犯什么罪。宋太祖回答说："不须多言。江南有何罪？但天下一家，卧榻之侧，岂可许他人鼾睡？"诗中用此典故，云日本军阀在我们旁边，正做着灭亡我国的美梦。第二句是说，面对强敌一味退让，就无法逃脱灭亡的命运。当年秦国攻打燕国，燕国打不过，国君撤退到辽地，但是，最后，燕国国君喜还是被秦军俘虏了。事见《史记·燕世家》。"绝塞"，遥远的边疆。宋末元初有民谣云："江南若破，白雁来过。""白雁"，谐音"伯颜"。伯颜，元初重臣，攻打宋地的元军统帅。"狄泉"，古代洛阳城中地名。晋朝永嘉中，洛阳城东北角一个叫步广里的地方，地面下陷，中有两只鹅，一为苍，一为白。苍鹅飞去，白鹅不能飞。即使号称学博识广的人，也不能解释这一现象。有个叫董养的人，听说了此事，叹道："昔周时所盟会狄泉，此地也。卒有二鹅，苍者胡象，后胡人当入洛；白者不能飞，此国讳也。"后面两句用对偶。

金钉衔璧可怜宵，犹道将军抱舞腰。
十二琼楼春栩栩，何心河上赋消摇。

这四句押平声韵。在日本军队已经行动时，张学良还在与胡蝶跳舞。金钉为古代高级建筑物内横木上的饰物。《汉书》中《班彪传》有班固《西都赋》云："金钉衔璧，是为列钱。"注释云："谓以黄金为钉，其中衔璧，纳之于壁带，为行列历历如钱也。""琼楼"，富丽堂皇的建筑。"栩栩"，欢畅貌。最后一句用《诗经·郑风·清人》典故："清人在消，驷介麃麃。二矛重乔，河上乎逍遥。"郑国大臣高克，身负重任、手握重兵而以游玩逍遥为事，终于使郑国兵败，元气大伤。这里，以高克指张学良。"消摇"，同"逍遥"。

军书火急来行馆，趯倒靴尖浑不管。
只觉懵腾绮梦酣，那知东北胡尘满。

这四句押仄声韵。事变的消息传到张学良处，张沉溺于与胡蝶的感情中，不管国家大事。当时上海等地媒体报道，"九一八"事变当天晚上，张学良正在北京六国饭店与胡蝶热舞，待将士们把事变消息告诉他时，他对此置若罔闻，完全不理会。一时舆论强烈谴责他"不爱江山爱美人"的行径，当然地把东北失陷的罪责归于他。"趯倒靴尖"，指轻而易举地攻下城池。史书记载，"九一八"事变，日本侵略军攻击沈阳，守军奉命不抵抗，使日军占领沈阳，容易得简直不可思议。宋朝刘锜派人给金兀术下战书，金兀术大怒道："刘锜何敢与我战，以我力破尔城，直用靴尖趯倒耳。""绮梦"，美丽的梦。"胡尘"，指异族军队作乱作恶。

纷纷修竹上弹章，谁放周师入晋阳？

毕竟倾城更倾国，还须分谤到红妆。

这四句押平声韵。全国各界舆论哗然，要求追究不抵抗的责任。于是，胡蝶也有了责任，受到国人的责难。我国自古就有“女色亡国”、“红颜祸水”这一类的说法，所以，现代版的此类故事就很容易形成并且流行了。“修竹”，整理竹简。古代写文章，写在竹简上。“弹章”，弹劾的文书。“周师入晋阳”，语出李商隐诗：“小怜玉体横陈夜，已报周师入晋阳。”北齐皇帝高纬，宠爱穆皇后的侍婢冯小怜，为取悦冯小怜，屡次大坏军国大事，导致北周军队占领晋阳，北齐亡国。“分谤”，分担攻击。“红妆”，女子，此指胡蝶。马君武作《哀沈阳二首》云：“赵四风流朱五狂，翩翩胡蝶最当行。温柔乡是英雄冢，哪管东师入沈阳。”“告急军书夜半来，开场管弦又相催。沈阳已陷休回顾，更抱佳人舞几回。”此即是当时舆论之一例。

红妆有恨凭谁诉，检点云裳江海去。

此局全看玉袜输，有金还买花铃护。

这四句押仄声韵。“红妆”用顶针手法。在强大的舆论压力下，胡蝶只得离开北京去上海，一时声誉扫地，只得用金钱谋求保护。第三句化用黄遵宪诗“对局何曾玉袜输”。相传两神仙赌博，所赌之物有玉袜等，见《太平广记》。“护花铃”，在有花处张绳子，在绳子上系上小铃，拉动绳子而这些小铃会发出声音，来驱赶伤害花朵的鸟类。这些小铃，叫“护花铃”，一般是铜质的，但皇宫或显贵家中，也有用金质的。

依然画里见真真，百亿莲花尽化身。

一世群芳输玉貌，诸天尊号拟金轮。

这四句押平声韵。胡蝶继续从事电影演员的职业，还是那么美丽，并获得“影后”的称号。“真真”，故事中的神女名，曾从画上下来与一凡人结婚生子。“一世群芳”，指当时的女演员。“玉貌”，美貌。诸天，佛家云，三界共有 32 天，自四天王天到非有想非无想天，总谓之为诸天。“金轮”，佛教中转轮王之子，以金轮王为最胜。该王出时，诸国咸服。武则天尊号，屡用“金轮”字样。这里指 1933 年 2 月 28 日，胡蝶以绝对优势被评为影后。

将军划尽琼华了，婵娟情重江山小。

兵柄多年解玉符，仙槎万里通蓬岛。

这四句押仄声韵。张学良下野出国。“琼华”，仙境中的琼树之花，这里比喻美好的声誉。张学良坚持东北易帜，对实现国家统一作出了很大的贡献，但是，由于“九一八”事变中的不抵抗，使他声誉全失。“婵娟”，美好的形态，这里指胡蝶之美。这句诗是说张学良爱美人而忘记了本来应该由他来守卫的江山。“兵柄”，兵权。“玉符”，调动军队的信物。“仙槎”，神仙乘坐或者可以到达仙境的木筏。“蓬岛”，就是蓬莱岛，神话传说中的海中仙山，这里指外国。这两句说，因为要承担不抵抗的责任，张学良被解除了拥有多年的兵权，下野出国。热河沦陷后，全国上下一片愤慨，强烈要求追究有关人员的责任。蒋介石把责任完全推给张学良。张学良被迫于1933年3月8日向国民政府引咎辞职。12日，国民政府发布准许张学良辞职的决定，解除其兵权。东北军改编为四个军，分别以于学忠、万福麟、何柱国和王以哲为军长，归以何应钦为委员长的北平军分会指挥。当日下午，张学良飞抵上海，4月11日，携其夫人于凤至和赵一荻及其子女赴欧洲考察。

青天碧海照双心，此日难为邂逅吟。
万一微波通缱绻，可能旧梦试追寻。

这四句押平声韵。情人相隔天涯，难以通情和见面，但是都希望旧梦重温。首句化用李商隐《嫦娥》诗句：“碧海青天夜夜心。”“邂逅”，不期而遇。“微波”，出曹植《洛神赋》：“无良媒以接欢兮，托微波而通辞。”“缱绻”，缠绵悱恻的感情。

英雄儿女情何限，今昔秋云分聚散。
刚把桃根渡口迎，又闻骏足瑶池返。

这四句押仄声韵。胡蝶到南京，张学良也从欧洲回国。“桃根”，晋朝王献之小妾桃叶的妹妹。梁朝费昶《行路难》云：“君不见长安客舍门，娼家少女名桃根。”“渡口”，指桃叶渡，在南京市秦淮河畔。相传王献之在其地为歌送其小妾桃叶，因而得名。“骏足”，良马。“瑶池”，西王母居住的地方，这里指欧洲。欧洲在西方，其地如英国等有女王。

菊部声名动冶城，秦台傅粉一含情。
忽惊金弹抛林外，毋复琼花唱后庭。

（演剧首都，或警以弹。）

这四句押平声韵。此言胡蝶在南京登台演出，有人向她射击子弹，所以就不出来演戏了。“菊部”，演艺界。“冶城”，故址在南京市朝天宫附近，相传三国时吴国在这里冶铁，故名。诗中用此代指当时国民政府所在地南京。“金弹”，金属子弹。末句化用李商隐《泊秦淮》

诗："商女不知亡国恨，隔江犹唱后庭花。"陈后主好音乐，自己创作《玉树后庭花》等乐曲，与他宠爱的大臣一起写歌词。歌词绮丽，男女唱和，其音甚哀。"琼花"，仙境中的琼树之花。琼树也就是玉树。

美人漂泊年涯久，婆娑生意江潭柳。
此日桓公病汉南，不堪影事重回首。

这四句押仄声韵。胡蝶和张学良都因他们的感情导致严重后果而不堪负重。"婆娑"，枝叶扶苏、纷披貌。庾信《枯树赋》中云，晋朝殷浩对着庭前的老槐树说："此树婆娑，而生意尽矣！""江潭柳"，江边小潭边的柳树。"桓公"，手握重兵的晋朝重臣桓温。此指张学良。"汉南"，汉水之南。"影事"，旧事。佛教认为，世界上的所有事物，都是虚幻如影，都不是真实的，所以叫"影事"。

一场恩怨诉琵琶，艳曲争翻姊妹花。
闻说栖梧谐凤侣，还看掷果傍羊车。

这四句押平声韵。胡蝶将感情波澜倾注到电影角色创作中，继续演电影，并且据说又有了新欢。《姊妹花》，胡蝶主演的一部电影，是中国电影的一部经典之作，曾随胡蝶赴欧洲放映，饮誉海外。《庄子》中说，凤凰非梧桐不栖。"掷果"，用晋朝潘岳的典故。潘岳是个有名的美男子，他乘车外出，女子们见了，都要用果子打他，以吸引他看她们。所以，他乘车外出回来，车子中肯定有许多果子。晋朝另一个美男子卫玠，小时候乘坐羊车入市，看见他的人，都以为他是玉人，因此，观之者倾城。后面两句是典型的律诗句子。

坠溷花残何足算，念家山破星霜换。
未必名娃竟沼吴，难言祸水能亡汉。

这四句押仄声韵。此云国破家亡的悲剧，使不知多少人遭受这灾难，但不应由胡蝶来负这样重大的责任。"女色亡国论"是错误的。"坠溷花残"，指遭殃。梁朝萧子良相信佛教，而范缜则坚持无神论。萧子良问："君不信因果，世间何得有富贵？何得有贫贱？"范缜回答："人之生譬如一树花，同发一枝，俱开一蒂，随风而堕。自有拂帘幌，坠于茵席之上；自有关篱墙，落于粪溷之侧。坠茵者，殿下是也；落粪溷者，下官是也。贵贱虽复殊途，因果究在何处？""《念家山破》"，词牌名。原有词牌《念家山》，李后主据此创为新的词牌《念家山破》。见马令《南唐书·后主传》。因为这个词牌名不吉利，所以后人难见有用之者。"名娃沼吴"，指西施导致吴国灭亡事。"沼吴"，指把吴国灭亡。

小劫红桑入叹嗟，游仙枕上说南华。

还倾铜狄千行泪，来写金茎一朵花。

这四句押平声韵。结尾云以小说家的笔调，却满怀国家山河破碎的悲伤，来写下这一段令人伤怀的历史。“小劫”，佛教中的一个时间单位。人的寿命从十岁增加到八万岁，又从八万岁减到十岁，20次这样的反复，称为一个“小劫”。“红桑”，神话传说中，西海之滨，有孤桑之树，直上千仞，叶红椹紫。万岁一实，食之后天而老。见王嘉《拾遗记》。曹植诗：“海畔红桑花自开。”“游仙枕”，相传唐玄宗时，龟兹国贡献一枕，色如玛瑙，温润如玉，制作朴素。枕之睡觉，则梦中能游十洲、三岛、五湖、四海，所以，人们称之为“游仙枕”。“南华”，即《南华经》，《庄子》的别称。《庄子》中，有大量奇奇怪怪、荒诞不经的故事。“铜狄千行泪”，典故出李贺《金铜仙人辞汉歌》的序言：“魏明帝青龙元年八月，诏宫官牵车西取汉孝武捧露盘仙人，欲立置前殿。宫官既拆盘，仙人临载，乃潸然泪下。”“铜狄”，铜人，指汉武帝时用铜铸成的仙人像。此仙人像临去时“潸然泪下”，乃是亡国之痛。后诗词中常以此典故抒发亡国之痛或对亡国的忧虑。

此诗一出，顿时传诵艺林，甚至在社会上也产生了不小的影响。王蘧常《人境庐诗草笺注序》云：“一时大江南北无不知有梦苕庵主者。”钱先生早年的学生郑学弢也说，他的姐姐那时就能背诵《胡蝶曲》。可见其盛况。

后来，钱先生方知《胡蝶曲》所写的事情不确，事情的真相并非如此。他曾对学生说：“张学良将军发动西安事变，对国家和民族是有功劳的，此时此地不适宜再讲这首诗。”当然，文学创作不同于历史考证，不一定事事真实。就以七言歌行叙事诗来说，几乎没有一首诗是完全与历史事实相符合的。例如，白居易《长恨歌》开头说：“汉皇重色思倾国，御宇多年求不得。杨家有女初长成，养在闺中人未识。天生丽质难自弃，一朝选在君王侧。”这就与事实完全不相符合。至于最后一个部分写道士“能以精诚致魂魄”，写已经在神仙世界的杨贵妃，那更是荒唐奇幻了，但是，《长恨歌》无愧千古传诵的名篇。

1977年，钱先生已经70岁了，作《后胡蝶曲》，咏胡蝶与戴笠的故事，借胡蝶传闻反映国民党政府上层官僚醉生梦死、奢侈糜烂的生活，揭示了社会的黑暗和丧乱的根源。此诗也还是梅村体。

后胡蝶曲

烛龙衔火照楼台，横海惊鸿万里来。

绝代消魂胡蝶舞，牡丹又向绛都开。

此四句押平声韵。“烛龙”,《山海经·大荒北经》云:“西北海之外,赤水之北,有章尾山,有神人面蛇身而赤,直目正乘,其瞑乃晦,其视乃明。”“是烛九阴,是谓烛龙。”“横海”,形容其庞大。“惊鸿”,惊飞的大雁,形容体态轻盈。曹植《洛神赋》:“翩若惊鸿,婉若游龙。”陆游《沈园》诗:“伤心桥下春波绿,曾有惊鸿照影来。”“绛都”,仙都。

绛都春色来天际,鞓红颜貌娇谁比。
却顾黄图四百州,岂无舞袖回旋地。

“绛都”,用顶针手法。“黄图”,此指我国版图。

当时镰斧大旗扬,霜月娄关作战场。
二万五千朝韧发,东西南北阵云长。

“镰斧大旗”,中国共产党党旗。“娄关”,娄山关。“霜月”,语出毛泽东《西江月·娄山关》词:“西风烈,长空雁叫霜晨月。霜晨月,马蹄声碎,喇叭声咽。”“二万五千”,指1934年10月到1935年10月的中国工农红军二万五千里长征。蒋介石派军队围追堵截,战争规模和涉及的地方很大。

可怜青骨钟山帝,姊妹杨家骄戚里。
家居撞坏几纤儿,荷镜无光蒿柱圮。

“青骨钟山帝”,用蒋子文的典故,指蒋介石。“姊妹杨家骄戚里”,用杨贵妃的典故。杨贵妃得宠后,她的姐妹兄弟辈也都享受荣华富贵。“戚里”,贵戚居住之地。此指宋美龄嫁给蒋介石后,宋家都享受荣华富贵。“家居”句,言那些当权者胡乱处理国家大事,把国家弄得一塌糊涂。“荷镜”,上面有荷花图案的铜镜。“蒿柱”,用蒿做的柱子。《旧唐书·礼仪二》云:“明堂法天,圣王示俭,剪蒿作柱,蕺茅作盖。”

鲲海犹寻白马盟,飘船罗刹了无惊。
便烦阆苑青禽使,去护花王域外行。

苏联定于1935年2月21日至3月2日在莫斯科举办国际电影展览会,中国电影界、明星电影公司和胡蝶都收到了邀请。经过国民政府批准,中国电影界派由七人组成的代表团参加,胡蝶是七人中唯一的演员。“鲲海”,大海。鲲,传说中的大鱼。“白马盟”,古代订立盟约,杀白马为誓。“飘船”,在大海中失去控制的船。“罗刹”,佛教故事中吃人的恶鬼。船在大海中失去了控制,直往罗刹住的地方飘去,形容极为危险,但是,这一次是“了无惊”的。“罗刹”也是我国对俄国的称呼,乃音译也。乘船到苏联去,当然没有什么危险。“阆苑”,阆风之苑,神仙居住的地方。“青禽”,就是青鸟,西王母的使者,此指当时新任中国驻苏联大使颜惠庆。“花王”,此指胡蝶。其时正好苏联政府派来专船接中国驻苏联大使颜惠庆赴任,并邀请梅兰芳及其剧团赴苏联演出,于是,胡蝶他们就同船前往,故诗歌中云云。

红氍毹上红儿态,雉尾昭君歌出塞。
宝马香车一国空,九华灯下红绡挂。

此言胡蝶在国外出尽风头。“红氍毹”,红地毯。“红儿”,唐代鄜州李孝恭歌伎,善于唱歌,与鄜州从事罗虬相交往。某次,红儿得罪罗虬,罗虬杀之而后悔。追悔之余,罗虬作《比红儿》绝句百首,历数自古以来美女,说她们都不如红儿。《昭君出塞》,传统戏剧,演王昭君出塞的故事,演王昭君的演员,头上插野鸡毛。“雉尾”,雄性野鸡尾巴上的毛,非常漂亮,旧时戏曲演员常在演出时插在头上作为装饰。后两句云胡蝶及其主演的电影在苏联等地引起轰动。

尊俎歌台有折冲,西方无此美人虹。
仙人北烛登高赋,那抵蛾眉巧笑工?

此云我国外交人员的外交活动,也全比不上胡蝶的影响大。继访问苏联之后,胡蝶继续西行,先后访问了德国、法国、英国、瑞士、意大利。“尊俎”,酒杯和盛肉的容器,此指宴会。“折冲”,使敌方战车后撤,也就是打退敌人。冲,一种战车。古人常说“折冲尊俎之间”,指在宴会上制胜对方。“美人虹”,虹为雩,俗呼为美人,也叫美人虹。见《尔雅·释天》及其注释。“仙人北烛”,也就是北烛仙人。西王母紫兰宫玉女王子登先是嫁给北烛仙人,后来又召还。见《汉武帝内传》。“登高赋”,古代外交活动中的常见节目,就是登高赋诗。荀子说过:“登高能赋,可为大夫。”“蛾眉”,美女。骆宾王《讨武曌檄》:“入门见疾,蛾眉不肯让人;掩袖工谗,狐媚偏能惑主。”《诗经·硕人》:“巧笑倩兮。”

归来重显好身手,墨家鸢祝南山寿。
不数梅妃一斛珠,剪淞江畔群回首。

此云胡蝶出访归来后,继续拍电影,并参加了国民政府提倡开展的“捐机祝寿”活动,即要大家捐款购买飞机,来为蒋介石庆祝50大寿。“墨家鸢”,墨子所制造的木制鸢状飞行器。“梅妃”,唐明皇的妃子,姓江名采蘋,莆田人。善为文,自比为谢道蕴。性喜梅,所居皆种梅,因此唐明皇名之为梅妃。唐明皇宠爱杨贵妃以后,梅妃被迫迁居上阳宫。唐明皇还不时思念她,曾经封珍珠一斛,密赐梅妃,梅妃不受。

一笠谁家近日边，录中点将久操权。

西园谐价昏荒夜，东厂群狐跳踉天。

这四句写戴笠。“一笠”，点戴笠的名。“日边”，古代称在京师附近或者帝王左右。“录中点将”句，用明朝王绍徽典故。魏忠贤亲信王绍徽撰《东林点将录》献给魏忠贤，以作为构陷、打击、迫害东林党人的依据并提供方便。“西园”，古代园名。一为西汉上林苑，一为曹操所建，在邺都。“谐价”，讨价还价。“东厂”，明朝的特务机构。“跳踉”，跳跃，但是多有贬义。

青龙人物云鬟重，临去秋波剑眸送。

可曾别抱笑琵琶，容得双飞侣鸾凤。

此云胡蝶慕戴笠权势，离开了当商人的丈夫潘有声，投入戴笠的怀抱。“青龙人物”，有很大权势的人物。“云鬟”，女子。“秋波”，女子表示爱情的目光。“别抱琵琶”，指女子再婚。1944年春，戴笠利用权势和权术霸占了胡蝶，委派胡蝶的丈夫潘有声为专员，并且给他滇缅公路的特别通行证，以让他远离胡蝶。潘有声无法，只好照办。包养胡蝶两年后，戴笠又想明媒正娶胡蝶，又让胡蝶与潘有声离婚。

从此高花压上京，埋香紫玉定输卿。

虢国门中闲侍宴，青溪宅里坐调筝。

此写与戴笠同居以后的胡蝶。“高花”，梧桐花。“上京”，京城。“埋香紫玉”，典故出《搜神记》卷十六中紫玉与韩重事。此指胡蝶与戴笠秘密同居。“虢国”，虢国夫人，杨贵妃之姐姐，排行老三，嫁裴氏，天宝七年，封虢国夫人。“青溪”，南京水名，发源于钟山西南，入秦淮河，逶迤九曲。此指胡蝶来往于达官贵人之家。

杨花扑帐浓于酒，屏风曲感恩新旧。

牢落安昌小子侯，岂堪温梦章台柳。

此言胡蝶前夫潘有声。“牢落”，孤寂，无所寄托。“安昌”，地名，在绍兴西北。“安昌侯”，汉代丞相张禹，封安昌侯。春秋时晋国有“小子侯”。“章台柳”，唐代士人韩翃，有姬柳氏。安史之乱中，两人失散，柳氏出家为尼姑。韩翃为平卢节度使侯希逸书记，使人寄柳氏诗云：“章台柳，章台柳，昔日青青今在否？纵使长条似旧垂，亦应攀折他人手。”后柳氏为蕃将沙吒利所劫，韩翃在虞候许俊的帮助下，才与柳氏团聚。此言潘有声看来很难与胡蝶重温旧梦了。

征西车马出关中，一夕清泠堕白龙。

鬻拳晚盖能兵谏，不与张坚跨雀同。

此追叙张学良在洛阳发动西安事变，囚禁蒋介石。“征西车马”，此指蒋介石一行。“清泠”，水名，在河南。“鬻拳”，春秋时楚国的一个大夫，曾强烈地对文王进谏，文王不听，鬻拳乃用兵器对准文王，文王畏惧，乃听从鬻拳。鬻拳道：“吾惧君以兵，罪莫大焉。”遂自刖其足。楚人乃以他为大阍，也就是执掌开关城门的官员，人们叫他大伯。鲁庄公十九年，文王抵抗巴人军队，率领军队撤退，鬻拳不开城门。文王没有办法，乃率领军队攻打黄地，胜利而归，但也由此致病而卒。鬻拳葬文王后，自杀以殉。这就是“鬻拳兵谏”。“晚盖”，指改正先前所犯错误。此指张学良、杨虎城不再参与打内战，而用兵谏的手段，迫使蒋介石停止内战，抗击日本侵略。“张坚跨雀”，出唐朝段成式《酉阳杂俎》前集卷十四，云：“天翁姓张，名坚，字刺渴，渔阳人。少不羁，无所拘忌。尝张罗，得一白雀，爱而养之。梦天翁责怒，每欲杀之，白雀辄以报坚。坚设诸方待之，终莫能害。天翁遂下观之。坚盛设宾主，乃窃骑天翁车，乘白龙，振策（马鞭子）登天。天翁乘余龙追之，不及。坚既到天宫，易百官，杜塞北门，封白雀为上卿侯，改白雀之胤不产于下土。刘翁失治，徘徊五岳作灾。坚患之，以刘翁为泰山太守，主生死之籍。”此言张学良等发动“西安事变”，不是要像张坚那样抢蒋介石的职位和权力。

良来讹说山盟密，杨叛虚颁新使节。

何似金珰玉佩人，南衙炙手夸馀热。

前两句云张学良和杨虎城在西安事变后的遭遇，后两句写戴笠。“良”，指张学良。张学良与蒋介石是结拜兄弟，他很讲义气，注重情意，所以错误地相信了他们之间的盟兄弟关系，结果被长期拘禁。“杨叛儿”为南齐杨旻。此指杨虎城。“西安事变”后，杨虎城被迫辞职，并出国考察。他出国考察，并非真的是到国外考察，更不是代表中国政府的外交使节，所以说是“虚颁”。与张、杨鲜明对照的是，戴笠的地位更高，权力更大了，因为“西安事变”期间，南京政府许多要员都不敢到洛阳看望蒋介石，但是，戴笠随同宋美龄等一起前往，陪同蒋介石，并向蒋介石表忠心，这就使得蒋介石更加看重戴笠。戴笠在“西安事变”后大受重用，与此有很大关系。“金珰玉佩”，古代天子近臣的佩饰。“南衙”，唐代宫中的警卫部队分为南、北衙。“炙手”，火焰灼手，形容权势、气焰之盛。

崦嵫无奈日西倾，法曲霓裳奏未停。

虎豹九关仍意气，黄台三摘噤歌声。

这四句云日本大规模侵略中国，许多达官贵人则并未停止享乐，一直过着骄奢淫逸的生活，蒋介石还在加强其法西斯独裁统治。“崦嵫”，山名，在甘肃天水县西，古代神话中太阳下山的地方。“日西倾”，指日本侵略我国。日本在我国的东方，“西倾”，西侵也。“法曲”，与道教内容有关之曲，神仙之曲。“霓裳”，就是《霓裳羽衣曲》，唐明皇所制。“虎豹九关”，语出《楚辞·招魂》：“虎豹九关，啄害人些。”“九关”，天门九重，故称九关。“黄台三摘”，用章怀太子的典故。武则天鸩杀太子李弘，立雍王李贤为太子，这就是章怀太子。章怀太子日夜忧惧，怕再遭武则天毒手，乃作《黄台三摘》歌词，希望武则天能够感悟，手下留情。歌词云：“种瓜黄台下，瓜熟子离离。一摘使瓜好，再摘使瓜稀，三摘犹自可，四摘抱蔓归。”后来，章怀太子终于还是为武则天所逐，卒于贵州。见《旧唐书》。此言当时国民党大肆迫害、残杀共产党人和进步人士，而戴笠及其领导的特务组织，凶狠残暴如虎豹，专务此类事情。

秋津杀气东南下，百二关河横铁马。

观斗人披金顶云，捐生谁轸巴东鲊？

“秋津”，日本军舰名，此指日本侵略军。“百二”，指河山险固之地。这两句说，日军大举侵略我国，我国人民奋起抗击。“金顶”，峨眉山的一个著名山峰。抗日战争期间，国民政府迁到重庆，蒋介石常居住峨眉山上。“捐生”，献出生命。“轸”，痛。“巴东鲊”，言在抗日战争中大量军民死难。巴东三峡之一瞿塘峡，是长江上著名的险滩，其地有名“人鲊瓮”的地方，尤其险要，在湖北秭归县西。“鲊”，咸鱼一类的腌制食品。这两句是说，蒋介石在峨眉山上，看着人民艰苦地与日本侵略者作战，大量地牺牲，但不为所动。

八载银潢洗甲兵，秣陵王气复升平。

板桥重过秋娘老，争遣铜驼陌上情。

此言抗日战争结束，国民政府回到南京。世事沧桑，令人伤感。“八载”，指抗日战争八年。“银潢”，银河。“洗甲兵”，指战争结束。“秣陵”，南京。“王气”，旧时迷信中所说象征帝王或者王朝命运的祥瑞之气。“板桥”，清初余怀作《板桥杂记》三卷，记述明末南京妓院琐闻，以妓院聚集之处有长板桥，故名。诗中以板桥指娱乐场所，非指妓院。“秋娘”，老年美女，妇女年老而色衰者。白居易《琵琶行》：“曲罢屡教善才服，妆成每被秋娘妒。”“铜驼陌上情”，指时代变迁之感。

骇机却报萧墙起，齐烟九点笳声里。
南来风鹤警淮山，北卷红旗临易水。

此云内战突然爆发，国民党军队难逃失败命运。“骇机”，突然触发的机弩。“萧墙”，门屏，古代用以区隔内外的墙，使大门内外的活动不受外界的干扰。富贵人家多用之，叫做照壁。“齐烟”句，化用李贺《梦天》诗句：“遥望齐州九点烟，一泓海水杯中泻。”“齐州”，指中国。古代中国分为九个州。“笳声”，此代指战争。“南来”，指共产党的军队向南推进。“风鹤警淮山”，淝水之战，苻坚大败，草木皆兵。末句出唐人诗“风卷红旗临易水”，言共产党军队声势浩大。“易水”，北方水名，发源于河北省易县。

独有燕台月未阑，玳梁海燕正团栾。
天心似恨芙蓉好，一夜银塘雨打残。

当时南京和上海等地还没有被共产党军队所有，胡蝶还是可以和戴笠在那里享受他们的生活。但是，这样的生活终于继续不下去了。“燕台”，本指北京，这里指首都。当时的首都是南京，而南京和上海市是连在一起的。“玳梁”，也就是“玳瑁梁”，画有玳瑁花纹的屋梁，富贵人家的房子如此。唐代沈佺期《古意呈补阙乔知之》：“卢家少妇郁金堂，海燕双栖玳瑁梁。”“团栾”，团圆。“银塘”，塘水平静如银镜，所以称为“银塘”。

乱峰极望蚩尤雾，云鹏去后归无路。
落翮山飞次仲魂，郁金堂泣卢家女。

前面两句指1946年3月17日上午，戴笠乘坐的飞机从青岛飞往上海途中，因为大雾，飞机在江宁板桥镇南的戴山撞上山峰失事，戴笠身亡[12]。蚩尤为古代部落酋长。相传黄帝与蚩尤大战，蚩尤作大雾，弥漫三日，黄帝军队迷失方向。“云鹏”，大鹏。庄子说，大鹏怒而飞，其翼若垂天之云。此指飞机。后两句写戴笠身亡，胡蝶伤心。相传秦人王次仲化鸟飞翔，落翮于山，故其山称落翮山。末句见上文引用沈佺期诗歌《古意呈补阙乔知之》：“卢家少妇郁金堂，海燕双栖玳瑁梁。”“卢家女”，即莫愁。

卢家身世话飘零，枯菀平生事几经。
石头又送降幡出，牛货回看贯索明。

前两句说胡蝶身世飘零，经历丰富，大起大落。“卢家”承上，为顶针手法。“枯菀”，枯荣。菀，茂盛。第三句云南京被中国人民解放军占领。“石头”，石头城，南京的别称。“降幡”，降旗。刘禹锡《西塞山怀古》：“千寻铁锁沉江底，一片降幡出石头。”“牛货”，即佛教中说的西牛货洲，那是不同于我们所居住的南瞻部洲的另外一个世界。“贯索”，星宿名，属天市垣，共九星。后两句说，国民党政权在大陆消亡后，胡蝶居住海外，也思念祖国。戴笠死后，胡蝶到香港，与潘有声复婚，两人一起经商。潘有声去世后，胡蝶再入电影界。1975 年，胡蝶移居加拿大温哥华市，直到 1989 年 4 月 23 日去世，终年 81 岁。

百年起陆龙蛇战，陵谷匆匆桑海变。
乌衣门巷劫灰多，玉树儿郎厮养贱。

此言百年来战乱频繁，社会发生了巨大的变化。“龙蛇战”，大大小小的政治力量之间的战争。“陵谷”，地面高低形势的变化，比喻社会结构和人们社会地位的变化。“桑海”，就是沧海变桑田，桑田变沧海，传说中麻姑所说，也是社会变化多而大的意思。“乌衣门巷”，高门大户，望族。“乌衣巷”，地名，在南京市东南。“劫灰”，佛教所说世界毁灭时的大火叫劫火，劫火的余灰叫劫灰。此诗歌中，以“劫灰”指高门大户在这百年历史变迁中恩恩怨怨、悲欢离合、可资感叹的故事。“玉树儿郎”，比喻出身高门大户的姿貌秀美、才干出众的年轻人。“厮养”，奴仆之类。由于社会的变化，那些出身高门大户的人，落到了社会的底层。这当然是令人感叹的，但是，也没有什么值得奇怪的。君子之泽，五世而斩，即使是在封建时代，也是如此，更何况，社会已经大大进步，封建社会已经一去不返了。

让尔穿花蛱蝶飞，存亡凡楚是耶非？
他年芳史求南董，再谱陈风泪满衣。

全诗的结尾，对这段历史发为感叹。“存亡凡楚”，典故出《庄子·田子方》：“楚王与凡君坐。少焉，楚王左右曰：凡亡者三。凡君曰：凡之亡也，不足以丧吾存。夫凡之亡不足以丧吾存，则楚之存不足以存存。由是观之，则凡未始亡而楚未始存也。”凡，春秋时国名，故地在今河南辉县一带。历史题材的文艺作品，特别是有关世事沧桑者，感慨之余，往往以虚无释之。“南董”，春秋时齐国史官南史和晋国史官董狐，二人皆以直书不讳著称。“陈风”，《诗经·陈风》。朱熹《诗集传》卷七《陈风》注释引东莱吕氏语云：“正风之所以为正者，举其正者以劝之也。变风之所以为变者，举其不正者以戒之也。道之升降、时之治乱、俗之污隆、民之死生，于是乎在。”如此，则钱先生之两篇《胡蝶曲》，其变风也欤！

梅村体诗篇所写题材，都是来自社会。真希望社会不要产生此类题材，尽管梅村体的诗歌，读起来都很美。

4. 前后《游仙诗》

游仙一体，创于郭璞。钟嵘《诗品》卷中云其“游仙之作，词多慷慨，乖远玄宗。其云‘奈何虎豹姿’，又云‘戢翼栖榛梗’，乃是坎壈咏怀，非列仙之趣也”。此后诗人所作《游仙诗》，绝大多数不是写“列仙之趣”的，而是以“游仙”为掩护，来写爱情、时政，抒发不满等不便于明言的内容。游仙诗很难写，因为要用神仙或者佛教、民间宗教中的典故，来写现实内容并表达诗人的感情，比拟要切合，轻重要适度。一般说来，《游仙诗》也是比较难以索解的。一是其所用典故比较杂，比较僻，因为神仙典故或者民间宗教中的典故，多出之于经史子和寻常诗文集外，更多地出于小说、笔记等，至于佛教典故，则出之于煌煌两万多卷的《大藏经》，那就更加难以寻找了。二是本事和诗人本旨难以明了。钱先生诗集中，游仙诗不少，同时这也是钱先生诗歌中最有特色的部分。因此，本人尽管自知学识浅陋，还是知难而上，对他的《游仙诗》作尽可能准确地阐释。阐释中所引用本事，我根据这些著作所载史事而斟酌、整合之：熊尚厚、严如平主编《民国人物传》第 11 卷，中华书局 2002 年版；朱信泉、娄献阁主编《民国人物传》第 12 卷，中华书局 2005 年版；全国政协文史资料委员会编《民国风云人物》，安徽人民出版社 2000 年版；何虎生著《蒋介石传》，华文出版社 2005 年版；冯春龙编著《国民党中常委的最后归宿》，华文出版社版；佟静著《宋美龄大传》，团结出版社 2006 年版。以下不另行注明每条资料的出处。

游 仙 诗

步虚声里会真灵，仿佛排云法驾停。

肠断玉棺临阖语，人天传作《涅槃经》。

《游仙诗二十五首》作于 1932 年。第一首诗写孙中山逝世，留下《总理遗嘱》，广泛为人尊崇。“步虚声”，道士讽诵道教经典的声音。相传曹植游览鱼山，忽然听到山里有诵经声，清远嘹亮，于是请精通声律的人记录下来，为神仙之声。道士仿效，作步虚辞。“《涅槃经》”，小乘《涅槃经》，记载释迦牟尼入灭的历史。孙中山逝世后，当时开会等正式场合必首先读《总理遗嘱》中的“革命尚未成功，同志仍须努力”等语，几乎成为例行仪式。儒家文化尚礼，但是，世人往往会走极端，将礼僵化、形式化，而丢掉其精神实质。对此，钱先生作了讽刺。

曾枉裴航玉杵求，云英小妹剧温柔。
琼浆偏许凡人饮，莫向蓝桥怅阻修。

此诗写蒋介石向宋美龄求婚成功。唐人传奇云，唐长庆间秀才裴航，应试下第，途径蓝桥驿，渴甚，有女名云英者，以水浆饮之，甘美如玉液。云英甚美，裴航爱慕，欲娶之为妻。云英之祖母提出，当以玉杵为聘礼，盖需玉杵捣药也。云英一家及其亲属，都是神仙。裴航设法访得玉杵，以为聘礼，遂娶云英。既婚，夫妇一起入山仙去。诗中“裴航”，指蒋介石，“云英小妹”，宋美龄是宋家季女，故云“小妹”。宋家向蒋介石所提成婚条件，有蒋介石必须皈依基督教等内容，所谓“玉杵”者，就是指这些。

当年仙李代桃僵，薄福刘郎让阮郎。
犹有飞琼吹笛侣，碧城来去共骑羊。

此诗还是写蒋介石与宋美龄结婚事。传说刘晨和阮肇两人进入天台山，遇到两个仙女，就与这两个仙女婚配，在那里住了很长一段时间才离开。故事中，没有刘晨让阮肇的情节。这里钱先生活用这个典故。当时和此后，有这样的传说，说是宋美龄的恋人，本是刘纪文，蒋介石看上了宋美龄，在各种压力下，宋美龄才不得不同意与蒋介石结婚，并提出让刘纪文当南京市市长作为与蒋介石结婚的条件，蒋介石竟然照办了。这见之于多种野史或者小说。[13]诗中的“刘郎”，就是指刘纪文，切他的姓氏。“阮郎”指蒋介石，这当然没有办法切他的姓氏了。“飞琼”，女神仙许飞琼，常跟她在一起吹笛的是另一位女神仙董双成。“碧城”，仙界之城。《上清经》中说：“元始居紫云之阙，碧霞为城。”在神仙传说中，羊是神仙们在空中行走的交通工具之一。后两句言宋美龄和她的大姐宋霭龄。宋霭龄是促成宋美龄与蒋介石婚事的关键人物。宋美龄与蒋介石结婚后，她们姐妹的关系，更为亲密了，常乘飞机同来同去。

云容嫁后理瑶琴，绛雪丹成意不禁。
生小仙郎居海外，不曾解识帝乡音。

此诗写孙科夫妇。前二句用张云容的典故。杨贵妃侍女张云容，很受贵妃爱怜。唐明皇与道士申元论道，她常常窃听，也多次有机会为申元上茶，甚至帮助申元侍弄药物。一天，在她的请求下，申元给她一颗绛雪丹，她服下此丹，后来成仙。孙科夫人陈淑英，祖籍广东，与孙科同县，其父亲陈棣棠，为檀香山华侨。陈家父女曾帮助孙中山进行革命活动，陈淑英无疑接受孙中山的革命影响，而成为革命者，继而成为民国新贵。此诗中“云容”云云，当指陈淑英。孙科是孙中山与原配夫人卢慕珍所生之子，也是孙中山唯一的儿子，生于1891年。次年，因孙中山在澳门镜湖医院任职，孙科就随母亲去澳门居住，不久又到香港定居。1895年，孙中山领导的广州起义失败，为了躲避清廷的迫害，五岁的孙科随同母亲奔赴美国夏威夷檀香山，投奔孙中山的大哥孙眉。此后，孙科一直在美国接受教育，在加州大学获得文学学士学位，在哥伦比亚大学获得商科硕士学位，到1917年，方偕同妻子和孩子回国，故此诗后两句云云。末句指孙科不善国语。

玉女霞浆劝举杯，丹符火急夜深催。
巨鳌已戴三山去，更索投壶笑一回。

此诗写面对日本的进攻，国民党政府采取不抵抗政策，致使东北三省沦陷，而要员们还在寻欢作乐，过着骄奢淫逸的生活。“巨鳌”，《列子·汤问》云，渤海之东，有大壑焉，中有五山，与水底不相连接，常随着波浪上下浮动。天帝恐怕这些山流到西天去，乃命十五巨鳌，以头戴之，诸山方能安峙。“巨鳌已戴三山去”，指东北三省沦陷。“投壶”，古人宴会时的游戏。

纷纷位业注灵篇，几辈凡胎总得仙。
为识玉皇香案吏，金丹一转便生天。

此言许多资历甚浅、没有什么功绩和德才可言的人，只因朝中有人提携，转眼间便成为政府新贵。“位业”，道教经典中有《真灵位业图》，乃分记神仙真圣所居之位、所任之职等，次序而排列之。“玉皇香案吏”，语出元稹《以州宅夸于乐天》诗：“我是玉皇香案吏，谪居犹得住蓬莱。”道教云烧炼金丹，以九转者为贵。把丹砂烧炼成水银，再将这水银烧炼成丹砂，这就叫一转。烧炼时间越长，转数越多，则效能越高。见《抱朴子金丹》。金丹才一转，服之便能生天，这即使在道教神仙传说中，也是荒唐的。

幔亭张座簇红云，来策群仙荡寇勋。
十六洞天分管领，黄金册赐武夷君。

此诗言十九路军领导人在福建担任要职。武夷山有幔亭峰，相传神仙曾在此集会。1932年“一·二八淞沪抗战”，十九路军在上海抗击日本侵略军有功，赢得了非常高的声誉。淞沪抗战后，蒋介石将十九路军调往福建与共产党领导的红军作战，意在收渔翁之利。国民政府任命蔡廷锴、蒋光鼐等为福建军政领导人。

灵河西岸夜停槎，前度人来阿母家。

虎齿何曾轻一笑，怜君枉粲妙莲花。

此诗言中国使节到西方国家作外交努力，却无功可言，具体指施肇基。“阿母家”，西王母家，这里指英国或者欧洲。欧洲国家如英国等有女王，又在西方，故诗中称之如此。“虎齿”，传说中，西王母的随从有金方白虎之神，虎齿而善啸。此指英国等西方大国政府主要人物及外交官员。佛经中说，佛或菩萨说法之妙，往往舌绽莲花。最后两句说，尽管中国的外交官能说会道，但是，西方权贵们还是不为所动。1931 年 9 月 21 日，就在“九一八事变”以后几天，中国外交官施肇基就向国际联盟报告“九一八事变”的真相，要求国际联盟开理事会制止日本侵略中国的行动，但是，以英国为主导的国际联盟敷衍了事，偏袒日本，压制中国。1914 年至 1921 年，施肇基担任中国驻英国全权公使。1929 年，他再次担任驻英国全权公使，次年出席国际联盟会议，担任中国全权代表兼国际联盟理事会全权代表，所以，钱先生称他为“前度人来阿母家”。

紫兰北烛定情时，妒煞偷桃一小儿。

密誓背人亲手递，瑶池西畔说相思。

此诗云中国与西方国家关系得到改善时，日本便派使者到西方国家拉拢。“紫兰”，相传王子登是西王母紫兰宫中玉女，出配神仙北烛仙人为妻子。“偷桃一小儿”，东方朔。古代神话中说，西王母种桃树，三千年一结果。东方朔三次偷桃，西王母大怒，将东方朔贬谪人间。日本在我国东方，故诗中以东方朔指日本。

浪说星辰上界多，菱枝前路尚风波。

美人尽有缠绵意，奈汝盈盈一水何！

此云世界局势复杂，列强纷争，弱小国家受害。中国希望得到强国支持，但是障碍重重。结尾两句，用织女星受阻于银河的典故。“菱枝”句，化用李商隐诗句：“风波不信菱枝弱。”

似闻太乙会群仙，笞凤鞭鸾各一天。

只恐橘中棋局败，平翻沧海作桑田。

此云国民党第四次全国代表大会。1931 年 11 月至 12 月初，国民党第四次全国代表大会，蒋介石派在南京开会，胡汉民派在广州开会，汪精卫派在上海开会。“太乙”，天神。“笞凤鞭鸾”，语出裘万顷诗句：“安得飞腾九霄外，笞凤鞭鸾日相陪。”诗中指会议上剧烈抨击政治人物。“橘中棋局”，典故出《太平广记》橘中神仙赌博的故事。神话传说中说，仙女麻姑看见沧海变桑田、桑田变沧海。

携盘来去太匆匆，又道铜仙返汉宫。

桂树画阑香未改，不须铅泪下秋风。

此诗写蒋介石下野和复出。李贺《金铜仙人辞汉歌》序言云：“魏明帝青龙元年八月，诏宫官牵车西取汉孝武捧露盘仙人，欲立置前殿。宫官既拆盘，仙人临载，乃潸然泪下。”歌中有云：“茂陵刘郎秋风客，夜闻马嘶晓无迹。画阑桂树悬秋香，三十六宫土花碧”，“空将汉月出宫门，忆君清泪如铅水”，“携盘独出月荒凉，渭城已远波声小”。国民党第四次全国代表大会期间，反对蒋介石的力量很大。于是，蒋介石以退为进，在1931年12月15日辞去国民政府主席、行政院院长、陆海空军总司令之职务，通电下野。国民党四大三个会场产生的中央委员，在南京召开四届一中全会，决定国民党、国民政府改制，变集权为分权。孙科担任行政院院长。1932年元旦，孙科内阁正式就职。但是，孙科内阁从一开始就陷入危机之中。由于蒋介石控制江浙财团，国民政府在财政上遇到极大困难，根本无法长期运作。1月28日，国民党召开中央政治会议，决定改组行政院，汪精卫当行政院院长。孙科当院长，为时不足一个月。3月1日，国民党四届二中全会在洛阳举行，调整中央机构人选，决定蒋介石复职。18日，蒋介石就在南京正式就职。从此，他的地位彻底巩固，并且一步步走向独裁统治。蒋介石这次下野，仅仅三个月耳。

碎掷坤舆事可哀，道场金箓殿中开。

南山虎啸浑闲事，待向仙人借鹤来。

“坤舆”，这里指河山。佛经《维摩诘》有将三千大世界掷于恒河沙世界之外的说法。首句是说山河破碎。“道场”，举行佛道活动或者修行的地方。“金箓”，道教活动的一种仪式。“南山虎啸”，南朝沈僧昭尝出猎，中道而还，左右问其故，云国家边疆上有紧急军务，需要回去处理。又问他如何知道，他说，听到南山虎啸，他就知道了。“借鹤”，出萨都剌诗句：“仙人不可见，借鹤过仙家。”日寇入侵，山河破碎，而国民党当局，忙于争权夺利、围剿红军，把日寇入侵看成是小事，幻想通过以英国等主导的国际联盟来解决。

争春梅雪费平章，十六天魔塌地狂。

一笑璇宫人不老，鹅笙吹上碧霞觞。

此言国民党新军阀等各派政治人物争权夺利，而蒋介石获得胜利。“平章”，评论或者商量处理。“十六天魔”，元顺帝时，在宫内以宫女十六人，头戴象牙佛冠，身穿瓔珞大红绡金长短裙，赞佛而舞，叫“天魔舞”，或云“十六天魔舞”。“塌地”，歌舞时以足踏地为节拍。此以“十六天魔塌地狂”指国民党新军阀等各派政治人物不择手段地争权夺利。

西飞青雀漫叮咛，雾阁云窗事杳冥。
十万玉龙鳞甲散，了知呵壁已无灵。

此诗云冯玉祥。“青雀”，古代小说中说，一女子名巨灵，爱汉武帝。汉武帝有青珉唾壶，巨灵出入其中，时或戏笑于汉武帝前。东方朔望见巨灵而目之，巨灵乃化为青雀飞去。“雾阁云窗事杳冥”，化自翁同龢《小游仙诗十首》之四“雾阁云窗事渺冥”。“雾阁云窗”，出韩愈《华山女》诗：“云窗雾阁事恍惚，重重翠幔深金屏。”指迷雾重重，难以明白。冯玉祥与蒋介石的关系，局外人确实难以明白。古诗云：“战败玉龙三百万，败鳞残甲满天飞。”相传屈原被放逐后，彷徨山泽，见楚先王庙和公卿祠堂，壁间画有天地山川神灵以及古代圣贤等，呵而问之，因作《天问》，书于其壁，以泄愤懑。见王逸《天问序》。1930 年中原大战，蒋介石全面胜利，冯玉祥彻底失败。此后，冯玉祥离开了苦心经营 20 年的军队。从 1912 年发端的冯玉祥军事集团就消失了。这对冯玉祥来说，当然是既痛苦愤怒，又无可奈何的事情。

铁网珊瑚几万枝，神仙官府事难知。
庄生耻受金坛篆，老作银河曳尾龟。

“铁网珊瑚”，以铁网取珊瑚。相传海中有珊瑚洲，海人乘大船，沉铁网于水底，强有力地打捞珊瑚。前两句云国民党达官贵人巧取豪夺，榨取民脂民膏。“金坛篆”，天帝的诏书。《庄子·秋水》：“吾闻楚有神龟，死已三千岁矣，王巾笥而藏之庙堂之上。此龟者，宁其死为留骨而贵乎？宁其生而曳尾于涂中乎？”后两句赞扬正直的知识分子不愿意与官僚政客同流合污。例如，前清翰林陈叔通，20 世纪 20 年代后期在上海浙江银行担任驻行董事，当经理办公室主任。蒋介石在南京成立国民政府后，曾多次派人到上海请陈到南京政府担任职务，陈都拒绝了。

赫赫天关夜举烽，玉冠凭案话从容。
赤刀倘有黄公祝，乞取灵符制毒龙。

此云日本侵略军逼近山海关，而当局仍然是那样的漫不经心。山海关也叫榆关，地势险要，扼辽冀咽喉，为平津之屏障，有“天下第一关”之称，历来为兵家必争之地。“九一八事变”后，日本开始向山海关附近增兵。从1932年5月起，日本侵略者不断在山海关地区向中国守军挑衅，以制造进一步侵略的借口。《西京杂记》卷三云：“有东海人黄公，少时为术，能制蛇御虎，佩赤金刀，以绛缯束发，立兴云雾，坐成山河。及衰老，气力羸惫，饮酒过度，不能复行其术。秦末，有白虎见于东海，黄公乃以赤刀往厌之，术既不行，遂为虎所杀。”“毒龙”，凶恶的龙，佛经故事中常见之，此指日本侵略者。

红墙银汉各为家，欲订仙盟愿总赊。
一点灵犀通未得，蓬莱织女故回车。

此写当时中国政府与苏联交恶。19世纪末20世纪初，俄国根据不平等条约在我国东北境内修造了一条铁路，叫中东路。该铁路对东北经济的发展起了比较大的作用，但是，先是沙俄后是苏联也利用这铁路攫取了巨大的经济利益。后来，在蒋介石的支持下，张学良从苏联手里夺回该铁路的主权。这导致两国交恶，发展为断交甚至边界战争。从1930年10月起，中苏双方一共进行了25次会谈，但是都没有取得一致的意见。“九一八事变”后，东北被日本占领，中苏谈判也就停止了。“红墙”，此指苏联。“蓬莱织女”，此指苏联方面的外交人员。

昼夜诸天雨粟花，琼田万顷养烟霞。
涉江采得芙蓉好，来往人间借月槎。

此诗写当时国民党政府向欧美借款、购买各种物资，而参与其事的人利用这些机会中饱私囊，兴致勃勃地国内国外飞来飞去。前两句写欧美国家物质之丰富。《淮南子本经》：“昔者仓颉作书，而天雨粟。”佛经中屡有佛或菩萨说法而天雨花、雨粮食的描写。“琼田”，神仙传说中东海生长不死草的田地。后两句写参与其事的中国官员。古诗云：“涉江采芙蓉，兰泽多芳草。采之欲遗谁，所思在远道。”晋朝王嘉《拾遗记》卷一云，尧登位30年，有巨查浮于西海，查上有光，夜明昼灭。查常浮绕四海，12年一周天，周而复始，名曰贯月查。查，同槎。

铁柱峨冠殿上趋，当关虎豹逞牙须。
三缄只学金人口，炼到丹成火气无。

此诗写蒋介石实行法西斯统治，来对付政敌和革命者。政坛人物，不敢有不同的意见。“铁柱峨冠”，古代司法人员所戴高冠，一名法冠，以铁为帽柱，取其不曲不挠之意，见《后汉书·舆服志》等。此云法律严峻。“当关”句言特务统治之严酷。“三缄”，封口三重。相传孔子到周地，走进太庙，见有金人，三缄其口，背部有铭文云：“古之慎言人也。”见刘向《说苑·敬慎》、《孔子家语·观周》等。“炼到丹成”，意谓成仙，也就是指走向政坛，成为政治人物。

十绝仙幡卫帝廷，普天齐戴蒋王灵。
登坛莫演参同旨，乞授黄庭遁甲经。

此诗前两句写蒋介石独裁统治形成，后两句写政坛人物不能有不同的意见，只能相机趋吉避凶、自保身家而已。“十绝”，绝顶神奇美好。“仙幡”，仙家的旗帜。“蒋王”，用蒋子文的典故，指蒋介石。但即使在神话传说中，蒋子文也从来没有“王”的称号。“参同”，即《参同契》，道教书名，又名《周易参同契》，旧题汉朝魏伯阳作。该书以《周易》、黄老、炉火三家相参同，以《周易》结合道家炼丹修养之说，为丹经之祖。“遁甲经”，“遁甲”为古代方士术数之一，大抵以天干地支等推算吉凶，以为趋避，所以叫做“遁甲”，道教有《黄庭遁甲缘身经》，就是《黄庭遁甲经》。

后游仙诗

高会西方玉帐开，点金无术苦徘徊。
银潢一水原清浅，筑就天孙避债台。

《后游仙诗二十五首》作于1933年。1933年3月，世界经济会议在伦敦召开，中国中央银行总裁宋子文出席这次会议。会议期间和会议结束后，他在英国、瑞士、美国等国家作反对日本侵略的游说，并且争取欧美国家的经济援助，例如，他争取到美国5000万美元的经济贷款。第一句写世界经济会议的召开，第二句写中国政府财政困难。最后两句写中国向欧美借债。“银潢”，银河。“天孙”，织女。相传织女是天帝的孙女。牵牛为了与织女结婚，竟然向天帝借了两万钱下彩礼。结婚后，他们久久不还钱，天帝怒，就把他们分开了。

公案重翻奈尔何，通明上奏绿章多。
嫦娥应悔偷灵药，瞒着人天渡绛河。

此诗写李济深。1929年，蒋桂战争即将爆发。李济深为桂系的重要人物，掌握广东的军政大权，在广东根深蒂固。蒋介石担心李济深领导的广东成为桂系的坚强后方，就决定计赚李济深。2月下旬，蒋介石以国民政府早就任命李济深为总参谋长、要他参与解决南京政府与桂系李宗仁的矛盾等为借口，又派吴稚晖等元老相邀，诱使李济深到南京。李济深一到南京，就失去自由。蒋介石下令，将李宗仁、白崇禧、李济深撤职查办，国民党第三次全国代表大会开除了他们的党籍。蒋介石收复广东，派粤军将领陈济棠、陈铭枢回广州，分别掌握广东的军政大权。二陈与多名粤军将领发表声明，宣布与李济深脱离干系。“通明”，指皇帝的大殿。“绿章”，旧时道士祈天时用青藤纸朱书写给天帝的奏章，也叫青词。陆游诗：“绿章夜奏通明殿，乞借春阴护海棠。”前两句是指李济深以前的部下和其他人迎合蒋介石的旨意，揭发李济深的种种不是。后两句说李济深不听李宗仁的劝告，来到南京，终于上了蒋介石的当，被囚禁起来。诗句化自李商隐诗“嫦娥应悔偷灵药，碧海青天夜夜心”。

铢衣吹堕玉京尘，重向罗浮管旧春。
仙吏未醒蝴蝶梦，犹将尊号上金轮。

此写陈济棠。前两句写蒋介石收拾了李济深，派陈济棠担任第八路军总指挥，掌握广东的军权。“金轮”，佛教中转轮王之子，以金轮王为最胜。该王出时，诸国咸服。武则天尊号，屡用“金轮”字样。1931年，陈济棠又积极组织反对蒋介石的联盟，与汪精卫、孙科、阎锡山、冯玉祥、林森、李宗仁等召开“国民党监察委员非常会议”，成立广州国民政府，与蒋介石的南京政府决裂，成为反蒋联盟的盟主。此诗的后面两句，正是指此事件。

瑶宫无分掌黄麻，归去天南葛令家。
省识年时篓凤苦，不如句漏炼丹砂。

此诗写胡汉民。前两句说胡汉民没有能够在中央政府担任要职。1931年初，胡汉民担任立法院院长时，蒋介石为了加强自己的权力，主张制定约法，但是胡汉民竭力反对，与蒋介石理论起来。胡汉民对民主理论比较熟悉，蒋介石自然不是对手。于是，蒋介石就把胡汉民囚禁起来，逼迫他辞去了立法院院长之职。在海内外的反对下，蒋介石释放了被囚禁达九个半月的胡汉民。这时，经过一番政治动荡，政治舞台上形成了“蒋介石主军，汪精卫主政”的格局。胡汉民没有了位置，大怒，发表声明与蒋、汪决裂。此后，他就不在政府担任职务，长期居住在香港，但仍参与政治活动。“瑶宫”，瑶池，此指中央政府机关。“黄麻”，用黄麻纸写的诏书。“葛令”，晋朝葛洪。葛洪在晋朝做官，听说交趾出产丹砂，就请求担任句漏县令，朝廷同意后，他就携子侄赴任。经过广州时，刺史邓岳留之，不听，乃在罗浮山炼丹。“篓凤”，囚于笼中的凤凰。后两句说胡汉民不担任政府职务，居住香港。

牙旗虎帐镇瀛洲，左股蓬莱一掷休。
赌罢玉尘三万斛，长生归伴赤松游。

此诗写张学良。“牙旗虎帐”，指大将军。牙旗为大将军军中的旗帆，用象牙为饰，故名。虎帐为大将军的营帐。“瀛洲”，神仙传说中的海上仙山。“蓬莱”，也是海上仙山。苏轼诗：“左股失蓬莱。”前两句写张学良镇守东北，但是对日本侵略者的进攻，采取不抵抗政策，导致东北三省在短时间沦陷。第三句用《太平广记》中“玉尘九斛”的典故。“赤松”，即赤松子，神仙。汉代张良，晚年好神仙之事，自称“愿弃人间事，欲从赤松子游耳”。见《史记·留侯世家》。此以张良指张学良。因为要承担不抵抗的责任，张学良被解除了拥有多年的兵权，下野出国。

北极天门露布驰，荡魔玄武出雄师。
黑旗帐下龟蛇将，叱诧风云此一时。

此写马占山。“北极天门”，这里指北方大门。“露布”，檄文一类的文书，因为不封口，故名。“玄武”，北方太阴之神，其形象为龟，一说是龟蛇的结合。中国传统文化中，方位与颜色之间是有对应关系的，与北方相对的颜色是黑色，也叫玄色。龟身有甲，蛇身有鳞片，所以叫武。因此，该神被称为玄武。当时，黑龙江省主席万福麟正率领两个旅的兵力在平津地区，黑龙江空虚。日本军队进犯黑龙江后，马占山被当局任命为黑龙江代主席兼军事总指挥。马占山指挥部下在嫩江顽强抗击日军，史称“江桥战役”。这战役中，日军损失千余人，是“九一八事变”以后日军的首次受挫。黑龙江在我国最北面，所以诗中用“玄武”的典故。

衔石灵禽返帝乡，群仙迎拜集冠裳。
如何骑鹤腰缠客，不与安排服玉方。

此仍然写马占山。“衔石灵禽”，就是“精卫填海”故事中的精卫。此指马占山。马占山的力量，自然与侵华日军的力量非常悬殊，但是，他还是率领部属，拼死作战，打击日本侵略者，其精神如同精卫填海。“帝乡”，京师。南朝殷芸《小说》云：“有客相从，各言所志。或愿为扬州刺史，或愿多赀财，或愿骑鹤上升。其一人曰：腰缠十万贯，骑鹤上扬州。欲兼者三。”马占山力量薄弱，在东北历尽艰险，终于难以支撑下去，只得出国避难。马占山和随从人员先到苏联，再绕道欧洲回国。1933 年 6 月，他们回到上海时，许多军政要员前往欢迎。为了抗日，马占山要求回到部队带兵打仗，但是，蒋介石只给了他一个军事委员会委员的头衔。

银浦流云隔梦思，双星相望已多时。
要防风雨神山恶，莫遣佳期更后期。

“银浦”,银河。“双星”,指牛郎织女。“九一八事变”之前,中国和苏联因为中东路问题而导致交恶。“九一八事变”以后,苏联是世界大国中唯一强烈谴责日本的侵略行径、坚决支持中国反对日本侵略的国家,苏联人民还举行游行、集会等来抗议日本侵略中国。这对中国也是个鼓舞,中国也确实需要苏联的支持。当然,从苏联方面考虑,日本对中国的侵略,也威胁到苏联的安全和利益。在对付日本侵略者方面,中苏有着共同的利害关系。此诗希望中苏尽快恢复良好的关系。

鹤符深闭上清居,敕禁刀兵出玉除。
一夜黄金铃解尽,洞门虚榜五雷书。

此诗写当时国民党政府的不抵抗政策导致严重的后果。“鹤符”,神仙符箓。“上清”,仙境,此指中央政府所在地。“玉除”,玉阶。“黄金铃”,就是“护花铃”。“洞门”,神仙所居之地的大门。“五雷书”,即《天心五雷法书》,神仙传说中记载“五雷法”的图书。谁掌握了这个“五雷法”,就可以叱咤风雷,指挥晴雨,驱使鬼神。1933年2月,当日本关东军大举进攻我国热河的时候,蒋介石正坐镇南昌指挥60多万大军对革命根据地进行第四次围剿,不向热河发兵。热河仅仅有一个师的兵力。守卫热河的汤玉麟部,一触即溃。迫于举国愤慨,蒋介石乃组织长城抗战,一度重创日军。但是,在紧要关头,蒋介石离开保定回南京部署“剿共”军事,导致军心动摇,35万大军不敌5万日军,长城抗战失败,敌军长驱直入。

悔负仙盟唱懊侬,蓬山归去万千重。
上元宫里重开宴,太岁东方已绝踪。

此写由于日本对我国的无耻侵略,中日无法维持正常的外交关系,日本使节返回日本,所以在中国的外交宴会等场合,也就看不到那些凶狠的日本外交人员了。“懊侬”,懊侬歌或者懊侬曲,乐府吴声歌曲名,为南朝乐府民歌,内容乃抒发男女爱情受到挫折时的苦恼。“太岁”,迷信中的凶神,出现在哪个方向,那个方向就是不吉利的方向。“东方”,指太岁这凶神在东方,暗指日本为“东方太岁”,是凶神。

旧事昆明辨墨灰,劫馀仙岛隶蓬莱。
明知不是东王业,要待天龙索取来。

此诗云台湾成为日本的殖民地,我国要收回台湾,肯定要与日本一战。中日甲午战争,日本侵略我国,我国战败,被迫割让台湾。此诗前两句就是说此事。“东王”,神仙名,也称木公、东木公、东华帝君等,与西王母并称,诗中指日本。“天龙”,佛教中,分诸天龙及鬼神为八部，为佛教传说中的战神。后两句说，大家都知道，台湾根本不属于日本，而从日本手里收回台湾，必须靠强大的军事力量。

重来绁马阆风巅，一别琳宫又几年。
曾是蓬山青鸟使，莫教暗递衍波笺。

此诗写亲日派黄郛被任命为与日本方面谈判的负责人。“绁马”，系马。“阆风”，传说中的仙山，神仙居住的地方。“琳宫”，神仙所居住之处。“蓬山青鸟使”，神仙的使者。西王母有三青鸟作为使者。“衍波笺”，此指密信。长城抗战还没有结束的时候，国民党政府就决定与日本谈判。日本方面因为在长城抗战中受到我国二十九军、十七军的顽强阻击，觉得如果孤军深入，非常危险，所以出于战略方面的考虑，也同意与国民党政府谈判。1933 年 5 月 3 日，国民党政府任命亲日派黄郛为北平政务委员会委员长，具体负责与日本谈判。黄郛接受任命后，先在上海和北平与日本方面秘密接洽。此人早年留学日本，是著名的亲日派人物，担任过国民党政府的外交部长，所以诗中有“重来”、“曾是”等语。不久，何应钦、黄郛等就和日本方面签订了卖国的《塘沽协定》，把热河在内的东北四省卖给了日本，并把冀东、平北地区划为“缓冲区”，实际上是为日本进一步侵略我国做准备。

闻道琳宫碣石开，黄金求士筑高台。
九疑枉作仙山主，犹觅灵飞六甲来。

此诗写蒋介石利用湖南湘军资深将领唐生智，为在蒋桂战争中大败桂系下了一着妙棋。“琳宫”，见上一首诗歌的注释。第二句用黄金台的典故。黄金台，故址在河北省易县东南。相传战国时燕昭王筑台接待贤者，置千金于其上，延请天下贤者，故名黄金台，又叫招贤台。“九疑”，山名，在湖南，此指唐生智。“灵飞六甲”，道教中的神兵。1927 年 10 月和 11 月，在李宗仁与唐生智的战争中，唐生智失败，被迫下野，两湖地区为桂系控制，唐生智的部队也绝大部分为桂系收编。唐生智下野后，在日本过了一段时间流亡生活，回到国内。蒋介石为了对付桂系，派人游说唐生智，并送给唐生智 30 万元经费，让他与被桂系收编的湘军部队联系，使他们脱离桂系领导，重归湘军行列。此举成功后，唐生智重新掌握了部队。

霸业西方白帝雄，霓幢羽葆会崆峒。
四天新布连横策，棒喝群仙定耳聋。

此诗写山西的阎锡山，因为蒋冯阎大战失败，只得与许多大小军阀一起，拥护蒋介石。“西方白帝”，此指阎锡山。阎锡山从辛亥革命期间，就开始经营山西，成其霸业。在中国传统文化中，方位中的西方与颜色中的白色相对，西方之神，叫“白帝”。“霓幢羽葆”，神仙的仪仗。“崆峒”，古人认为，北极星居天之中，斗极之下为崆峒，洛阳居地之中，所以，古人以崆峒指洛阳。“连横”，战国时，张仪游说六国，要他们一起服从秦国，称为“连横”。诗中写阎锡山等在洛阳开会，表示服从蒋介石的领导。

云中七宝桂花开，剩水残山得得来。

八万二千修月户，为谁携手上瑶台？

此写桂系军阀。蒋桂战争和中原大战，桂系都遭到失败。相传月亮乃七宝合成，常有八万二千户修之。传说月亮中有桂花树，所以写桂系而用月亮和桂花树的典故。

昨夜冯夷击鼓忙，横争浑沌帝中央。

调来后羿弯弓手，一矢何曾射太阳？

“冯夷”，传说中的黄河神，这里指冯玉祥，切合他的姓氏。第二句说冯玉祥想取得中央的领导权。《庄子·应帝王》云：“中央之帝为混沌。”其实，当时各路军阀，谁不想取得中央的领导权呢？后两句说冯玉祥组建抗日同盟军。1933 年 5 月，冯玉祥在张家口组建民众抗日同盟军，自任总司令，发表通电，坚决抗日。李宗仁、白崇禧、胡汉民、孙科、陈明枢等名流都复电表示支持。“太阳”，日也，此指日本。诗中后两句说，冯玉祥组建了军队，但是并没有抗日。其实，冯玉祥的民众抗日同盟军确实是抗日的，先后收复康保、宝昌，并攻克多伦。他们的抗日行动，鼓舞了国人的抗日热情。可是，蒋介石、何应钦等怕冯玉祥以此壮大力量，也怕他们对与日妥协的政策遭到破坏，用造谣、诬蔑、分化等方法对付同盟军，后来竟然派重兵进攻同盟军。在蒋、日夹击下，“抗日同盟一百天，轰轰烈烈化为烟”。此诗云同盟军不抗日，这或许是因为当时报纸没有正面报道同盟军的抗日事迹，或许是因为写此诗时，同盟军还没有抗日军事行动。

呼龙战罢不成眠，带甲来耕月地烟。

瑶草更无馀地种，可容种玉到蓝田？

此批评当局之军垦。李贺《天上谣》：“呼龙耕烟种瑶草。”“蓝田”，地名，在陕西省。其地有山，亦名蓝田，出美玉，故名玉山。当时，华北危急，理当调动一切力量，把日本侵略军赶出去。可是，在如此危急之际，有的部队不是开赴前线，而是被派去屯垦。例如，1933 年，蒋介石令孙殿英为青海西区屯垦督办，率部前往柴达木屯垦。如果国家都被侵略军占领了，还到哪里去屯垦？

贯月灵槎万里回，金银海上起层台。
漫夸乞得天孙巧，可有支机石带来？

此诗写当局外交活动频繁，用高昂的代价，与欧美拉关系，谋求他们的支持。“贯月槎”，神话传说中浮游四海的筏。“层台”，高台。“支机石”，古代传说中，汉武帝命张骞寻找黄河的源头，张骞乘槎到天河，看见一个女子在浣纱，这个女子给张骞一块石头。张骞回来后，问成都卖卜人严君平，这石头是什么东西。严君平说，这是织女的支机石。

云斤月斧动诸天，泻海横飞九点烟。
铁甲黄龙三十二，瑶宫倾尽玉蚨钱。

前面两句写各方动武，中国处于内外战争之中。“云斤月斧”，雕琢云和玉的工具，比喻文才之美，此指穿云贯月的重武器。“诸天”，佛教中指各个天界的天神，此指各方政治势力。“泻海横飞”，形容社会不安定，有战争。“九点烟”，指中国。李贺诗：“遥望齐州九点烟，一泓海水杯中泻。”后面两句写当局用巨款购买武器，造成财政困难。

注释

[1] 陈平原：《大学十讲》，复旦大学出版社 2002 年版，第 79 页。

[2] 钱仲联：《山泾草堂诗存序》，《梦苕庵文剩》，见苏州大学中文系明清诗文研究室编：《明清诗文研究丛刊》1982 年第 2 辑，1982 年印，第 100 页。

[3] 钱仲联：《梦苕庵文剩》，见苏州大学中文系明清诗文研究室编：《明清诗文研究丛刊》1982 年第 2 辑，1982 年印，第 112 页。

[4] 钱仲联：《山泾草堂诗存序》，《梦苕庵文剩》，见苏州大学中文系明清诗文研究室编：《明清诗文研究丛刊》1982 年第二辑，1982 年印，第 107 页。

[5] 参见范烟桥：《民国旧派小说史略》，见《鸳鸯蝴蝶派研究资料》；何振球：《鸳鸯蝴蝶派奠基作家徐振亚》，见《常熟文史论稿》；陈子平：《哀情巨子——鸳蝴派开山祖——徐振亚》，见范伯群主编：《中国近现代通俗作家评传丛书》之四。

[6] 卞孝萱、唐文权编：《民国人物碑传集》，团结出版社 1995 年版，第 699 页。

[7] 魏中林整理：《钱仲联讲论清诗》，苏州大学出版社 2004 年版，第 155 页。

[8] 钱仲联：《钱仲联自传》，见江苏省政协文史资料委员会编：《江苏文史资料》第 41 辑《江苏近现代历史人物》第 2 集，《江苏文史资料》编辑部 1991 年版，第 214 页。

[9] 同上书，第 215 页。

[10] 钱仲联主编：《清诗纪事》第 19 册《光绪朝》卷，江苏古籍出版社 1989 年版，第 13809 页。

[11] 钱仲联主编:《清诗纪事》第20册《光绪朝》卷,江苏古籍出版社1989年版,第14068页。

[12] 江绍贞:《戴笠》,朱信泉、娄献阁主编:《民国人物传》第12卷,中华书局2005年版,第495页。

[13] 例如窦应泰:《此情谁知——宋美龄与刘纪文的初恋》,团结出版社2005年版。

第四章 在无锡国专任教

1. 当时的无锡国专

钱先生在大夏大学任教仅两年。1934年秋，他应无锡国专唐文治先生之聘，回到其母校任专职教授，担任诗选、古文选等专业必修课程。

1926年，钱先生毕业时，无锡国专的名字还是无锡国学专修馆。《钱仲联学述》中说，钱先生去无锡国专当教师的时候："国专已经由国民政府教育部立案，不同于旧时书院，而与一般大学文科相似，但仍保持着早期国专读前人原著、注重基本功培养的教学风格。"钱先生说，当时的无锡国专，三年制，与一般的大学相比，就少一门外语。因此，国文好而外语有所欠缺的学生，就倾向于报考无锡国专。在教育部立案后，除了得到教育部一些资助外，该校还得到了"庚款"的资助。"庚款"由财政部管，而在当时的财政部，唐文治的门生故旧有多位。

王桐荪先生《冯振心先生和无锡国学专修学校》一文中，从国专15周年纪念册中，摘录当时的《无锡国学专修学校各学年学科和讲授纲要》[1]，这是难得的文献，对今天大学中文系或者相关专业的课程设置，有重要的参考意义。

大致说来，跟国学专修馆时期比较起来，这时的课程多了许多，特别是新名称的课程多了不少。就传统文化来说，概论一类的课程明显增多。但是，选修课突出了本来的特色，这就是读原著。除此之外，就总体而言，学校风气，还是以传统文化为特色。杨廷福、陈左高《无锡国专杂忆》云国联教育科代表唐克尔·培根参观无锡国专后所发的感慨："我们来中国看过很多学校，读的是洋装书，用的是洋笔，充满洋气。这里才看到纯粹中国化的学校，才看到线装书和毛笔杆，并希望这所继承中国文化的学校能够发扬光大。”[2]其实，无锡国专的许多学生也常对此津津乐道。在1933年5月出版的《国专季刊》上，《杂俎》部分有健实所写《国联教育考察团莅锡来校演讲志略》对此事有比较详细的报道。该代表团参观了无锡国专。他们首先参观了图书馆，翻阅了馆藏元版《礼记》、《资治通鉴》、明本《学律全书》、殿本《史记》等珍品，由唐谋伯（唐文治之子）详细介绍、翻译。在演讲中，培根说：“在现今生存竞争的时代，凡一国家求生存于世界，固当以研究科学为先，然研究科学，必当先使国民自觉，而国民自觉心之发动，唯有藉国学以发扬光大之，而后可以保持各国固有之民族精神，此尤须研究本国历史和固有文化。贵校为研究国学之最高学府，负有保存固有文化之责，与普通学校之使命不同。”这时无锡国专传统文化的氛围，仍然是非常浓厚的，与当时其他大学相比，这一特点就更为明显。学生在这样的氛围中成长，自然容易继承中国传统文化。

钱先生在无锡国专读书时，学校的规模很小。从钱先生到无锡国专任教到抗战爆发这段时期，应该说是无锡国专的全盛期。根据1935年9月出版的《国专月刊》第2卷第1期所登载的《校闻》，当时注册的新旧同学一共264人，规模还不算大。

无锡国专规模不大，但唐文治却网罗了许多文化精英，到无锡国专任教，有的当专任教师，有的当兼任教师。就钱先生在无锡国专任教这一时期而言，这些老师，可以开出一串长长的名单：陈衍、陈鼎忠、冯振、叶长青、顾实、杨玉衔、金松岑、李详、孙德谦、钱基博、陈柱、朱文熊、夏承焘、周谷城、王蘧常、周予同、蔡尚思、钱萼孙、胡士莹、朱东润、唐庆诒、郝立权、胡曲园、徐震、鲍鼎、张世禄、朱大可以及赵泉澄、蒋祖诒、吴丕绩、葛绥成、许国璋、金德建等。此外，国专还邀请一些专家学者如章太炎等作专题讲座。

这些教师中，除了极少数外，都是研究中国传统文化方面的专家，在无锡国专所讲授的，也都是他们所擅长的，有许多在他们各自研究的领域中是当时国内第一流的专家。他们的总体实力如何，是非常清楚的。在当时我国大学的文史类专业中，师资力量超过他们的，能有几处呢？许多文化、学术精英在一起，相互切磋，对他们自己的学问，也大有裨益。钱先生正是他们中的一员。

这么多能人在小小的无锡国专，再加上学生甚至家长，那又是个文化多元的时期，会不会发生矛盾冲突？矛盾总是有的，但是，唐文治校长气量阔大，兼收并蓄，开放多容，维持了学校的和谐。周予同老师观点超前，在当时的守旧派看来，有点离经叛道的色彩，导致学生家长写信给校方，要求不让周老师在讲台“大放厥词”，而唐文治则坚决支持周予同，尽管唐文治本人未必同意周的观点。教师顾实明明知道唐文治是研究并且崇尚宋明理学的，但是他上课时，常常大骂宋明理学。教师叶长青在《国专月刊》连载《汉书艺文志问答》，而叶长青恰恰在当时又是唐文治倚重的人物，这时，顾实认为，叶的文章是针对他的《汉书艺文志疏证》的，有些情绪。于是，他就把自己写的《中庸郑注讲疏》交给编辑部发表，并公开说明其中有些部分与校长的观点不同。编辑者不敢做主，把稿件给陆景周，因为唐文治已经失明，陆建议是否读几个部分让唐文治听听，唐文治说，不必了，照登。顾实知道后，大为感动，说佩服唐老有容人之量。钱先生是无锡国专第三届毕业生，唐文治的好学生，但是，他“所学与老师殊途。这些，学生都能听出来。唐校长深爱其才学，请他在校讲重点课程”。这些，见黄汉文《记唐文治先生》[3]等记载中。该文又说：“同学们闲谈中，都说校长是研究宋明理学的，但我们同学中，包括国学专修馆的老学长在内，文史方面有成就的固然不少，但竟举不出一位研究宋学而有成就的校友，就是他的老门生中，也举不出来。学术风气的演变，与时代有关。唐校长精于《易》理，他常说‘唯知时者可以言消息’。他既然懂得‘审时知变’，所以并没有勉强学生宗尚他的理学。”“和而不同”是儒家一个极为重要的观点。唐文治能如此多容，应该说，这与他的理学修养之间是不无关系的。

2. 教学工作

1934年秋钱先生回到母校无锡国专任教授时，年仅27岁，而当时国专一些学生的年龄已经超过了他。当时毕业学生年龄最大的黄源征，江西人，毕业纪念刊上写38岁，但他的实际年龄已超过40岁，曾经代理过某县的教育局长，因学校规定入学时年龄不得超过35岁，瞒了几岁才入学的。这样的学生，社会阅历已经相当丰富，原来的社会地位也已经不低。女生韦均一，也比钱先生大9岁。但是，学生们对钱先生总是非常尊敬的。

在无锡国专，钱先生讲授《诸子概论》和古典诗学方面的课程。他讲《诸子概论》时，实际上是讲《庄子·天下》、《荀子·非十二子》、《史记·太史公自序》、《淮南子·要略》、《汉书·艺文志·诸子略》等原文，这样，学生学到的是有关诸子的第一手材料，可靠的基本知识，而

钱先生与学生送夏承焘夫妇返温州。钱先生和夏承焘分别在照片上题诗和词。后排右起：胡子远、吴无闻、钱先生、柳义南、严古津。柳义南为柳亚子先生之侄儿，明史专家。

不是空论。关于钱先生所教古典诗学方面的课程，黄汉文《钱仲联先生的诗学、诗作、诗教》[4]中有非常详细的记载：

> 钱先生的诗选，每周三课时，共讲三学期。他作过精心安排，保证重点，顾及一般。……钱先生以有裨学生研究和习作为准则，似乎挂一漏万，实际上能做到触类旁通，像现在说的学一篇能带动一大片。
>
> 第一学期采用《古诗源》为教材，从苏武、李陵赠答讲起，不但评述作品，还涉真伪。曹植、陶潜是讲述的重点。讲《古诗十九首》、阮籍《咏怀》、郭璞《游仙》，引陈沆《诗比兴笺》举例笺说。他讲说潘岳《悼亡》、左思《咏史》，而不讲陆机的作品，较多地讲谢灵运而不讲颜延年。
>
> 钱先生每周抽出一节课讲清诗，通过系统的清诗教学，指导学生怎样向古人学习，从而提高写作水平。他有重点地选材。如对清初江南三大家着重讲钱谦益、吴伟业，对属岭南三大家的屈大均、陈恭尹每人讲七律一首，龚鼎孳、梁佩兰从略。讲陈恭尹的

《崖门三忠祠》时，口述他最近取道九龙返沪时的七律《宋王台》"身世艰难曾不异，可堪挥泪望崖门"，指导学生写作。他认为吴伟业的《秣陵口号》第二句较弱，不足以笼罩全诗。讲完钱谦益的《西湖杂感》20首，要求我们说出这组诗的主旨。大家轻读原作后回答，答案有四五种，最后老师一一评述，确定"南渡衣冠非故国，西湖烟水是清流"当系主旨。讲到王渔洋的《秋柳》时，要大家谈谈第二句（"残照西风白下门"）能否笼罩这四首诗。的确是每堂课都受到启发，有新收获。后来学生们当了老师，试着学钱先生的方法进行教学。

钱老师特别注意规律性的东西。他讲《听女道士下玉京弹琴歌》，指导学生运用联想，还以该诗和《圆圆曲》为例（他认为后者大家应该在入学前读过，没有讲），阐述"梅村体"的作法，并指导新体裁是怎样形成的，吴伟业揉合"长庆体"和初唐四杰创造了"梅村体"。他还介绍了吴伟业的其他名篇和以后的"梅村体"名作，印发了《清凉山赞佛诗笺释》（后来收在社会科学出版社印行的《梦苕庵专著二种》的《吴梅村诗补笺》中），指导我们怎样读诗和写"笺证"。教到郑珍的诗，他指出郑珍能融合韩愈、白居易的创作方法，成为清代第一诗家。他所讲的内容没有重复过，学生们说他不炒冷饭。直到三个学期将满，钱老师发了一份诗学初步书目（说是初步，总数在四百部以上）。在讲到吴伟业和郑珍时，郑重指出，他们之成为"大家"，在于能融合不同流派，尤其是相反的创作方法。钱先生讲的规律，如果写成论文，包括他自己写的论文，内容当然还要丰富、复杂得多，看过的人不容易全部记得住。像他这样一针见血地指出，学生能永记不忘。……

钱先生之所授，我所以至今印象很深，还和他的督促检查方法有关。他并不要求死记硬背，但学生能自觉地朗读诗文。国专每学期两次小考，一次大考。诗选课第一次小考是两道综合题。其中一题是试谈苏李赠答诗的真伪，结论不一定与老师所讲相同，但必须言之成理。另一题已经忘了。第二次小考是命题写诗，律诗或古风一首，或绝句二首。大考则既考诗（题目为《海西谣》），又有综合题——试比较谢灵运、谢朓诗作。面对这样的试题，学生必须在平时朗读原作。……

第二学期诗选课专讲唐诗，提到各家的影响时，略谈后代诗派。五古重点讲陈子昂、张九龄、李白、杜甫及王、孟；七古重点讲李、杜；七律从杜甫讲起，除杜甫外重点讲韩愈、白居易、李商隐；

绝句讲得较快，有时一节课讲十首。五律没有专讲，谈到前后及同时代的影响时说一下。钱先生很重视比较研究。如讲到杜甫的风格时，举杜甫和孟浩然的二首五律《岳阳楼》研究；讲到杜甫的《野人送朱樱》时，举王维的《敕赐百官樱桃》作比较。讲到高适的七绝《除夜》（“旅馆寒灯独不眠”）时，举了清代厉鹗的《过燕子矶》诗（“石势浑如掠水飞”），让学生体会一个怎样用“思”，一个怎样用“望”。

第三学期的诗选课专讲宋诗，采用陈衍先生选的《宋诗精华录》为教本，而以他自选的《宋诗选》作补充。钱先生反对乱贴标签，而是主张从作品的本身出发予以评论。讲到“西崑体”，他只选讲了一首钱惟演的《泪》（“家在河阳路入秦”）。他认为西崑诸人之弊在无病呻吟，若能学李商隐之有寓意，工丽而有寄托则善矣。钱谦益学西崑而兼学别家。清末之学西崑者颇多佳作，民国以来有的当了“遗老”，病在思想感情不健康。西崑不是绝对不可以学，关键在怎样去学。钱师的诗颇受李商隐影响。他最反对“前后七子”的模拟盛唐成为假古董，但颇称道受“七子”影响的陈子龙、夏完淳的诗，因为有真性情。

当时，著名诗论家陈衍先生也在无锡国专上课，他是钱先生的前辈，钱先生也对他非常尊重。不过，他们的诗学观点并不相同。大而言之，陈衍论诗，只重艺术，不重内容，而钱先生则既重内容，也重艺术。黄汉文《钱仲联先生的诗学、诗作、诗教》中说：

（关于钱先生和陈衍之间诗学观点的不同，钱先生）有时偶与比较接近的学生谈及。他这种对事不对人、对学生负责的态度，教务主任冯振、总务主任叶长青（两人都是陈衍弟子）口虽不言，亦心钦之。校长秘书陆景周教授是国专创建时的元老，听学生说起此事，当时就对他们说：“钱先生这样做，是对教学负责。我们都很尊敬陈老先生，陈老的名望确实大，但智者千虑，必有一失，你们出于尊师，又很难发现，难免以讹传讹。钱先生能向你们指出，不但教导你们读书要认真，还应懂得不能迷信名人。我们经常见面，钱先生对陈老是很尊重的，学问方面的事，尽可各抒己见。”[5]

《钱仲联学述》中也说：

我与陈衍先生学术趋向的不同，也表现在教学上。陈衍讲授宋诗，自己选编教材，其定本由商务印书馆于1937年出版，名为《宋诗精华录》。我讲授宋诗，亦自己选编教材，并于年冬由学校排印，即编入《无锡国学专修学校丛书》的《宋诗选》。两书相较，相同者十之四五，不同者十之五六。我选编《宋诗选》，不拘门户，一以精严醇美为归。如词人柳永不以诗名，但《宋诗选》选录了他描写盐民困苦生活的讽喻诗《海歌》。为了帮助学生更好地学习研究宋诗，选录的许多作品后面附有汪景龙、冯班、纪昀、陈衍、顾宪融等人的评语，以资启发。我间亦自下评语。如评陈与义《夏日集葆真池上以绿荫生昼静赋诗得静字》一诗云："简斋五古，此首压卷，樊榭山房专学此种。"又如评"杏花消息雨声中"一句云："杏花七字传诵千载，然非简斋诗之至者。放翁'小楼一夜听春雨，深巷明朝卖杏花'一联亦然，非不便旋有致，然误人正在此。"又如评王安石七绝云："宋人第一，当致力。"如此等等。《宋诗选》出版后仅半年，抗战爆发，因而此书流传不广。

除了课堂教学以外，钱先生还在课外指导学生写作旧体诗。《钱仲联学述》中说：

无锡国专的学生必须会写文言文和旧体诗。作为诗文教授，我既讲授文选和写作，又讲授诗选。课内作业已经很多，而学生自由结合的诗社，最盛时有国风、持恒、秋水、芙蓉、变风等社，都聘请我担任导师，学生课外的诗歌习作也要请我评改。无锡国专有个传统，老师讲授诗文，需要"下水"示范，或在学生习作之前，或在学生习作之后。有一次课堂习作题为"春雪"，当时的国专一年级学生黄汉文因为刚读《庄子·秋水》，感到无从下笔，最后作了两首五言绝句缴卷。开头两句原作："春雪霓霏下，凭栏一望赊。"我将"霓霏下"改为"吹愁至"，又在第二句下加了双圈。卷子发下去，黄汉文十分高兴，于是就和同学沈幼征相约一起来振如村教师宿舍访问我。我问他们读过哪些总集和专集，最喜欢哪一家诗文，不喜欢哪一家诗文，又对黄汉文说："你在课上最后半小时才写出二首五绝，大概是给题目吓住了。模仿《秋水》谈何容易？只要能作充分描绘，或借景抒情述怀，即可完篇。"说着，我拿出近作《春雪》("玉龙鳞甲碎虚空")，让黄汉文带回细读，上课之前归还。上课时，我向学生们讲述了这首《春雪》诗的意境和结构，还讲了我作于1932年的另一首《春雪》("白帝春来已失灵")，诗借吟咏春雪讽刺了伪满洲国的成立，用以说明咏物诗必须有所寄托的创作原则，给了学生一定的启发。

3. 学术研究

《山谷诗任注补初稿》等

当时旧体诗坛上，学宋诗派人数众多，影响很大。黄庭坚是宋诗最重要的代表作家之一，成为后来学宋诗派主要取法的对象。著名诗人陈三立，就是以学黄庭坚为特色的。也许与此相关，钱先生在这一段时期，曾一度特别下功夫研读黄庭坚诗歌。黄庭坚作诗，明目张胆地打出旗号做江洋大盗："夺胎换骨"，"点铁成金"！先前的经史子集，包括小说，用钱锺书先生的话说，"挨家挨户地光顾"，去"夺"，去"换"，去"点"。要明白黄庭坚诗歌的典故、被他所夺者、所换者、所点者的原文，就非常困难了。再者，黄庭坚仕途也不顺利，经历的宦海风波很多，其中又与当时复杂的朝政和同样复杂的人际关系有关，其大量诗歌又与这些问题有关，这就又加大了解读黄庭坚诗歌的难度。黄庭坚诗歌，有宋代任渊注释的《山谷内集》20 卷和宋代史容所注释《外集》17 卷、史容之孙史季温所注释《别集》2 卷行世。其中任渊注释的《山谷内集》最为有名。任渊学问非常好，除了注释黄庭坚的诗歌外，他还注释了江西诗派中仅次于黄庭坚的第二号人物陈师道的诗歌。可是，钱先生在读黄庭坚诗歌的过程中，还有不少新的见解和发现，所以，写成了《山谷诗任注补初稿》，发表于 1936 年《国专月刊》9 卷 9 册。

南宋著名词人吴文英的词，当时也是风靡一时的。关于吴文英的词，《四库全书总目》云："其词则卓然南宋一大宗。沈泰嘉《乐府指迷》称其深得清真之妙，但用事下语太晦处，人不易知。张炎《乐府指迷》亦称其如七宝楼台，炫人眼目，拆碎下来，不成片段。所短所长，评品皆为平允。盖其天分不及周邦彦，而研炼之功则过之。词家之有文英，亦如诗家之有李商隐也。"钱先生这一时期，也对吴文英词下功夫研究。钱先生当时的同事杨铁夫写了《梦窗词笺释》，请年龄比他轻许多的钱先生给此书写序。钱先生的这篇序文，发表在 1936 年《国专月刊》3 卷 1 册。在这篇序文中，就体现了钱先生对吴文英词的精深研究。

在这一时期，钱先生研究黄庭坚的诗歌、吴文英的词，固然跟当时两家作品风行有关，但是，其中还应该有别的原因。这两个作家，一以诗名，一以词名，但是，他们的诗词，都有个共同的特点，那就是大量运用典故、大量化用前人词语句子进入自己的作品。如果能把他们的作品彻底研究透了，那么，不仅对自己的诗词创作有非常大的帮助，而且，自己注释起别的一些作家的诗词集，至少在注释典故和挖掘其所化用前人词语句子方面，就会轻松许多。我国旧体诗词，以用典多、化用多为一大特色，对作者和读者来说，这一特点，当然增加了创作和欣赏的难度，但是，也增添了作品的魅力。掌握旧体诗词中常用的典故、常被化用的词语句子，对作家和读者来说，成了必要的技能，对研究者来说，这个技能就更加重要，要求也更加高了。如何获取这样的技能？从用典故多、化用前人词语句子多的作家作品入手，是很好的途径，而黄庭坚和吴文英，则是最佳的选择。此后，钱先生创作诗词作品，大量用典故，又注释了那么多大家名家的诗词集，而且注释得那么好，这样的成就，肯定与他研读黄庭坚和吴文英，有很重要的关系。

《人境庐诗草笺注》

《山谷诗任注补初稿》和《梦窗词笺释序》，篇幅都比较小，也没有大的影响。初步奠定钱先生在学术界地位的，是他在1936年上海商务印书馆出版的《人境庐诗草笺注》。

《钱仲联学述》中说："之所以选择笺注黄遵宪诗作为治学之路的第一步，一方面是因为一些私人关系。黄氏曾为我舅祖翁同龢所赞誉，见《翁文恭公日记》。其随薛福成为驻英使馆参赞时，我伯父钱恂也在薛处，与黄氏为同僚，两家有世交渊源。另一方面是因为诗歌创作的需要。黄遵宪是晚清时代首先吹响古典诗歌改革运动号角的新派诗人的领袖人物，而《人境庐诗草》正是晚清诗歌革新的代表，爱国诗歌的典型。其诗以旧格律运新思想，诚不愧诗世界之哥伦布。我选取他作笺注，不仅由此可以探索诗家的用典奥秘，具体了解中国近代历史的发展过程，并可借鉴黄诗，使自己写出反映同样国难深重年头的作品来。"

《人境庐诗草笺注》的工作始于1931年，当时，钱先生正在上海交通大学教授金井羊家里教书。当时在国内很难觅到黄遵宪诗集，钱先生托书店以高价物色到梁启超于辛亥年在日本初印的善本，就开始了笺注工作。这项工作从上海起步，一直持续到钱先生回无锡国专任教之后，花费了整整五年时间。其间，正在梅县（黄遵宪的故乡，旧称嘉应州，今广东梅州市）县长任上的钱先生的同门学兄彭忻（字精一）邮给钱先生不少方志书籍，为笺注工作提供了帮助。彭忻也是唐文治先生的学生。尤其是黄遵宪的堂弟遵庚（字由甫），闻知钱先生正在笺注《人境庐诗草》，专程从广东来到无锡，为钱先生提供了许多珍贵的手稿资料，包括康有为于光绪三十四年夏所作《人境庐诗草序》，还依据他自己的亲身经历，口述了黄诗中大量不为人知的本事背景，这大大提高了钱先生对黄遵宪诗歌笺注的学术质量。

《人境庐诗草笺注》主要有这样一些特点。

校对方面的工作，做得非常精细、全面。钱先生以梁启超辛亥年在日本初印的善本为底本，校以1930年再版排印本、抄本、稿本和木刻单行的诗篇，这当然并不显得如何特别。其特别之处是，各种选本、报刊和诗话，如陈衍《近代诗抄》和《石遗室诗话》，陈声聪《在山泉诗话》，《新民丛报》等，其中所载黄遵宪的诗篇，也用以作为校对的材料，凡是有不同的地方，都一一指出，这就不是容易的事了。校对的意义，不仅在于文献的是非，还有更深层的意义。例如，卷二七律《水滨》的后半首云："东西市舶无分界，南北藩封此要津。七十二沽秋色满，不堪吹鬓半胡尘。"前三句为写景之作，末句发为由帝国主义侵略引发的感慨。抄本则作："登车慷慨肠空热，行路寻常貌岂真！莫漫他年入图画，疲驴破帽过天津！"相比之下，抄本此诗中，诗人的形象更加鲜明，与北上参加科举考试的年轻人的形象，更为切合。原作当是如此，刊本所改，或黄遵宪晚年所为。

笺注诗歌本事或者写作背景，翔实细致。黄遵宪诗歌在内容上的一大特点，就是反映国家大事的诗篇特别多。他主张以诗歌为现实社会政治服务，要反映时代。他所处时代，实在是真正的多事之秋，而其中不少事情，他又是亲自经历的。从太平天国到庚子事变，每一件大事，他都有一系列的诗篇由此而发。与此相应，钱先生笺注这些诗篇，大量引用当时人写的有关某些事件的专门书籍，不少甚至出于当事人之手。这些书籍，记载翔实，描绘真切。

所引用的书籍面广量大。黄遵宪是我国近代著名的外交家之一，先后在日本、美国、英国等欧洲诸国、新加坡等南洋诸国进行过外交活动。足迹所至，他几乎都有诗歌。写新事物、异邦事物，成了他诗歌创作的一个最为明显的特点。这一类诗歌的内容，非常驳杂，涉及到外国地理、风物、民俗、宗教、政治、军事、历史等等。笺注这一类诗歌，无疑有很大的难度。可是，钱先生博引群书，特别是写外国事物和国外经历的著作，对这些诗歌都作了详尽的笺注。

挖出黄遵宪诗歌在清代诗歌中的脚跟。改用、化用、点缀、反用、点化、根据前人的诗词、小说、戏曲和经史中的语句进行创作，这在古典诗歌创作中，是常有的现象，把某些诗句所据的原始句子找出来，这就是挖脚跟，意思是说，这些句子，至少就构思而言，是从那些句子中生发出来的，那些句子是这些句子的脚跟。如果这些脚跟是在儒家经典和诸子书中，还不是太难挖。如果这些脚跟在宋代以前的诗歌或者其他书籍中，也还有类书、辞书等工具书可以查找，当然不一定能找到。但是，如果这些脚跟是在明清戏曲和清代诗歌中，那么，在当时，就几乎没有任何工具书可查了。明清戏曲和清代诗歌的量何等巨大，要到里面去翻检某一句诗歌的脚跟，无异于大海捞针，所以，那就只能凭借笺注者的阅读面与记忆了，没有足够的阅读面与记忆，就无法对付。以明清戏曲和诗歌中的句子为脚跟的诗人不多，但是，黄遵宪偏偏就是很突出的一个。清代，学唐学宋学杜甫学韩愈学李商隐的诗人不知有多少，但是，他还就学清代某些诗人的诗歌。因此，要把黄遵宪诗歌中的这些脚跟挖出来，可不是一件容易的事情。不过，钱先生凭着他对清代诗歌等的精熟，竟然也把它们挖出来了。例如：卷一《长子履端生》尾联为："长安传一纸，欢慰定如何"出宋湘诗"一纸定如何！"同卷《山歌》："一家女儿做新娘，十家女儿看镜光"出袁枚诗"一家女儿迎新郎，千家女儿对镜光"；卷二《由舟轮抵天津作》"华夷万国无分土"出陈恭尹诗"江山无地限华夷"；同卷《武清道中作》之四"最怜罗马拜，中妇乞钱号"出宋湘诗"乞钱中妇跽，贱卖小儿号"，之五"居者与行者，劳劳同一叹"出宋湘诗"有田同一叹"，同诗"监门图一幅，谁上九重看"出宋湘诗"监门图一幅，谁奏九重看"；卷三《石川鸿斋英偕僧来谒，张副使误谓为僧，鸿斋作诗自辨，余赋此以解嘲》"谓僧为官非秃鹫，谓官为僧非沐猴"出舒位《和尚太守谣》"弃官为僧如秃鹫，弃僧为官如沐猴"；卷六《岁暮怀人诗》"新声五十瑟弦调，爱我诗曾手自抄；远隔蓬山思甲帐，此生无福比文箫"出黄景仁《岁暮怀人诗》"乌丝阑格鼠须描，爱我新诗手自抄；莫怪年来抛韵语，此生无分比文箫"；卷七《番客篇》"红男并绿女，个个明月珰"出舒位《修箫谱传奇》"红男绿女，到今朝野草荒田"；卷九《己亥杂诗》"偶尔栽花偶看花"出龚自珍诗"栽花郑重看花约"，同题"后二十年言定验"出龚自珍诗"五十年中言定验"，同题"四百由旬道路长，忽逢此老怨津梁"出龚自珍诗"过百由旬烟水长，释迦老子怨津梁"，同题"篱边兀坐村夫子，极口娲皇会补天"，上句就是钱谦益诗的成句。

引用黄遵宪亲族成员所提供的资料。钱先生所引用的这一类资料并不太多，全是黄遵宪的堂弟黄遵庚提供的资料，但是，这些资料都非常重要。例如：卷一《哭张心谷士驹三首》笺注引用由甫（黄遵庚）语："心谷为公度之胞姑丈，与公度为总角交，少有文名。姑母之年，小公度二岁，避乱在潮州，草草成婚。卒年二十一。"这样，我们不仅知道了黄遵宪的家事，也可以更好地领会他对张心谷之死的哀痛之情。卷六《岁暮怀人诗》怀何如璋云："太息韩江流水去，近来心事共谁论？"笺注引用由甫(黄遵庚)语:“何子峨未达时,在关帝庙中求签,问终身事。得一签,后二句云:‘事事尽随流水去,功名富贵等浮云。’中法之役,子峨为福建船政大臣,本无守土之责。事前受张佩纶之劝诱,列名条陈政府,言福建防务如何巩固等。战役结束后,二人同受革职处分,且遣戍焉。此后子峨常举此签语告友人,流水去即去字旁加三点水,为法字,法即指法国,遇法国战事而受革职处分,即‘功名富贵等浮云’也。”其《岁暮怀人诗》,最后一首写自己,当然不必注明所怀者为谁,其余各首,除了倒数第二首外,都注明所怀者为谁。那么,这倒数第二首所怀者为何人? 笺注引用由甫(黄遵庚)语揭开了这个谜底:“怀女友之作也。女已婚能诗,其夫家距公度家不及二里。公度在家,著《日本国志》时,女时至公度处谈诗。”

附录的资料极为丰富。附录四卷。一为黄遵宪的《日本杂事诗》,诗有黄遵宪本人较为详细的自注。卷二为黄遵宪的传记资料与年谱。年谱为钱先生所撰写,非常翔实。后台北出版《近代史料丛刊》,该年谱被收入。卷三为各家诗话中评论黄遵宪诗歌的部分,以梁启超《饮冰室诗话》始,以钱先生《梦苕庵诗话》终。卷四为各家各类文章中谈到黄遵宪诗歌的部分,以梁启超《清代学术概论》始,以钱锺书《谈艺录》终。

钱先生的同学挚友王蘧常为《人境庐诗草笺注》作序,称黄遵宪“丁有清末造,外患沓至,慨然有意于当世之务,而卒莫得用”,且终“以废弃故”,“所为诗忧深思远,其庶几有(屈)原之心焉”。称钱先生“于此颠危沉浊之中,未尝不能随流泥以取富贵,乃独穷老荒江”,守黄遵宪诗“而好之,且为之笺注至数十万言,而尤详于国难”,志在以文字“激发国人”,救“宗国于未亡之先”。无锡国专教务长冯振为《人境庐诗草笺注》作序,称此书与钱谦益注杜诗“其所成就,异代而同符”,读之“可觇国运,察时变”,“足以激发末世之人心,为救亡之一助”云云。《人境庐诗草笺注》是关于近代诗人全集的第一部笺注著作,周作人、夏衍等人都曾非常重视这一研究成果。日本人甚至将由《人境庐诗草笺注》开创的黄遵宪研究称为“黄学”。

《人境庐诗草笺注》在 1957 年 9 月、1981 年 6 月分别由上海古典文学出版社和上海古籍出版社出版的再版本和三版本中,钱先生又对初版作了较大规模的补正充实。此后,随着有关新材料的发现,钱先生继续修订对黄遵宪诗的理解注释。有关新见解被及时吸收并反映在由他所主编、江苏古籍出版社 1992 年出版的《明清诗精选》一书中。

此后,钱先生又发现了一些新的材料,对黄遵宪的某些诗歌又有了新的理解。他晚年有个心愿，就是要将《人境庐诗草笺注》已出的三个版本作一个总的整理，加进他新的研究成果，修订出一部最为完美的《人境庐诗草笺注》。可惜，他的这个愿望没有能够实现。

《梦苕庵诗话》

《梦苕庵诗话》则是钱先生在这一时期撰写的一部诗歌理论力作。

1935 年，受陈衍先生的影响，钱先生开始撰写《梦苕庵诗话》，并陆续在《中央时事周报》、《国专月刊》等刊物连载发表。《中央时事周报》的主编，是钱名山的女婿陈某。1986 年齐鲁书社出版之《梦苕庵诗话》，与初发表者相比，略有增删。在主编《清诗纪事》时，钱先生根据需要写了不少诗人或者诗作的评论和诗歌本事的考证等，也都冠以《梦苕庵诗话》之名。因此，此后如果有人要编全本的《梦苕庵诗话》，也应该把《清诗纪事》中的收录进去，才能称全。

《梦苕庵诗话》有这样一些特点：

以选录、评论诗歌为主，而不是系统地阐发诗学思想。所选录、评论的诗歌，主要是清代和民国年间的诗歌，只有极为少量的诗歌，属于明代末年。由于在时间上比较集中，所以，清代和民国初年有代表性的诗人，几乎都被包括在其中。因此，该诗话能比较全面、深入地反映这一历史阶段诗坛的面貌。

注重与国家安危、社会政治有关的诗歌，选录、评论了大量这一类诗歌。这一段历史时期内的军政大事，在诗歌中比较广泛地得到反映的，几乎都有涉及。例如，诗话中顾炎武、吴嘉纪的诗歌，就反映了明末清初之间的战乱；鲁一同、朱琦、姚燮、金和等的诗歌，反映鸦片战争中一系列重大的事件和有关地区百姓在这次战争中的苦难，金和的某些诗歌，还反映了太平天国时期百姓的苦难。反映晚清的政局和重大事件的诗歌，数量就更加多了。如王甲荣《台湾感事》二首、丘逢甲的大量诗歌，写甲午战争失败，台湾被日本侵占事；王甲荣《老革谣》写辛亥革命期间流氓无赖假借革命的名义骚扰百姓，牟取利益，可以与小说《碧血一幕》和《阿 Q 正传》中对假洋鬼子等的刻画相对读；黄遵宪《冯将军歌》歌颂中法战争中冯子材的英雄行为；《度辽将军歌》写中日甲午战争中吴大澂之无能、愚昧；徐兆纬哭沈鹏诗，为沈鹏弹劾李莲英等三凶事而作；张鸿《长安有狭邪》乃讽刺庆亲王奕劻之贪贿，《甲午七月感事》写甲午中日战争期间朝政；金鹤翔《顷刻》写张勋复辟；王蘧常《快哉楼遇雨》写曹琨贿选；张之洞的《李文正故宅》、《故府》、《崇效寺看牡丹》，张鸿《游仙诗》多首等，皆与当时军政大事有关。更为可贵的是，许多歌咏晚清或民国年间军政大事的长篇巨制的或组诗，该诗话全文照录。以写赛金花来反映八国联军侵略我国事的长篇之作，有嘉兴王甲荣的《彩云曲》，侯官薛绍徽的《老妓行》，以及袁祖光《赛娘曲》十首；张怀奇的《颐和园诗》，反映晚清军政；杨岘《长白山》为端华、肃顺而作；孙景贤《宁寿宫词》，咏李莲英而反映晚清军政大事；金兆蕃《宫井篇》咏珍妃事；杨圻《檀青引》以艺人蒋檀青叙述宫中旧事，重点在于八国联军占领北京、咸丰皇帝西逃热河去世等事，与唐代元稹《连昌宫词》、清代吴伟业《听女道士卞玉京弹琴歌》等同一构思；曾广钧《纥干山歌》写张勋复辟事；金天羽长篇七古写“九一八”事变。这些，仅仅是该诗话中选录、评论此类诗歌中的荦荦大者。这一特点，是钱先生针对陈衍只重视艺术而轻内容的诗学思想及其《石遗室诗话》和《近代诗抄》的缺点有意为之。《钱仲联学述》中云：“我的诗歌宗尚与陈衍先生不同，我重视思想性，也重视艺术性，认为二者是统一而不可分割的，单纯注意艺术技巧，我不赞成。”钱先生的这种诗学思想，无疑是正确的。该诗话的这一特点，反映了钱先生注重诗歌内容、提倡诗歌有为而作、与国家大事、社会政治紧密相联的诗学思想，与钱先生自己的诗歌创作的宗尚是一致的，后来钱先生编纂《清诗纪事》，正是这种诗学思想的发展和典型体现。

当然，除了写国家大事、社会政治的诗篇外，该诗话也选录、评论大量写风景的诗歌，如黎简、张之洞、黄遵宪、刘光第、高心夔、邓辅轮、赵熙、林纾、俞明震、陈曾寿、李慈铭的诗作。值得注意的是，除了泛泛写景之作外，还有许多是写某一著名风景区的一系列诗篇，而在此前的诗歌中，写该风景区的诗篇很少甚至没有。如姚燮的浙东山水诸诗，刘光第的峨眉山诗，高心夔的庐山诸诗，俞明震的度陇诸诗，王闿运的衡山诸诗，陈柱的桂林山水诸诗，许承尧、金天羽、杨无恙的黄山诸诗等。从这一个方面，可以看到，即使是写景的诗篇，钱先生也重视新题材的发现与开拓，在内容方面超越前人，体现出一种进步的、发展的诗学思想。

该诗话中还选录、评论了一些写新事物或域外事物的诗篇。如黄遵宪的《游箱根》写日本名胜，《登巴黎铁塔》写巴黎艾菲尔铁塔；金天羽《黑云都》写意大利首相墨索里尼，谴责其法西斯暴行和侵略行径，《花门强》为土耳其总统凯末儿作，赞扬他为国家做出的巨大贡献；杨无恙的七古写德国海京伯大马戏在上海的表演，以及他在日本时写日本的多首诗歌；多位诗人仿照黄遵宪《今别离》所作诗歌等。

此外，咏物诗歌，该诗话中也有一些，无疑都是佳作，如王蘧常《咏白荷》、《荷花生日》，范当世咏其所种植荷花等诗歌即是。至于如黄遵宪的《雁》，陈弢庵《落花诗》、《后落花诗》多首，张鸿《春雪》，钱先生自己的《春雪》、《夹竹桃》，乃咏物而写现实国家大事、社会政治，这些诗篇，不是单纯的咏物之作，而只是把咏物作为一种形式、一个由头甚至一个幌子，来写国家大事、社会政治。咏史、游仙等诗歌，也是如此，如鲁一同的《读史杂感》，张鸿《游仙诗》多首等，无不是写现实政治。

写家人骨肉之情的诗篇，该诗话中也有不少。如沈汝瑾《食蟹》写母爱，《儿啼行》写父爱；邓辅轮《述哀诗》写失去母亲的悲痛，《北上别弟绎》写兄弟之情；至于写爱情的诗篇，该诗话中也有，如王甲荣的《与闺人话别》；徐英、陈家庆在结婚时的唱和诗；瓶斋的《拟子夜歌》；无锡国专学生们的《今子夜歌》；毛乃庸仿照黄遵宪《今别离》所作诸首等，但是，这一类诗，在该诗话中一是不算多，似乎是聊备一格的意思，二是大多写得很高雅。钱先生与钱师母的感情很深，钱师母是钱先生的表姐，他们小时候就常在一起，结婚后共同生活七十多年。可是，钱先生的诗集中，极少写爱情的诗篇。这与钱先生富有男子气概的个性有关。他喜欢《水浒传》，甚至很喜欢看翁美玲、黄日华主演的电视剧《射雕英雄传》，但是不喜欢《红楼梦》，说"《红楼梦》，写来写去写几个女人，有舍格大道理？"其所著诗话中选录、评论爱情诗不多，也就可以理解了。

该诗话也同样注重诗歌的艺术性。政治标准（内容）第一，艺术标准（形式）第二，这并不是说不要艺术标准。如果只讲究内容，不讲究形式，不讲究艺术技巧等艺术标准，诗歌也就谈不上是优秀的诗歌，甚至可能不是诗歌，而是"标语和口号"。因此，作为诗话，也应该注重诗歌的艺术性，诗话的作者，也应该表现自己对诗歌艺术的见解，并且，以这样的标准，来评价诗人及其作品，引导读者如何读诗歌，对诗坛的诗歌创作，起到导向的作用。该诗话就是这样做的，而且做得无疑是很好的。

在讲诗歌的艺术性方面，该诗话有什么特点呢？当然是有的。这就是紧紧抓住诗人的取法对象。用启功先生的话来说，清代人的诗歌是学出来的。这是符合清代诗歌的整体情况的。从先秦到当时的名家诗人，都是他们取法的对象。当然，就绝大多数诗人而言，他们所学，不止一家，前后所学会有这样那样的不同，自己也多少有所创新，但是，底子或者基本色彩，还是来源于他们所取法的对象。这与文化思想的发展差不多。例如，先秦是思想发展的黄金时代，此后，从秦汉到清末，哲学思想、政治思想、社会思想，大体上就是在先秦诸子中打圈子，每个思想家虽然多多少少有些创新，但是，从整体上说，从根本上说，突破先秦诸子基本思想的，还是很少。由于时代的发展变化和文化的传承性，文化的各个部分，原创的余地越来越小，原创的条件也受到或大或小的限制，人们的原创贡献，实现起来就比较困难了，所以，也当然就少了。诗歌方面也是如此。不仅仅清人诗歌是学出来的，民国年间旧体诗人的诗歌，从总体上说，也是学出来的。

清人诗既然是学出来的，那么，接下来最重要的问题是学谁的问题，也就是取法的对象问题。上文已经说过，钱先生的这部诗话，研究的对象，是清代诗歌和民国年间的旧体诗。在这部诗话中，钱先生谈诗歌艺术，正是始终抓住了诗人取法对象这个最为关键的问题来作研究的，这与研究对象最基本的特点是一致的。该诗话中所评论的诗人，有十之八九，钱先生指出他们作诗所取法的对象。如云王甲荣诗“大抵情深志远，陶冶乎唐之玉溪，宋之剑南，而不为噍杀之音”；杨锐诗“早年多学《选》体，泰半词腴于理，不免嚼蜡之嫌。佐张广雅幕时，已不为之，学苏颇有神肖者”；俞明震诗“初学钱仲文，后由简斋以窥杜，淡远幽深，清神独往”；陈曾寿诗“不专学宋人，致力于玉溪甚深，故出语皆清深高朗，无时人犷悍之气”，其七律“能熔义山、山谷于一炉，而独辟一淡远深郁之境界”；夏敬观诗“并不学山谷，而为宛陵之清苦”；金天羽纪游之作，“大抵自明远、嘉州、长吉、义山诸家得力而来，而以太白、昌黎之气势御之，于近代则颇濡染于何子贞、袁爽秋二家”；胡朝亮“学诗于陈散原，治宋诗，浸淫于宛陵、后山之间”；刘慎诒诗“由山谷入杜韩，坚苍蕴藉，句法时时近散原”；沈汝瑾“学诗寝馈于杜者三十年，乃上溯汉魏，下逮宋元，自病宽廓，收束于半山、后山，晚岁爱读《离骚》、《国风》，而学成矣”；沈曾植诗“人谓其得力于山谷，不知于楚骚八代，用力尤深”；孙景贤诗“饶有玉溪生风味”；黄人诗“兼太白之逸，退之之奇，昌谷之怪，玉溪之丽”；曾国藩诗“早年五古学《选》体，七古学韩，旁及苏黄，近体学杜，参以义山、遗山。自谓短于七律，同光以后，自课五古，专读陶潜、谢朓二家，七古专读韩愈、苏轼两家，五律专读杜，七律专读黄，七绝专读陆游，然于山谷尤有深契，诗、字多宗之”；沈棠诗“由遗山、东坡以窥杜”；杨无恙诗“由樊榭入，浸淫宋人，参以玉溪”；谭献诗“不作宋以后语，近体不废明青邱、北地”；沈曾植、袁昶诗“皆能以汉魏晋宋为根底，而化以北宋面目者”；王蘧常诗“于少陵、昌黎、昌谷、义山、东坡诸家，用力极深，而落笔则陈言务去，自铸雄词”；范当世诗“能合东坡之雄放与山谷之遒健为一手”；黎简诗“融少陵、昌黎、昌谷、山谷于一炉”等等。这样的方法，在写《梦苕庵诗话》之前九年，钱先生写《近代诗评》中就用了，但是，该诗话中，用得更为突出、

充分。

钱先生是个诗人,他自己写诗,有自己的艺术取向。但是,在该诗话中,对不同的艺术取向,作为诗论家的钱先生都是尊重的,并不以己律人。他对诗人或者诗歌作品的褒贬,不是基于这些诗人或者诗歌的艺术取向,而是基于这些诗人或者诗歌所达到的高度。这体现了一个诗歌批评家所应有的胸襟与见识。明清两朝,诗话众多,但是,这些诗话作者中的绝大多数人,多多少少,总有以己律人的毛病,心目中只有自己拜的那位菩萨。在这个方面,钱先生是明显胜过他们的。

注重地域和群体研究。乡土情结与"群"的意识,在我国传统文化中,都非常明显,表现在诗歌方面,就是某些地域的诗歌创作呈现出与其他地域不同的某些特色,以及诗歌群体包括诗歌流派的出现。连结其中有关诗人的,或者是地域,或者是亲情,或者是师生,或者是朋友,或者是艺术取向等等。注重其间的这种种联系与诗歌艺术传承与流播之间的关系,是钱先生研究诗歌艺术在方法和角度上的一大特色,堪与陈寅恪研究政治史时常从若干家族或者人际之间关系的角度研究朝政和历史发展的方法相匹。该诗话中评论的闽派,包括陈衍、郑孝胥、李宣龚等。西崑派,极盛于光绪末年,有李希圣、曾广钧、曹元忠、汪荣宝、张鸿、徐兆玮等,该诗话中论述甚多,乃补充此前九年钱先生作《近代诗评》论流派而未及西崑派之不足。于浙派诗人,论述独多,其中又以秀水(嘉兴)一派,钱先生尤其注目。朱彝尊开清代秀水诗风,钱载、钱仪吉、钱泰吉兄弟承之,至晚清则沈曾植崛起,而其弟子金兆蕃又继之,王甲荣、王蘧常父子又昌而大之。诗话中于这几位诗人论述很多。虞山诗派,则是钱先生在诗派中的又一个关注点:"虞山诗派,自牧斋、二冯以来,宗法西崑,摛艳薰香,末流之弊,太尚涂泽,文胜于质。近时如张丈璚隐、徐少逵、黄摩西、孙希孟诸家,皆学玉溪。无恙与余,亦未能免此。杨云史好谈唐人,近梅村而不近牧斋,要其哀感顽艳,仍是虞山诗人本色。"对这些诗人,以及这些诗人之外的不少虞山诗人,如翁同龢、沈棠、沈汝瑾、庞树柏、黄人、金鹤冲、金鹤翔、沈寿松等,钱先生在诗话中都有比较详细的评论。这当然一是其地诗人众多,创作成就突出,二是其地乃钱先生的故乡。在论范当世诗后,论其弟子李刚己、王宾基和当世之长子范罕之诗,明了其间诗歌艺术授受之关系。

引用他人的观点和理论。读古籍时,如果有选择,我喜欢读集注本或者汇校、汇注、汇评的"三汇"本,因为这样可以读到更多人的观点,更何况,这些观点都是经过选择的,一般来说,其中会有许多精彩的观点。在清代的文言小说中，我最喜欢读《阅微草堂笔记》，因为在许多故事中，作者都会采录别人的观点，评论该故事及其人物，以此表达人们对社会人生的不同见解。这种方式，在作者是丰富自己的著作，又不掠人之美，相反，宣扬人之美，并且给读者以丰富而又精到的观点或准确的信息。钱先生该诗话，在许多地方，也采用了这样的方式。例如，沈曾植评文廷式诗："自具一种冲和之气，殊肖王摩诘。此意外哪得知，则亦以为似高青邱也"；郑孝胥称金天羽作诗"无所不能，无所不敢"；柳亚子评论苏曼殊七绝佳句"却扇一顾，倾城无色"；诗人沈汝瑾，杨岘称之为"英绝领袖"，徐遁翁称之为"飞仙剑侠"，翁同龢称之为"笔端有金刚杵"；康有为题杨云史诗集为"绝代江山"，汪国垣点孙雄为梁山一百零八将中的最后一名"专一把捧帅字旗地健星险道神郁保四"；姚大荣驳赵执信对朱彝尊"贪多"的评论。评论陈柱诗时，引用陈衍、朱孝臧、张尔田、叶恭绰等人的评论；评论顾炎武时，引用卓尔堪、沈德潜、汪端、潘德舆、徐世昌、金天羽和陈衍等人的意见。

与诗歌评论相比，诗歌理论或者诗歌见解更为重要。钱先生在诗话中引用的相关精当的诗歌理论或者诗学见解，更有价值。诗话中所引用的沈曾植给金兆蕃的信，阐述"三元说"或云"三关说"，以佛学论诗，明《文心雕龙》中"庄老告退，而山水方滋"的真实含义以及谢灵运总庄老、山水之大成，且论"色"论"意"以及此二者的结合，不仅对诗歌批评和诗歌理论有贡献，对研究许多文学、文化乃至哲学问题，也很有价值。曾国藩的"机神"说，论诗歌创作，发前人之所未发。王蘧常给钱先生论诗的信，结合他自己的诗歌创作体会，对钱先生提出许多忠告，钱先生认为"批导利病，精极不刊，且可以药世之学江西派者"，"非真有得者不能道"。陈衍八十寿辰，钱基博所作寿序中，于"同光体"与桐城派、湘乡派之间的关系，于陈衍诗歌的特点以及和当时陈三立、郑孝胥等人诗歌的不同，都言之甚为明了。沈讱《论宋人诗绝句》十首，不仅论宋人诗很是精当，而且，"最无聊赖人间世，妆点山林处士诗"二语，不只是论诗，实际上是涉及到人生观问题了，所关甚大。

在评论诗人或者诗歌时，注意结合当时诗坛的状况，体现诗论家和诗话应该有的对诗坛的导向作用。如："迩来风气多趋于散原、海藏二派，二家自有卓绝千古处。散原之诗巉险，其失也琐碎；海藏之诗精洁，其失也窘束。学者肖其所短以相夸，此诗道之所以日下。唯乙庵先生诗，博大沉郁，八代唐宋，熔入一炉，为继其乡钱萚石后一大家，可以药近人浅薄之病。然胸无真学问者，不敢学，亦不能学。否则举鼎绝膑，其弊不至于以艰深文浅陋不止也。”又云：“七律自老杜以后，义山、东坡、山谷、遗山，变态已尽。时贤散原，从山谷入，而不为山谷门户所限，固是健者，然恨其音调多哑，时人大抵犯此病。”又云：“浅学妄人，无不知称黄公度诗，无不喜谈诗体革命。不知公度诗全从万卷中酝酿而来，无公度之才之学，绝不许妄谈诗体革命。”又云：“晚清诗家，多为宋人一派，七律尚清新而不求雄伟，所以矫明七子空廓之病。其冥搜造微之作，良足餍心，而七律沉雄伟丽之观，遂不复见。”

有关诗人和诗歌的史实考证，大多具有很强的可读性，且有独特的价值。其中有些是钱先生独得的，一般的研究者无从知晓，这些部分，就更可贵了。如：关于钱谦益参与抗清复明活动的考证，发之于陈寅恪《柳如是别传》之前。关于吴伟业《清凉山赞佛诗》和《圆圆曲》的考证，可以补程穆衡、吴翌凤注释的不足。黄遵宪在戊戌政变中惊险的经历，钱先生闻之于金松岑、徵之于黄遵宪自己的诗歌，这不仅能使读者对其诗歌有全面、准确的理解，对研究戊戌变法，也颇有价值。黄遵宪《度辽将军歌》所写吴大澂所得“度辽将军”古印，乃吴昌硕所伪造，为蒋元庆亲口告诉钱先生者，此不仅可备掌故，而且益见吴大澂之可笑；明此歌中所云铜柱确实乃吴大澂所立之铜柱，而不是界碑，可以补古层冰所笺之失误。张名振入长江题诗等事，乃研究明清之际政治军事的极好资料。关于小凤仙与曾朴关系的记载，为研究相关题材的文艺作品提供了很有价值的参考材料。刘三秀的故事，钱先生当得之于常熟地方的传闻，对解读有关题材的诗歌，帮助很大，对研究明末清初社会历史，也很有参考价值。至于刘三秀就是《红楼梦》中刘姥姥原型的说法，自然可备一说，且自有道理。赛金花的早年轶事，钱先生得之于同乡前辈书法家蒋元庆，对研究相关题材的文学作品，有一定的参考价值。

对当时诗坛上与钱先生关系非常密切的诗人或诗人群体及其作品的记载与评论，是后人研究当时诗坛状况的第一手材料。翁同龢是钱先生的舅祖父，沈汝瑾是钱先生的堂舅，沈棠是钱先生的亲舅舅，俞锺銮是钱先生的姑父，沈寿松是钱先生的表兄；王甲荣是钱先生好友王蘧常的父亲；钱名山、汪佑南、陈衍、张鸿、金天羽、李宣龚、夏敬观、许承尧、张同咏是钱先生的忘年交；朱文熊、陈柱是钱先生的老师；唐兰、王蘧常、黄兆棠是钱先生的同学好友；杨无恙是钱先生的同乡好友；徐英、陈家庆、谢玉岑、王蘧常、朱奇、顾宪融、钱小山、陈器伯、庄吕尘和钱先生在上海组织的诗社鸡鸣社，后更名为变风社，关于诗社的活动，钱先生是当事人，对社友诗歌的评论，无疑是权威性的；无锡国专学生组织的持恒诗社、秋水诗社、芙蓉诗社、国风诗社等，钱先生是这些诗社的祭酒，也就是指导老师，他对这些诗社活动的记载与对诗社成员诗歌的评论，也当然是权威性的。该诗话中这一部分内容，无疑有独特的价值。

对一些影响大但是创作成就不算高的诗人，或者是在他当时看来成就不高的诗人，钱先生除了指出他们的不足外，也实事求是地肯定他们的长处和成功之作，或者佳句等，对公安袁宏道、竟陵钟惺、沈德潜、袁枚和李慈铭等，都是如此。这体现了钱先生辩证的方法、实事求是的科学态度和作为诗歌评论家应有的公道立场。

4. 交游述略

陈衍是对钱先生影响最大的两位前辈文人之一，他们之间的交往，集中在这一时期。陈衍（1856—1937），号石遗，福建侯官人，清光绪八年举人。二十八年，应经济特科考试，未中。历官学部主事，任京师大学堂教习。入民国后，先后任厦门大学、无锡国学专修学校教授。长于史学和诗学，著作甚多。生平事迹，见唐文治《陈石遗先生墓志铭》[6]等。在到无锡国专当教师之前，他早已是名满天下的学者和诗人了，其《石遗室诗话》、《近代诗钞》、《辽诗纪事》、《金诗纪事》、《元诗纪事》等，早已行世，并获得学术界的好评。

当时，陈衍住在苏州胭脂桥毛家弄，唐文治以每个钟点十块大洋（有毕业自无锡国专的学生回忆文章中说无锡国专给陈衍每课时的课金是大洋 20 元，约合白米 300 斤，相当于一般教师的十倍[7]。然亦云这样高昂的钟点费，超过全国任何一个名教授。所说课金数目不同，或是前后期有差别之故，说课金很高，这一点并无不同。“十块大洋”说，用钱先生所说。）的全国高教界最高课金，聘他到无锡国专授课。陈衍每星期五到无锡讲课，由教务长到火车站恭候迎接。星期一返苏州。或云，陈衍每星期到无锡讲课六节，乃每半天讲两节，住两晚。他在无锡国专主讲《通鉴》和诗学等课。陈衍一口福建方言，学生最多能听懂十之五六。有人提出花这么高的代价请他来讲课是否值得，唐文治说，请陈衍，不仅为学生，更是为老师们，陈衍所讲，可以扩大老师们的眼界[8]。

因为陈衍每星期五到无锡，星期一返苏州，所以，他在无锡期间的住宿，就由学校安排。非常巧的是，陈衍常被安排在钱先生所住的那

钱先生的两大知己之一、著名诗人、诗论家陈衍

幢楼住宿。陈衍是“同光体”的领袖人物兼理论家，因此，在“同光体”的领袖人物中，影响最大。钱先生与他同住一幢楼，得以很方便地向他请教，或者和他交流诗歌创作和诗学理论方面的观点。此外，钱先生和几个喜欢古典诗歌和古代文化的年轻同事，常轮流做东，请陈衍吃饭。因此，他们时常和陈衍对酒谈诗，向他请教“同光体”的写作技巧，或者讨论学问。

陈衍对钱先生的诗歌，是很赞赏的。例如，钱先生早年所作《游曾氏虚霩园》诗，其中有“春山女儿臂，清切抱人来”之句，曾得到当时诗坛名流夏敬观、李宣龚、冒广生、陈诗等人赞赏，梁鸿志曾在席间夸称为“绝妙好句”，陈衍先生也因而将其采入《石遗室诗话续编》，并加以评赞。

早在钱先生还是无锡国专学生的时候，他就在《学衡》杂志发表了论文《近代诗评》，其中也评陈衍的诗歌。不过，钱先生在这篇论文中对陈衍诗歌的评价，并不算高：“戴盆望天，未见大处”。那么，钱先生所说的“大处”是什么呢？是诗歌的内容。在钱先生看来，陈衍的诗歌创作和诗歌理论，注重艺术性，但是，有忽视思想性之不足。

陈衍对钱先生最为直接的影响，就是其《梦苕庵诗话》之撰写。钱先生撰写《梦苕庵诗话》之时，就是他与陈衍做同事的时候。可是，由于钱先生与陈衍的诗学理论不一样，又不因为陈衍的行辈、名气、地位而苟同他的理论，所以，《梦苕庵诗话》和陈衍的《石遗室诗话》是有许多不同的，有的不同，甚至是根本性的。《钱仲联学述》中说：“受到陈衍先生的影响，我于1935年开始撰写《梦苕庵诗话》，并陆续在《中央时事周报》、《国专月刊》等刊物连载发表。但我的诗歌宗尚与陈衍先生不同，我重视思想性，也重视艺术性，认为二者是统一而不可分割的，单纯注意艺术技巧，我不赞成。所以我在《近代诗评》中，评陈衍是‘戴盆望天，未见大处’。但艺术技巧也决不可等闲视之，所以陈衍诸人的‘同光体’诗，我并不抹煞它们立格遣辞的独到处，认为可以借鉴。陈衍以及近代宋诗流派的作者夏敬观、李宣龚等与我都有往来，我自己的写作，也受到他们的一些影响。但我不是‘同光体’一派的人，我对近代诗人最佩服的是黄遵宪、丘逢甲、金天翮三家。因此，我在《梦苕庵诗话》中曾对陈衍《近代诗钞》未选丘逢甲的诗深表遗憾，而樊增祥《彩云曲》、王国维《颐和园词》这样誉满艺林、无愧诗史的大作亦未入选，也是不小的遗憾。对于《石遗室诗话》尤其是《续编》，我认为也不无可议之处，主要是落入了记述友朋琐事的窠臼，有时未免标榜失实，如对胡汉民评价过高。有鉴于此，我在《梦苕庵诗话》中尽力避免个人琐事纠缠，而将重点放在系统地详论清代名家与作品、介绍与考订有诗史价值的杰构上。这些想法，我有时偶与比较接近的学生谈及。”

可是，《梦苕庵诗话》中，对陈衍诗歌和诗话的评价，都是很高的，没有批评的话，云：“丈故学者，诗特余事。然所著《石遗室诗话》三十二卷，衡量古今，不失锱铢，风行海内，后生奉为圭臬。自有诗话以来所未有也。近于三十二卷之外，复有续辑。海内诗流，闻石遗续辑诗话，争欲得其一言以为荣。于是投诗乞品题者无虚日，至于有千余种

之多。以杖朝之年，而办此苦差，名之累人如此。”又云：“石遗丈续编《石遗室诗话》，已于浴佛节（笔者按：陈衍生日。）刊竣。凡六卷。凡诗话前编所未收者，多见于此编。如金松岑、杨云史、冯振心、夏瞿禅、黄公渚、王晓湘、柳翼谋、杨无恙、靳仲云、钱名山、顾佛影、许疑庵及王瑗仲与余，皆见采录。政界人物如胡展堂、邵翼如、陈树人等，所收亦夥。欲知近十余年来诗风者，于此求之足矣。”又对陈衍关于钱先生诗歌的评价，作些补充：“丈谓余诗多隽句，雅似其乡何梅生，又甚似海藏。此则丈殆见余已刻之《二仲诗》，故为此言。后此所作，风格大变，殊不愿在闽人门下讨生活也。金丈松岑谓余诗初冷隽而终博丽，故是知己之言。”可见，钱先生对陈衍的评价，也没有因为他与陈衍在诗歌理论方面的不同而有意贬低。那么，是不是因为钱先生写《梦苕庵诗话》时，陈衍正跟他同事，还经常住在同一幢楼里，所以钱先生就不得不对他手下留情呢？我想，有这样的可能。不过，钱先生虽然没有把真话完全说出来，没有直接指出《石遗室诗话》的种种不足，但是，他也没有说假话有意奉承陈衍。陈衍尽管是“戴盆望天，未见大处”，但是，就他所见小处发为的评价而言，确实也是精当的。“衡量古今，不失锱铢”，尽管不免夸张，但是，就其评价的准确性而言，像《石遗室诗话》这样水平的，在诗话中确实是不多的。此外，就《石遗室诗话》的影响而言，钱先生说得一点也不夸张。汪国垣《光宣诗坛点将录》把陈衍点为“地魁星神机军事朱武”，虽然是梁山七十二地煞星中的第一名，但是，三十六天罡星中，却没有他的份。陈衍自己认为，他应该是天罡星中的。钱先生晚年，作《近百年诗坛点将录》，把陈衍点为三十六天罡星中的第三名“天机星智多星吴用”，比汪国垣给他的位置要高得多。就诗歌创作成就、诗歌理论价值和在诗坛上的影响、地位与贡献而论，这样的评价，是实事求是的。这个时候的钱先生，总没有必要袒护陈衍了吧？因此，尽管钱先生与陈衍在诗歌理论方面有不少重要的分歧，钱先生对陈衍的评价，还是客观的，恰如其分的。

钱先生与陈衍在诗歌理论方面的许多重要分歧，体现在诗话中，更体现在教学方面。此上文已经言之。

尽管他们在诗歌理论方面有种种不同，但是，钱先生对陈衍是非常尊重的。1933年，钱先生作《病榻怀人绝句》，第三首就是怀陈衍的，仅次于唐文治与曹元弼，可见陈衍在钱先生心目中的地位。

1937年夏初，陈衍回福建度假探亲，不久病逝于家乡。一个82岁的老翁，带着个年轻的小老婆，还有至少两个不到十岁的孩子，从苏州到福建侯官老家，千里迢迢，又是南方的夏天，辛苦可想而知，因此得病去世，这一点也不奇怪。有些奇怪的是，陈衍在苏州已经有年，为什么会在这样的情况下匆匆冒暑回家呢？原因何在？陈衍有个学生，叫黄濬，早年留学日本，后来在国民政府担任秘书，与闻国家的最高机密。后来，他被发现是日本特务，证据确凿，被逮捕枪毙了。电视剧《五号特工组》中的黄秋岳，就是其人。陈衍从苏州回福建时，黄濬还没有暴露。根据唐文治《陈石遗先生墓志铭》，陈衍去世的日期是1937年的七月八日。是否黄濬向陈衍透露或者暗示了日本即将对我国进行全面侵略，让这位八十多岁的老先生带着娇妾幼子，冒着暑天离开苏州，间关数千里，赶回家乡？当然，这仅仅是猜测而已。

据钱先生说，陈衍把二十四史通读了三遍，《说文解字》研究方面有著作，还独自编了《福建通志》，但是，没有人说他是学人，只说他是诗人中有学问者。钱锺书辑录的《石语》中，陈衍的一些话，钱先生是不赞成的，认为有的太刻薄，有的不大对。陈衍对唐文治，也不那么尊敬，说唐文治有“纱帽气”。郑孝胥对陈衍不大好的。郑孝胥在关外作的诗，钱先生有藏本，其中至少有一首诗，大骂陈衍。钱先生为陈衍精心整理的《石遗室诗话》等著作，前几年已经由福建的出版社出版。

与钱先生交往较多的同事，还有叶长青、冯振、杨玉衔、陈鼎忠、顾实、周予同、吴丕绩等。

这一时期，钱先生还与老辈诗人许承尧、杨圻有了通讯联系，论学论诗，对钱先生有一定的影响。许承尧（1874—1946），安徽歙县唐模村人。16岁为徽州府贡生，光绪二十年（1894）举人，光绪三十年成进士，入翰林为庶吉士。未久南归，创办学校，并进行反清活动，被人告发，乃回京销假，重入翰林院任编修，兼国史馆协修。辛亥革命后，任安徽省铁路督办等职。1924年辞官回京，同年由京返歙，此后遂绝迹仕途，以著述终老。晚年在上海当寓公，往来朋友，多文人学者。后来成为共产党员的吴承仕，就是他的好友之一。许承尧的诗集为《疑庵诗》14卷。其他著作甚多。《清诗纪事》中，有关许承尧的资料很丰富。

1936年，钱先生与许承尧通信讨论诗学，并有《许疑庵先生寄示论诗二首，次韵答和》，其一云：“不倦春红眼，谁爱大冬月。不餍粱肉味，谁嚼梅花雪。突兀黄岳松，镵云必斗艳。十年野狐身，期公换我骨。”前面四句说许诗乃青涩一路，人们在读多了流美一路的诗歌以后，感到清涩一路诗歌之美。以黄山松比喻许诗，与许为安徽人相切。最后希望在作诗方面得到对方的指教。“学诗如学佛，初不贵神通。海印有华严，乃出圆觉中。疑庵礼东野，何输宛陵翁。堂堂忍古楼，弥天角两雄。”前面四句以佛论诗。学佛不贵神通。佛的弟子中最擅长神通的是目连，但是，目连因为卖弄神通，曾经受到佛的责罚。当然，佛家肯定也是不废神通的。学诗歌，也与学佛的道理相通。“海印”，如于大海中领会一切事物，湛然于佛家智慧之海中印现一切法，把握一切道理。“华严”，佛以花装饰庄严法身，此指佛道之美。“圆觉”，指所觉悟之道平等圆满，毫无缺陷。此云只有在全面把握佛道以后，才能体会到佛道之伟大与美，学诗歌也是如此，否则难免偏执一隅。此下是对许诗的赞誉，云许之学孟郊，成就不在梅尧臣之下。在当时全国诗坛，只有夏敬观可以与许比美。

杨圻（1875—1941），字云史，号野王，常熟人。光绪二十八年（1902）成举人，官邮传部郎中，出任英属南洋领事。入民国，任吴佩孚秘书长，亦曾经商。抗日战争爆发，居香港，病卒。

杨圻像

杨圻工诗词。钱先生《论近代诗四十家》云其“为唐音于宋派泛滥之日，可谓豪杰之士。学唐而才华艳发，不同于明七子之貌袭。《天山曲》洋洋千言，为长庆体第一首长篇，即论藻采，亦已突过《秦妇吟》矣。弱冠时作《檀青引》，借檀青遭遇，写文宗荒政，音节哀怨。”《近百年词坛点将录》以石秀当之，云其词“奇丽俊美，自花间南唐以逮宋人，不取一法，不舍一法。如此江山，销魂绝代。”张百熙《江山万里楼诗钞跋》云其词“清空流丽，风调隽永，方诸三李，存神化迹，是能入而出者。”著有《江山万里楼诗钞》12卷，词4卷。另有居香港时所作，以油印本或抄本流传。生平事迹，见其《江山万里楼诗钞自叙》，陈灨一《杨云史先生家传》等。抗日战争时期，钱先生和无锡国专在广西期间，将自己写抗日战争和西南山水的诗歌邮寄给居住在香港的杨云史，杨云史读了，极为高兴，写了赞扬的信和四首绝句，邮寄给钱先生。其中一首绝句云："千家流徙瘴江行，想象西征万里情。独有诗人饶异数，桂林山水始鲜明。"杨云史这些信和诗歌的原件，现已失落。[9]钱先生有《云史先生自香港惠诗，答和四首》，收录在诗集中，其三云："绝代江山此老翁，梅村乐府孰能同？如何诗国论王霸，独许怜才到阿蒙？"前两句云杨云史的诗歌可以与吴伟业的诗歌比美。

钱先生说，杨云史不骂吴佩孚。日本侵略军大规模侵略我国华北等地的时候，杨云史派他的如夫人狄美媛前往吴佩孚处，遵照杨的意思，劝说吴佩孚坚持民族立场，拒绝和日本侵略者合作。后来，吴佩孚所为，与杨云史的劝说是一致的。一个军阀，在民族存亡的紧要关头，终于保全了大节。吴佩孚去世后，杨云史在香港作挽诗三四十首之多。

同辈诗人邵祖平，也与钱先生有所切磋。邵祖平（1898—1969），字潭秋，江西南昌人。因家境贫寒，自学成才，后从章太炎学小学，又经常与陈散原、黄季刚等名家唱酬，为人所重。1922年后历任《学衡》杂志编辑，东南、之江、浙江大学等校教授。1949年后，历任四川大学、中国人民大学、青海民族学院教授。所作诗歌先后编为诗集出版，著有《培风楼诗存》等。其诗歌为世人所重，一版再版。

钱先生的《近百年诗坛点将录》和《梦苕庵诗话》中，没有关于邵祖平的评论。《学术世界》1937年2卷5期有邵祖平给钱先生的一封信，内容是邵在读了钱先生邮寄给他的《梦苕庵诗》后，对钱先生诗歌的评论，兹照录如下：

仲联先生诗人吟席：唐蔚老茹经堂新厦落成日，过梁溪，获接麈论，极慰心仪。顷由铁道部转到赐寄梦苕庵大集，略一拜诵，惊美莫名。大作五古秀澹，得辋川、苏州之髓。七古骏发迈往，殆欲仿佛李东川、王逢源。近体以七律最胜，雄拔奇放，今之元遗山、李长源也。佩极佩极。乱世之诗，聚精于七言。古今治世少乱世多，故七言之诗，常多于五言。曲江、射洪，治世之诗，五言之意理莹畅，虽李杜亦有所不逮。李杜之七言歌行，杜之七律，诗坛视为极格正轨者，殆天宝之乱有以启之。右丞生于乱世，而有静邈雅粹之五言诗，其人设非伪诗人（如阮氏咏怀堂）即喜以禅悦自乱其诗者，不得与李杜同论矣。宋诗如寇莱公，欧阳庐陵，梅宛陵，皆长于五言，其世平又可想。苏黄诗法精进，一切嘻笑怒骂议论文字，皆可入诗，其诗固长于七言。而国势之不舒，民生之多悴，距南渡偏安，已不甚远矣。南渡大家，如陆放翁，杨诚斋，多肆于七言。至金元之元遗山，李长源，而七言犹伟视一世，不难详稽而伸我说也。元后诗摹傲习重，五言七言之迭为治乱者，殆不足凭。然诗人之有性情感慨者，丁遇乱世，七言诗之夥而精，必有远过其五言诗者矣。大作七言胜于五言，《国军撤淞防感言一百韵》与《胡蝶曲》，同写时事，而《胡蝶曲》似尤嫖姚跌宕。一人一时之作，而七言优于五言且如此，则乱世之宜于七言诗，可益征信。乱世之诗之失，浓而不淡，媚而魅冶，极似词，似传奇小说。弟尝创为此论，人多哗笑，以为比拟不伦，今不具论。大作严贞出清丽之中，绝无此弊，然过贪句发之生夭，似亦不可不慎也。梦苕庵诗，精美绝伦。必传无疑。弟获与同世，忻幸莫名。然窃有妄贡一得之愚者，《病榻怀人绝句三十四首》、《论诗二十四首》，句只二十八字，回旋不易，评骘难当，失人失言，恐贻后悔。他日总刊大集，不如割爱。七律诗三四五六，稍有平头之病，宜加检点。（如第二页《晓坐》"初阳赏花气"四句诗眼皆在第三字，太整齐。仇沧柱于此亦列入平头一类。二六页《十二夜雨》亦然。而二七页《十月初四游法国公园》，仅有诗眼整齐之病，未为平头也。）此皆无关大雅。以弟之渺小琐碎，只能见到此等纤细处，万望察其献曝之忱，纳采幸甚。即颂吟安。弟邵祖平顿首。

此信中关于五言诗、七言诗的论述，很难使人信服。对钱先生所作《病榻怀人绝句三十四首》、《论诗二十四首》的意见也不足以称确论，但还是可以成为一家之言，因为他对怀人、论诗诗的理解，乃此类诗应该全面地论其人或者其诗，由这样的理解，才导致了对钱先生此类诗歌的评论。这样的理解，自然可以是、当然也只能是一家之言。抗日战争初期的1937年冬天，钱先生和无锡国专流离到湖南，曾和邵祖平一起登长沙名胜天心阁，并作有《与邵潭秋登天心阁二首》五律。

5. 诗社祭酒

钱先生在无锡国专任教期间，还指导学生学习诗歌创作。无锡国专的学生，尽管因为扩大了招生数量，总体水平，不如前三届只招收36人时那样高，但是，就总体的国学水平而言，还是比其他大学相关院系的学生要高。学生中，爱好创作旧体诗歌的很多，再加上我国知识分子，有"以文会友"、"相互切磋"的优良传统，所以，他们就结为诗社，相互唱和。钱先生到无锡国专任教之后到抗日战争爆发、无锡国专西撤之前，是无锡国专学生诗社的黄金时代。沈讱、陈起昌、韩宝荣、戴传安、崔龙等九人为持恒社，陈光汉、郑学韬、张广生、戴双倩、陈显道、周少云等八人为秋水诗社，吴家驹、陈新猷、虞斌麟、郭文衡等八人为芙蓉诗社，吴湘君等人为国风诗社。其中国风诗社为最大。这些诗社每星期活动一次，他们的祭酒，当然都是钱先生。每次活动，或者由钱先生命题，或者作其他的题目，作品由钱先生品评、修改。当然，还有的学生不加入任何诗社，但是也爱好诗歌创作，也常向钱先生请教诗歌创作方面的问题，或者请钱先生修改他们创作的诗歌。《无锡国学专修学校校友会集刊》和《国专月刊》上，每一期都有师生们的诗词发表，有的还是冠以“某某诗社”的总题目的，如《国风社诗选》之类。

学生彭天龙，不加入任何诗社，但是喜爱诗歌创作，也常向钱先生请教。天龙字鹤濂，上海金山人，其诗集名《棕槐室诗稿》，所收录的诗歌，全部经过钱先生点定。钱先生为其诗集作序，此序后来发表于苏州大学中文系明清诗文研究室编《明清诗文研究丛刊》1982 年第 2 辑。钱先生《梦苕庵诗话》评天龙云：“能为清微淡远之诗，七绝最多。”“佳处均近太鸿。余勉其致力玉溪，以药枯淡之病，盖鹤濂短于七律也。”钱先生还与国专学生一起游览名胜，诗歌唱和。如 1934 年作《十一月初三，陈生雁迅等八人邀游鼋头渚，饮于澄澜堂，摄影而归》即是。陈雁迅，名光汉，浙江温州人，早年师从吕思勉，后到无锡国专读书，毕业后曾经在温州中学等地任教。

抗日战争期间，无锡国专有广西分校和上海分校。广西分校的学生们组织的诗社，还用国风的名字。上海分校的学生，则成立中国诗学会，导师当然是钱先生。中国诗学会在 1940 年刊行过一本《变风社诗录》，由钱先生从学生们的诗歌中选录。此事由社长严古津负责。严是钱名山先生的学生，所以《诗录》前面有钱名山和小山父子的题词。钱先生也作《题变风社诸生诗录》绝句四首。

《钱仲联学述》中说：“我在无锡国专任教将近十年，学生中以在文史研究领域卓有成就而著称于世的有马茂元、汤志钧、杨廷福、姚奠中、吴孟复、陈祥耀等人。”《梦苕庵诗集》和《梦苕庵诗话》中时常提及的尚有沈乾熙、严古津、彭天龙、江辛眉、张怀珍、韦均一、余叔文、冯其庸、黄汉文等人。五十多年间，劫难沧桑，生死穷通，而师生情谊始终不渝。

章郁也是钱先生经常提到的学生。章郁，浙江海宁人，著名书法家章一山之女、当代外交家章文晋之姑母，抗日战争时期在新四军任文职，后来长期在全国文联工作，终身未婚，享高寿。钱先生不大讲他的弟子，但是这位弟子，钱先生讲过几次，大致是说在 1937 年冬无锡国专向湖南、广西方面逃难的旅途中，章郁帮了他的大忙，在极为不容易租到船的时候，竟然为钱先生租到了一条船，使钱先生一家能顺利逃离危险地区。钱先生还说，他如果那天租不到船，晚到武汉一天，就很可能乘坐某一班轮船，而该班轮船在长江里挨了日本飞机的集中轰炸，炸死了很多人。真危险啊！在逃难途中，师生唱和不辍。1937年腊月作《湘潭旅店与章朱诸生夜话》，题目中的“章”，就是章郁。1940年，钱先生在上海，作《十月二十日女弟子章郁北返过沪话旧，欣慨交并》，有“为看侠气腾眉宇，翻咽深言入肺肠”之句，可见章郁还充满了侠气！无锡国专的女学生，并不都是满腹诗书而弱不禁风的“闺秀”式女子！顺便介绍一下章郁的父亲。章梫(1861—1949)，浙江省三门县人。光绪三十年(1904)成进士，历官翰林院检讨、国史馆撰修、实录馆纂修、功臣馆总纂等，为著名学者、教育家、书法家。其著述有《康熙政要》、《一山文存》、《一息吟》等。生平事迹，见章乃羹《清翰林院检讨学部左丞宁海章先生行状》。[10]钱先生在1976年所作《答仲道》诗中自注云，章一山“赏余撰述在前，订交在后”，“且未谋一面”，是钱先生没见过面的朋友。

钱先生在无锡国专的学生，还有郑学弢、秦和鸣、胡子远、李颖生、陆振岳等，他们都在苏州大学工作，还有柳义南先生，曾经在明清诗文研究室当过顾问。这些先生都有非常深厚的文史学养，有传统读书人的气质和风度。其中郑学弢与钱先生关系最为密切，也深得钱先生赏识。

郑学弢(1918—　)，浙江嘉兴人。当年无锡国专学生诗社秋水社的成员。他中等身材，壮实沉稳，声如洪钟。言谈举止，无不合宜，一望而知是少有的修养精深之士。我读大学本科的时候，郑老师给我们讲中国现代文学。1982年我跟钱先生读明清诗文研究方向的硕士研究生时，钱先生请他给我们讲授明清文集专集研究课程。每逢上课，郑老师拿着图书馆特许借出来的线装古籍，给我们讲解清代比较有名的作家的文集，一部部地讲下来，所讲内容，几乎都是我所未知的，但郑老师讲得流畅纯熟之外，出色的见解，亦时时有之。如果没有长期的研究，肯定是无法达到如此境界的。郑老师除了教我专业知识之外，还让我大开了眼界，见识了前辈学人的渊博和厚重。我辈在这浮躁和功利的环境中，未能免俗，稍有心得，就著文发表，每想起郑老师，辄为汗颜。该课程结束，我做的课程论文是《梅曾亮散文研究》，他在我文章上作的批语是：“能采山之铜，而少镕铸之功。”后来，我这篇在郑老师指导下完成的论文在《近代文学研究》1985年第2期上发表。

注释

[1]　苏州大学(原无锡国专)广西校友会编：《无锡国专在广西》，1993年印刷，非卖

品，第 139 页。
[2] 钟叔河、朱纯编：《过去的大学》，长江文艺出版社 2005 年版，第 328 页。
[3] 苏州大学原无锡国专广西校友会编：《无锡国专在广西》，1993 年印刷，第 71 页。
[4] 黄汉文：《钱仲联的诗学、诗作、诗教》，见江苏省政协文史资料委员会编：《江苏文史资料》第 41 辑《江苏近现代历史人物》第 2 集，《江苏文史资料》编辑部 1991 年版，第 224—238 页。
[5] 黄汉文：《钱仲联的诗学、诗作、诗教》，见江苏省政协文史资料委员会编：《江苏文史资料》第 41 辑《江苏近现代历史人物》第 2 集，《江苏文史资料》编辑部 1991 年版，第 227 页。
[6] 卞孝萱、唐文权编：《民国人物碑传集》，团结出版社 1995 年版，第 679 页。
[7] 杨廷福、陈左高：《无锡国专杂忆》，苏州大学原无锡国专广西校友会编：《无锡国专在广西》，1993 年印刷，第 12 页。
[8] 黄汉文：《记唐文治先生》，苏州大学（原无锡国专）广西校友会编：《无锡国专在广西》，1993 年印刷，非卖品，第 68 页。
[9] 钱仲联：《钱仲联自传》，见江苏省政协文史资料委员会编：《江苏文史资料》第 41 辑《江苏近现代历史人物》第 2 集，《江苏文史资料》编辑部 1991 年版，第 215 页。
[10] 卞孝萱、唐文权编：《辛亥人物碑传集》，团结出版社 1991 年版，第 636 页。

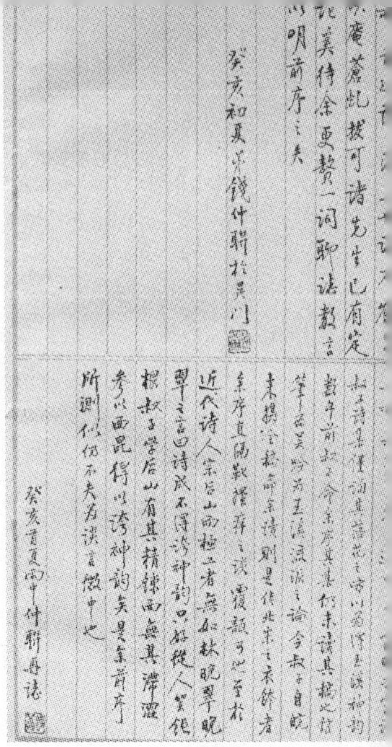

第五章　在南京等地任教

1. 首度任教南京

2. 在乡间中学

3. 二度任教南京

4. 学术研究

1. 首度任教南京

大约是在2003年，也就是钱先生去世的那一年，涂晓马曾受《文艺研究》编辑部委托，采访钱先生，请他谈治学之道等，其间有这样的内容：

> 涂：外界有一种说法，说您曾经做过汪精卫的秘书。但就您平日对我所讲的往事和您自编的年谱来说，应该是子虚乌有的事。
>
> 钱：没有做过。1941年冬，我到南京兼任过中央大学课务。兹后不久，被聘为专任教授，并一度继龙榆生之后担任该校文学院院长。因为我只是上课和著述，主编《学海月刊》，撰写《海日楼诗集注》，补注《鲍参军集》，并没有参加过政治活动。汪精卫是在我的《人境庐诗草笺注》出版后知道我的，给我来过一些信讨论诗学问题，其中讨论得最多的是陶渊明的诗，另外还有杜甫。这些信件现在我一封都没有留，上交给了档案馆。[1]

钱先生在这一时期所交游的学者名士，除了陈柱等外，主要有龙榆生和冒效鲁等。

龙榆生（1902—1968），字沐勋，江西万载人。著名词学家。其父龙赓言，清朝进士，曾任知县、知府等职。1928年，龙榆生因陈石遗的介绍到上海暨南大学教书，结识了当时在上海的陈三立、朱彊村、郑孝胥等前辈学人，深受他们赏识。1933年至1936年，龙榆生在叶恭绰等人资助下，创办《词学季刊》，抗战爆发后停刊。1940年到1945年，龙榆生在当时南京的中央大学任教。新中国成立后，曾任上海市政协委员，并任上海戏剧学院古典文学教授。

从1927年到1934年上半年，钱先生一直在上海教书，龙榆生1940年4月方离开上海到南京，这时钱先生已经在上一年就从广西到无锡国专上海分校任教了，但是，尽管他们同在上海教书的时间并不能算太短，有六七年吧，钱先生与龙榆生却没有来往。龙榆生交往的那个学者、名流圈子中的耆宿、新秀中，与钱先生有来往者，也只有李拔可、夏敬观、冒广生、夏承焘数人而已。那时，钱先生还没有涉及词的创作和研究，因此，也没有在《词学季刊》上发表论文或者词作。就在学术界、文学界的知名度和影响而言，当时的钱先生，似乎尚不及龙榆生。这与年龄和资历有关。龙榆生比钱先生年长六岁，早三年在大学任教。这一差距，对四五十岁的人来，算不了什么，但是，对三十上下的人来说，却是非常重要的。不过，陈柱、王蘧常当时也都在上海，他们与龙榆生也没有来往。这可能与他们当时不写作、不研究词有关，也很可能与人际圈子有关。

钱先生在南京时期与龙榆生交往的详细情况，很难找到多少材料。有人说钱先生好批评龙榆生。钱先生批评龙榆生，有时是因为两人的词学观点并不一致，有时是开玩笑。龙榆生也认为钱先生的词乃“以诗为词”[2]，其中的不以为然，是很明显的。其实，这些都是很正常的事。在非常严肃的文字中，钱先生其实对龙榆生作过很高的评价。当然，钱先生对龙榆生的评价与论述，见之于文字的，并不多。

在《钱仲联学述》中，钱先生为了印证他“词作不多，评论家们的评价却很高”，引用了不少评论家的评论，其中有沈轶刘《繁霜榭词札》中所云夏承焘、钱仲联、龙榆生为作词“三大名家”之说和沈关于“夏承焘为龙头、钱仲联为龙腹、龙榆生为龙尾”的比喻。可见他也认可这样的评价，这从侧面说明他对龙榆生词作成就的肯定。

可是，钱先生在1985年所作《近百年词坛点将录》中，别说五虎将或者三十六天罡了，龙榆生只被钱先生点为梁山一百零八将的最后一名“掌管专一把捧帅字旗”的“地健星险道神郁保四”。其评语引胡汉民《五叠杜韵寄赠榆生教授》诗：“书林近刊倚声学，画手旧绘传灯图。须知彊村一遗老，托君此道如托孤。毋令雅音遂失坠，必有大力持枲于。黄九秦七未北面，田歌自昔非田夫。”并加注释云：“‘书林’句谓其创办《词学季刊》，‘传灯图’谓《彊村授砚图》也。”朱祖谋，原名孝臧，字藿生，一字古薇，号沤尹，晚年仍然用原名，又号彊村，浙江归安(今湖州)人。光绪九年(1883)进士，历官侍讲学士、礼部侍郎兼署吏部侍郎、广东学政等，引疾归，长期居住苏州。清亡，长期居住上海，以遗老终。朱为晚清“四大词人”之一，词学研究方面，也有很高的成就。龙榆生之走上词学研究之路，正是朱彊村引导的。不仅如此，在词学方面，龙榆生确实堪称朱氏的嫡派传人。1931 年，朱彊村逝世，卒前以遗稿及朱墨双砚相授，并吩咐曰："吾未竟之业，子其为我了之。"龙榆生秉承遗命，校辑刊印了《彊村遗书》。此外，龙榆生还请人画了一张《彊村授砚图》，并遍请名人题咏。这一举动，当然是纪念朱彊村，表达自己不负朱彊村之嘱托、坚定走朱彊村所指引治学道路的决心，此外，恐怕也有龙榆生以朱彊村嫡派传人自居、甚至以朱后新一代南方词坛领袖自居的意思在。胡汉民是国民党元老，在政治上与朱彊村当然是不一致的，就是艺术上也很难说。就年龄而言，他又是龙榆生的前辈，因此，胡汉民这首写给龙榆生的诗，明显有调侃的意思在。钱先生在《点将录》中引用胡汉民诗，也正是调侃。将他点为郁保四，尤其具有讽刺意味。郁保四别的本事没有，只是专门扛一面帅字旗。那么，在词坛上，龙榆生扛的什么帅字旗？当然是朱彊村了。在这个点将录中，钱先生将朱彊村点为宋江。这样说来，龙就成了在词学界和词坛上专打朱的旗号的人了。当然，这是点将录，带有游戏的味道，调侃也是允许的。

1982 年，钱先生给我们讲清词，所用教材是龙榆生编选的《近三百年名家词选》。这本身就体现了钱先生对龙榆生选清词的基本肯定。当然，他觉得选得不好的地方，钱先生也会指出。例如，《近三百年名家词选》所选吴伟业词《临江仙 · 逢旧》，钱先生对其中"灯前才一笑，偷解砑罗裙"两句很不欣赏，说选这样的词，"此龙榆生之所以为龙榆生也！"这纯粹是因对具体的词作艺术欣赏趣味不同而发，远不是否定龙榆生的成就。

其实，在钱先生所作悼念龙榆生的诗歌中，是对龙榆生作了很高评价的。龙榆生 1968 年去世，在当时的政治环境中，不可能有什么悼念活动。1979 年，钱先生知道上海将有悼念龙榆生的活动，写了《挽榆生》一诗。诗云："桑海同身世，风流倏逝川。祭尊南国去，词砚霅溪传。定论新天日，前尘小劫年。凌云应一笑，精爽在遗编。"第二联的"祭尊"，也就是"祭酒"的意思，指领袖人物。"霅溪"，水名，也叫"霅川"，在浙江省吴兴县境内。此指朱祖谋，因为朱就是湖州人。此诗第二联，出句云龙榆生这位我国南方的词坛领袖去世了，对句云他的词学，继承自晚清大词人朱祖谋。这既是纪实，也是对龙榆生的高度评价。

冒景璠(1909—1987)，字孝鲁，号叔子，换字为"效鲁"，后遂以"冒效鲁"行。江苏如皋人，冒广生之子。因为他是钱锺书先生的挚友，与钱锺书先生交往密切，所以，研究钱锺书的学者，对他有比较多的注意，也有不少介绍。

在钱先生的诗集中，找不到在南京时期他与冒效鲁往来的作品。但是，我们可以肯定，钱先生是在南京期间与冒效鲁订交的。1977年农历九月钱先生生日的时候，冒效鲁从合肥给钱先生寄诗祝贺生日，钱先生作《生日冒孝鲁自合肥贻诗，次韵报之，与君别三十三年矣》七律一首。向上推33年，就是1944年，正是他们在南京期间。此后，也许是冒效鲁又写诗给钱先生，请他作诗，于是，钱先生就在给陈声聪写诗的时候，写了一首给他，这就是《陈兼于翁自沪上贻诗八首，如数报之，兼似孝鲁》。次年，钱先生又有《题冒叔子赤阑桥图》绝句二首相寄。第一首云："水绘风流未觉遥，沧桑身世泪同飘。吴船听雨回肠后，又过红阑第几桥？"第二首云："淡黄杨柳画天涯，春到桥西白石家。昨梦南城正寒食，与君携酒看梨花。"这两首绝句，风韵飘逸，有王渔洋神韵诗的风味，而深沉过之，包容丰富，可惜我们现在无法完全了解他们的经历和他们之间交往的详细情况，也许，诗中所言，只有他们自己才能完全了解了。据此，我们知道，多才多艺的冒孝鲁，还能画。1978年，冒孝鲁七十岁生日，钱先生作《冒叔子七十生日，从周画竹为寿，为题二十八字》。

20世纪80年代初，钱先生作《冒叔子诗稿序》中云："孝鲁缵家学，少学后山，而先生(冒广生)广以玉溪。数十年觑历中外，江山足以助其诗。吐辞温丽，而蹈厉之气存焉。天之将大昌效鲁之诗者，未有艾也，而岂仅吴吟之中兴而已。余与孝鲁为文字交逾三纪，孝鲁谓余宜序其诗，因述吴诗之通变以为报。异日者，孝鲁扁舟南来，相与登灵岩绝顶，于苍崖云树间，俯五湖烟水，吊残霸宫城，览日月之更新，放歌颂赤明之昌运，欣喟之情，当有不能已者。[3]""三纪"者，三十六年也。可惜他们"逾三纪"的"文字交"，却没有留下很多关于交往的文字，这是令人遗憾的。

大约是在1982年，或者是1983年的春天吧，冒效鲁果然"南来"。当时我在跟钱先生读硕士研究生，有幸和明清诗文研究室的老师、师兄弟们一起，在苏州大学本部文科楼312室，也就是当时明清诗文研究室的所在地，听过冒先生一次讲座，讲的是近代的诗人和诗歌，内容非常广泛，包括许多文人逸事。不少逸事，是我们早就知道的，例如王闿运游说曾国藩反清，曾国藩不语而手不停地用茶水在桌子上写"妄"字之类。讲到陈三立时，他说，陈散原常看徐志摩的诗歌，你们想不到吧。当然，他未必看得懂某某作品。讲到范当世时，他在黑板上写范当世的名作《大桥墓下》，每当记不起来时，就不断拍他自己的脑袋。

他也讲钱锺书，说他与钱锺书是很好的朋友。他说，钱锺书的学问很大，懂多种外语，但是，钱锺书说，就是不懂“罗刹”语言（俄语），所以，有时要向冒请教。如何请教？钱锺书说，要给冒“三跪九叩首”之礼。冒接着说，“三跪九叩首”就是“三只乌龟，九个狗头”。这当然也是开玩笑。他还说，钱锺书的《管锥编》中，也不是没有可以商榷的地方，不过，我如果“锥”他一下，他也会“锥”我一下。讲座结束，冒先生离去后，师兄弟们说，他就是《围城》中的董斜川！苏东坡的儿子，号斜川居士。冒效鲁的父亲冒广生，虽然比不上苏东坡，但是也诗词兼擅，所以，钱锺书就给了以冒效鲁为原型的人物“斜川”这个名字。那么，董呢？冒效鲁乃江苏如皋人。明清之际，如皋冒襄大名鼎鼎，娶的如夫人为董小宛，同样大名鼎鼎，所以，钱锺书就让斜川姓了董。与魏中林整理的《钱仲联讲论清诗》中钱先生对冒广生的评论结合起来看，钱锺书这样处理，就更有深意了。这些掌故，在当时，知道的人还不多。当然，现在，这些说法，已经早就不新鲜了。总的说来，冒效鲁先生见闻甚博，口才也很好，非常幽默，特别是很有气度、气派，一看就是个人物，似乎有一种官员所特有的风格。至于这样的风格是长期当官养成的，或者是幼年养成的，还是遗传的，那就很难推测了。

这一时期，与钱先生交往的著名诗人、学者，还有李宣倜、李证刚、廖恩焘、张尔田等。他们对钱先生的诗词创作或治学，都有影响。张尔田有一个观点，钱先生对我们提过好多次。钱先生说，张尔田认为，沈曾植学问大，但是，他有些方面的学问，例如关于《元史》和西北地理方面的某些部分，他去世后没有多少年，就被其他人超过乃至覆盖了，令人有“积薪之叹”。什么叫“积薪之叹”？“积薪”者，后来居上也。“积薪之叹”就是后来居上之叹。不过，他认为，沈曾植的诗歌，是会传世的，会比他的学术成就有更强大的生命力。这对我们如何理解学问和创作之间成就的比较，是很有启发性的。

2. 在乡间中学

从 40 年代后期到 1956 年夏天，差不多十年时间中，钱先生先后执教于常熟县支塘中学、沙洲中学等乡间学校，讲授国文。对中国传统文化的热爱和精通，对教育事业的热爱和精通，使钱先生在中学里，同样是个深受学生欢迎的好老师。

钱先生还在课外认真辅导学生。钱先生在支塘中学时，吴正明等好学上进的学生，经常利用节假日到章家角他住的地方，向他请教。甚至此后半个多世纪中，吴正明一直与钱先生保持密切的联系，还有诗歌唱和。钱先生的诗集中，就有与吴正明唱和的诗歌多首。2007 年秋，苏州大学文学院举行纪念钱先生百岁诞辰的活动，年迈而又行走不便的吴正明，专程从常熟赶来参加。

由于钱先生在中学教师岗位上的出色工作，1952 年夏，应有关方面的邀请，钱先生到无锡参加了苏南中学教师暑期学习会，并在会上介绍了自己从事中学语文教学的经验体会。这是对钱先生在中学工作的充分肯定。

在这十年中，钱先生在出色完成教学任务的同时，在业余时间完成了《鲍参军集注》和《韩昌黎诗系年笺释》两部笺注专著。其间，也还创作诗歌。大概在合兴沙洲中学任教时，他认识了乡间诗人曹仲道，两人不时唱和。

曹仲道(1894—　)，名弘，字仲道，江苏常熟锦丰镇(今属张家港市)人，与国民党政府要员、昆山人钱大钧是同学，因为这样的关系，他当过钱大钧的秘书。他家里藏书很多，得以饱读诗书，又工诗文。1949 年后，他曾经在常熟县立中学教过书。离锦丰不远，有一个镇，叫合兴。合兴有个中学，叫大南中学，后来改名为沙洲中学。40 年代末 50 年代初，钱先生曾经在这个中学任教。大约就在这个时期，钱先生与曹仲道相识，并开始唱和。钱先生说，曹仲道为诗，用典故多而冷僻。这也许与他藏书多、读书多有关。

1956 年夏天，时来运转，钱先生接到江苏省教育厅的调令，被借调到扬州行政干部学校工作。8 月 21 日晚，风雨交加，钱先生从镇江渡江北上。他想起 20 年前随无锡国专师生西撤经此，江山依旧，而早已换了人间，不由百感交集，欣慨俱生，于是填《水龙吟》一首以抒怀：

> 暝阴低压金焦，乱涛狂蹴吴天暮。昏灯水驿，晕黄颜色，为谁凄楚？畅好秋辰，客程偏恨，满江烟雨。记悲笳声里，苍茫去国，千行泪，从东注。早是红桑劫换，二十年惊飙过羽。重来故垒，剩芦残荻，海尘何处？剑雁穿云，桅樯追浪，郢魂都逝。又承平时节，卧吹箫管，向扬州路。

此词上阕写昔日之情景，下阕写当时的情景。“郢魂”，屈原那样为祖国伤心欲绝之诗魂。可以看出，此时的钱先生，对前程充满了信心与喜悦。

钱先生在扬州工作的时间不长，大概也就一年光景。关于他这段时间的记载很少，也没有查到学生或者同事的相关回忆文章。

3. 二度任教南京

1957 年秋，“反右”运动已经基本定局，钱先生平安无事。此时，他奉调到南京师范学院（今南京师范大学）工作。不久，他的《人境庐诗草笺注》修订本、《韩昌黎诗系年集释》和《鲍参军集注》在半年之内相继由上海古典文学出版社出版，这使他在学术界的地位得到了进一步确立。

钱先生在南京师范学院的时间不长，连头带尾只有一年光景。在这短短一年时间中，他负责古典文学函授，曾为此编写了《先秦文学》、《汉魏六朝文学》和《唐代文学》三种课堂教学和函授教学两用的教材，由南京师院中文系刊印发行。可惜，今天已经无法找到这些著作了。

20世纪五六十年代的南京师院中文系，人才济济，著名学者唐圭璋、孙望、段熙仲、徐复、杨白桦等均在该系工作。钱先生周旋其间，酬唱切磋，殆无虚日。唐圭璋等都是名家，故这里只介绍一下杨白桦。

杨白桦（1921—1967），浙江嘉兴人。南京师范学院中文系教授。“文革”中不堪受辱，自沉于句容。有《楚辞选析》等行世。与唐圭璋、孙望等相比，杨白桦年纪比较小，他比钱先生小13岁。就名望而言，也比不上前面几位。可是，钱先生的诗词集中，却有一词一诗与杨白桦有关，甚至就是为他所作的。可见，钱先生与他的关系比较密切，或者，钱先生很看重与他的友谊和交往，所以，在诗词集中保留了两首。就传世的著作来说，杨白桦当然远不能跟前面几位相比。不过，杨白桦无疑是有才华、有学问的。他是胡小石次子，因为出继舅舅家，所以姓杨。胡小石（1888—1962），名光炜，号倩尹，又号夏庐，晚年别号子夏、沙公，斋名顾夏庐，浙江嘉兴人。出身清贫。曾师从李瑞清、沈曾植、陈三立、王国维、曾熙等。于文史哲之学无所不通，书法造诣深湛，负有盛名。先后在国内多所大学任教，在南京大学任教时间尤长，并先后担任文学院长、图书馆馆长等职务。曾昭遹、关白香、游寿、徐复、金启华、孙望、王季思、侯镜昶、周勋初等，都是其学生。钱先生说，胡小石的诗写得很好，近体如钱谦益、吴伟业，古体则如孟郊。杨白桦家学有自，自然非同寻常。

除了研究古典文学外，杨白桦还能创作。现在，当然看不到他的文艺创作了，但是，通过钱先生的词，我们还可以看到他的作品的一些踪影。1957年秋天，苏联人造卫星上天，杨白桦先生创作了《嫦娥奔月》剧，于闰中秋之夜公演，邀请钱先生一起观摹。钱先生作《湘月》词以记其盛。

19年后，1976年闰中秋，这时杨白桦已谢世九载，钱先生回忆起当时的情景并作诗抒怀：

> 一听霓裳曲，添秋又此年。佳人不可作，霜月独婵娟。昌谷

摇杨感，吴刚泣露天。芝焚叹何及，空为赋沉川。

“霓裳曲”，就是指《嫦娥奔月》剧。“佳人”，此指杨白桦。“昌谷”二句，渲染哀伤。昌谷，李贺。最后一联写杨白桦之死。“芝焚”，贤者被害死。

1958 年秋，钱先生奉调离开南京，到江苏师范学院工作。

4. 学术研究

《文廷式年谱》

《文廷式年谱》，大约作于 1943 年，发表于《中华文史论丛》1982 年第 4 辑，凡 54 页。文廷式是晚清重要的政治家、学者、诗人，更是著名的词人。钱先生所编此年谱，收罗了大量的资料，特别是对文廷式的政治、文学、学术等活动和师友交游，作了详尽的叙述和必要的考证。我曾经跟钱先生说起，想编姚燮年谱，钱先生说：“我不赞成。我编《文廷式年谱》的时候，连他们文家的《登科录》都见到了，你能见到他家的《登科录》吗？”我当然无法见到。钱先生的意思我明白，他未必指编年谱一定要找到《登科录》才能编，而是说，编年谱一定要掌握大量的资料。钱先生编《文廷式年谱》，确实是掌握了丰富资料的，有的还是“口述史料”。在该年谱后，钱先生有个写于 1981 年 9 月的《后记》，云：“三十八年前，余草创先生年谱，曾广搜其著作及晚清史乘、方志、报刊、文氏族谱、私家文集、笔记、诗话、词话等材料以为之，并亲承绪论于曾与先生接座之冒鹤亭、陈子言两先生。稿成后，先生门下士叶遐庵[4]先生审阅之，正其失误，增补事迹。”谱中也有叶、冒等人有关的活动。谱末列文廷式著作表，非常详备，凡是抄本、稿本等未行世者，皆注明藏所。谱中叙述文廷式之交游，不讳梁鼎芬，而于文廷式夺梁鼎芬妻子事，则不提及，唯云文廷式有“外室龚氏，生子三人”云云，如此而已。大概对钱先生说来，这也是“为贤者讳”吧。至于《钱仲联讲论清诗》中提到其事，而于文廷式无一字贬责，也是可以理解的，但由此指责梁鼎芬“无志节”[5]，则非我所能解。谱中人名，都用字号，我辈浅学，颇觉阅读不便。

《沈曾植集校注》

《沈曾植集校注》是钱先生诸多古代诗文词集注释本中注释难度最大的一种，也是钱先生倾注时间和心血最多的一种。要明白注释沈曾植的诗歌有多难，先要知道沈曾植其人、其学、其诗歌的一个大致情况。

沈曾植（1850—1922），字子培，号乙庵，晚号寐叟、谷隐居士、巽斋，浙江嘉兴人。光绪六年(1880)进士，官刑部主事，曾经赞助康有为在北京开强学会。后历任江西按察使、安徽布政使、护理安徽巡抚等。宣统元年(1909)辞官回家乡。清朝灭亡后，长期居住上海。张勋复辟，沈曾植参与其事，担任所谓"学部尚书"。复辟失败，他回到上海居住，直至去世。生平事迹，见《清史稿》本传、谢凤孙《沈寐叟先生墓志铭》和王蘧常《沈寐叟年谱》等。

沈曾植学问深广，少年治清初及乾嘉诸儒之学，中年治辽、金、元史及边疆地理，特别是西北南洋地理，并及蒙古史、佛学、《道藏》、医学、乐律、书画以及版本目录学等。王国维《沈乙庵先生七十寿序》云其"综览百家，旁及两氏，一以治经史之法治之，则又为自来学者所不及"。

除了深广之外，沈曾植的学问，有这样两个最为显著的特点：

他所研究的这些领域，主要是相对而言的冷门，比较寂寞的领域。从清代初年起，大量知识分子注重实学，开始踏踏实实地研究学问，到乾嘉时期而达到高峰，成为历来学术史上引为骄傲的辉煌年代。从另一个方面看，乾嘉众多的学术大家，成为后人所难以逾越的一个个高峰，后来的学者做学问，要超越他们，甚至只是在他们的基础上做出一些成绩，将他们的研究成果向前推进一些，都是非常困难的事情了。因此，许多学者就寻找乾嘉学者研究得比较少甚至没有作多少研究的领域，来作为自己的研究领域，而研究方法，则可以借鉴乾嘉学者的那些事实证明已经行之有效的研究方法，这样，就容易超越前人。处女地上容易获得丰收，这样的道理，也适合于学术研究。乾嘉和此前清代学者研究得最为充分的领域，当然是经史两部，有众多的学术大家和学术名著，是研究这两个部分的。可是，就史部而言，辽、金、元代史和与之相关的蒙古史的研究，还是比较薄弱的。尽管赵翼的《廿二史劄记》中，也包括《元史》的部分，钱大昕的《廿二史考异》中，蒙古世系还是个重点，但是，杭世骏的《诸史然疑》、洪颐煊的《诸史考异》、王鸣盛的《十七史商榷》，都不包括《辽史》、《金史》和《元史》在内。尽管从传统的学术分类来说，地理也是属于史部的，也有一些研究著作，例如清初人写的《读史方舆纪要》，乾嘉间洪亮吉写的《十六国疆域志》等，但是，总的说来，沈曾植的时代，前人还研究得比较少。至于佛教，清初信仰佛教的士大夫比较多，信仰佛教、读佛经等，一时几乎成为风气，那是在经历了浩劫和国破以后的一种精神上的逃避，或者是借宗教为外衣进行反清活动，至于对佛教的研究，没有什么名家或者名著出现。乾嘉年间，著名的学者中，也没有以研究佛教出名的。信仰佛教的士大夫，像彭绍升、罗有高等，当然也有一些，读些佛经的士大夫则更多，如厉鹗、姚鼐等，但是，信仰佛教、读佛经，与研究佛教，毕竟是两回事，绝对不能混为一谈。道教经典的研究方面，情景的寂寞也差不多。因此，沈曾植研究的这些领域，除了儒学部分外，其余都是此前的学者留下了大量研究空间的领域，当然也是偏僻、冷门的领域。

沈曾植学问的第二个明显的特点是强烈的致用性。“经世致用”是清初学者大力提倡并实践的。但是，清初学者做学问的“致用”，有他们的特色。这就是，他们怀着苍凉而坚定的信念，坚守中国传统文化，为不可预期的未来和同样不可预期的政治家提供思想和文化学术资源。黄宗羲《明夷待访录》的书名，就清晰地体现了这样的特色。等待什么人去访？所等待的人，什么时候才到来？都是不可知的。但是，他们相信，他们所等待的未来和所等待的人，总有一天会来的，因为有无限的时间在给他们作保证，因此，他们为学，尽管也是为了“致用”，但是，他们不急急忙忙于致用，反正有的是时间，从容不迫地做，哪怕从最为基础的部分做起。乾嘉间的学者，也与他们的前辈非常相似。清朝最高统治集团几乎是始终忌惮汉族能人的，乾隆帝驾驭臣下，又是何等的苛刻和严酷！有清一代，除了太平天国起事以后外，汉族没有什么像样的政治家。不错，政府中不乏汉族高官，但是，他们都是朝廷的办事人员，哪里是什么政治家？失意使士大夫们寄希望于未来。尽管他们无法预期他们期待的未来什么时候到来，但是，他们相信那未来一定会来。他们也是为未来而做学问，正因为那个未来又无法预期什么时候能来，所以，他们也不忙，不怕从最为基础的部分例如文字音韵训诂、典章名物考证等做起，为未来和未来的政治家们提供思想和文化学术方面的资源。

沈曾植就不同了。从他个人来说，他已经完全认同清王朝的统治，由他一生始终坚持的完全忠于清王朝的政治立场可知，他已经从中国传统文化的高度，从早就已经僵化、宗教化了的儒家忠君的观念出发，忠于清王朝。从时代来看，清王朝处于风雨飘摇之中，内忧已甚，外患更是严重到了极端危险的地步，列强环视，中国面临着被瓜分、亡国灭种的危险。对他来说，为国家，为社会，为民族，与为清王朝，完全是一致的。因此，他的为学，往往是自觉地为现实服务，有非常迫切的现实目的。清末南洋地区多事，沈曾植下功夫考证出自唐宋以来南洋各岛屿与大陆之间、这些岛屿之间的航道，考证明白古代商业集中的地方和外国商人所建商埠的地方等，写成《岛夷志略广证》一书，这明显是直接为南洋事务作参考的。他研究地理，特别是古代地理，主要集中在对古代边疆和古代汉族政权与少数民族政权边界方面地理问题的研究，而这些研究，又是与我国古代的少数民族问题结合在一起的。在列强入侵的当时，如何避免我国被瓜分，如何在绝对弱势的情况下与强敌打交道而最大限度地保护自己的利益，这是当时最为迫切的问题。沈曾植的这些研究，无疑是想为解决这些问题提供直接的参考。此外，如果不幸，我国被列强瓜分，那么，我国将会是什么样的世界，中华民族如何才能在那样的境地中避免迷失自己、避免遭到灭种之灾？汉族和少数民族杂处的时代和地域的情况、历史上少数民族为主导的时期与地域（例如北朝和辽、金、元等）的情况，无疑会给人们提供丰富的历史经验。这无疑也是沈曾植做有关研究的实用目的，那就相当于在阴云密布时的未雨绸缪。就朝代而论，元朝和唐朝，是我国历史上少有的没有外患的朝代，沈曾植的研究，就朝代而论，元朝和唐朝，正是他最用力的部分。在外患如此严重的时候作这样的研究，实用的意图也是非常明显的。就是他研究佛教，很可能也是想从佛教哲学的层面，来分析社会的走向和国家的命运，以企盼平安生存甚至兴旺发展的转机，并从佛教文化中，寻找对付当时日益严重的种种危机、解决政治和社会等方面的种种问题的智慧，因为智慧正是佛教所竭力宣扬的内容。

跟清初特别是乾嘉学者相比，沈曾植的学问未必超过他们，但是，对常人说来，无疑比他们的难以了解，因为，清初和乾嘉学者们所研究的经史小学，都不是偏僻冷门的学问，常人都有一定的至少是初步的了解，而沈曾植的学问，则是偏僻、冷门的，常人所知甚少，甚至毫无所知，当然是难以把握的。

如果说了解清初和乾嘉学者们的学问，还是相当困难的，那么，读懂他们的诗歌，相对来说，要容易得多。他们中的绝大多数，在作诗的时候，并不刻意把学问反映到诗歌中，并不刻意在诗歌中表现自己的学问。赵翼是了不起的史学家，但是，作为诗人，他是著名的性灵诗人，钱大昕、王鸣盛都是著名的史学家，他们的诗歌，不过是古雅一些罢了。阮元是著名的汉学家，但是，他的诗歌还是不难懂的。顾炎武总算是了不起的大学者，他的诗歌也是以用典故著称的，至于诗人翁方纲，那倒是刻意以金石书画古董考证写诗歌的，但是，顾诗和翁诗，其中所用典故，基本上都是经部和史部中常见的典故，虽然多，但是并不偏僻冷门。

沈曾植的诗歌，则完全不同了。他为诗爱艰深，尚奥衍，务烂漫，而薄平易，追求"合学人诗人之诗二而一之"，在诗歌中刻意表现他的学问，而他深广的学问，又为他在诗歌中充分施展提供了雄厚的资本。

沈曾植学问之深广，可以与清初和乾嘉著名学者比肩，而偏僻冷门则不同，刻意在诗歌中表现学问，又是一个不同。这样一来，他所作诗歌的难懂程度，就在清初和乾嘉学者所作诗歌的基础上，连续乘上两个增进性大系数，结果也就可想而知了。明白了这些，就可以大致知道，沈曾植的诗歌，注释的难度，到底是个什么概念了。张尔田《海日楼诗注序》云："嘉禾沈寐叟邃于佛，湛于史，凡稗编脞录、书评画鉴，下及四裔之书，三洞之笈，神经怪牒，纷纶在手，而一用以资为诗。"汪国垣《光宣诗坛点将录》说他的诗"喜用僻典，间取佛书，使人知其宝而莫名其器。散原（陈三立）尝语予：子培（沈曾植）诗多不解，只恨无人作郑笺耳。予谓并世能胜此任者，只有李证刚（翌灼），散原为首肯者再"。钱先生在《沈曾植集校注》的前言中说："不错，李氏（翌灼）为沈门人，邃于佛学。但沈诗的词语来历，并不限于佛典，单注佛典，也并不能完全解决问题。所以李氏也始终没有为沈诗作注。"夏承焘《天风阁学词日记》中说沈曾植诗中所用佛典，"欲徵其出处，则亦甚费力。此不特注家为然，即作家亦是随一时记忆所及，未必尽能记其出处也。又寐叟用典多不取原义，而别有所指。即使尽得其出处，而本意终不可知"。

既然注释沈曾植诗歌的难度这么大，那么，钱先生为什么还要知难而上，选择这个课题呢？据《钱仲联学述》等提供的资料分析，大致有这样几个原因。一是人际关系方面的原因。沈曾植是翁同龢的门生，与钱先生"本有世谊渊源，加以唐文治先生考取进士后，曾经师事沈曾植，所以我称沈曾植为太老师"。二是仰慕沈曾植的学问和诗歌。沈曾植是晚清第一流的学问家，其学问在当时只有章太炎等极少数人可以与他比肩。他也是当时诗坛上第一流的大家，被诗坛上许多名流称为"同光体之魁杰"。钱先生的好朋友王蘧常先生，是沈曾植晚年的弟子，因而钱先生有机会在王蘧常先生那里，得闻沈曾植的若干宏论，"大抵以经通诗，文道合一"，"因而心向往之，开始学习沈氏之诗，并初步探索沈氏治学途径"，进而为了更好地探其学、其诗的奥秘，便注释其诗。三是当时还有一些对从事这项工作来说很有利的条件。"四十年代初，我在上海国专分校任教，课务不重，而交游甚广。曾在沈曾植生前与之有交往接触的人如夏敬观、李宣龚、冒广生等都寓居沪上，与我为诗文忘年之交。尤其是沈曾植晚年亲炙之门人王蘧常先生，我与之过从甚密，情同骨肉兄弟，许多问题可以当面讨教。而上海公家图书馆和私人藏书极为丰富，资料查找堪称方便，这些都为我鼓起了笺注《海日楼诗集》的勇气。"正是这些原因，使钱先生大约在 1940 年，开始了沈曾植《海日楼诗集》的笺注工作。

沈曾植诗歌最为鲜明的特点之一是佛学典故多。王蘧常《沈寐叟年谱》中说:"公梵学最深,始业当在四十前后。"开始接触佛学,应该还要早得多,而喜欢在诗歌中用佛教典故,则最迟在30岁的时候就是如此了。他诗集中的第一首诗作于光绪六年他考上进士并在刑部担任职务以后,题目为《晓入西曹》,西曹就是刑部的意思。此诗开头两句为:"不离居士相,来接尚书期",第一句就用佛教典故。即使他40岁以前写的诗歌,不用佛教典故的,也是不太多的。佛教信仰在我国非常普遍,但是,大家也就知道如来佛、弥勒佛、观音菩萨、四大金刚、五百罗汉、阎王、地狱什么的,至于佛教的理论,也就是知道"善有善报,恶有恶报"什么的,知道四谛、十二因缘的就不多了,至于故事,也就是《百喻经》中的故事,知道的人稍微多一些而已,至于其他的有关佛教的知识,对常人来说,那就陌生了。沈曾植诗歌中的佛教典故,陈三立、汪国垣他们,尽管都不是不读书的人,是著名诗人和学者,但是连他们也不懂,甚至他们还说,不仅他们不懂,能够注释沈曾植诗歌的,并世只有李证刚一个人,因为在当时,李证刚是被学术界公认的精通佛学的大家。因此,钱先生注释沈曾植的诗歌,最突出的困难,当然就是诗歌中的佛教典故。《钱仲联学述》中说:"困难还是很多,首先是诗集中的满纸佛典。为了解决这个问题,我设法以廉价购得频伽精舍本《大藏经》一部,虽有错字,却不难用日本大正版查正。于是一编在手,重要的大小乘经论、佛藏目录、禅宗语录、高僧传记以及《一切经音义》等,几乎翻遍,虽不敢说通达佛法精蕴,佛学知识却已通盘掌握。"这里须要说明的是,所谓"一编在手",其实是没有我们所想象的那样轻松和潇洒的。《大藏经》两万多卷,仅仅翻一遍,也不是容易的事情,何况要在这两万多卷书中查找一个个典故,一个个词语的出处!笔者与《大藏经》打过交道,也有些体会。

还有的问题是,《大藏经》的内容非常驳杂,相似的或者有关系的内容很多,因此,同样一个故事、道理或者词语,就有先后、繁简、详略、正反、侧重于故事或者义理等等的不同,所以,不是仅仅就诗歌中的典故等查查佛经的问题,更不是"捡到篮里就是菜",还有个分析比较取其善的工作要做。钱先生在该书《发凡》中说:"鄙注于理论以什(按:鸠摩罗什)、奘(玄奘)二师译籍为主,故实取材于竺土(古印度)经论之较早者,或中土译籍之较先者。其或先者文繁,则舍先繁而取后简。至于诗句中语句所本,上自显密经论,下及禅门语录,必精择其当者。注者泛览《大藏》,十阅寒暑,必有具眼,识其苦心。"须知"具眼"也是出于佛经！

除了佛教典故以外，沈曾植诗歌中最多的，就要算古代史地典故了。对研究古代文史的人说来，《史记》、《汉书》等算不了什么，但是，魏晋南北朝史，既比较复杂，又不太为人所重，对它们用过功的人不多。可是，沈曾植诗歌中用这些史书典故的还是比较多的，其原因，上文已经说过了。为了对付这些典故，钱先生专门在记载这一段历史的诸多史书上下了大功夫。所学到的相关学问，用来笺注沈曾植的诗歌，此外，在阅读过程中，还发现了不少问题并下功夫解决了这些问题，写成了《读北魏书崔浩传书后》、《读宋书札记》等史学论文。这是钱先生比较看重的两篇史学论文。我记得很清楚，我读本科的时候，某日，班主任何振球先生让我们抄写钱先生亲自填写的什么表格，在“学术专长”栏目内，钱先生填写的是“中国古典文学，兼长史学”，开列的史学方面的代表论文，就有《读北魏书崔浩传书后》等。

在注释沈曾植诗歌的过程中，钱先生与沈曾植后人之间的互动，也是很重要的。沈曾植《海日楼诗集》的笺注工作，大概持续了四五年，方才完成初稿，并在1944年至1945年在《学海月刊》上连载了一部分。后来，钱先生与沈曾植的嗣子沈慈护先生缔交，并于1947年夏天，应沈慈护先生的邀请，专程赴上海，住在沈家，整理沈曾植的遗著。这段时间内，钱先生依据沈曾植的遗著，整理编辑成了《海日楼札丛》8卷，《海日楼题跋》3卷，更为重要的是，他得以有机会阅读沈曾植的大量手稿，又通过和沈慈护先生交谈，了解了沈曾植的交游唱酬、学术活动等等的背景资料。此后，钱先生根据他在沈曾植家中所读到的和了解到的，对他所完成的初稿《海日楼诗注》作了修改和补充，终于大约在1948年或者1949年初定稿。1962年7月，中华书局出版了《海日楼札丛》8卷和《海日楼题跋》3卷，但是，《海日楼诗注》却长期找不到出版社出版。《钱仲联学述》中说：“直到改革开放以后的年代，经我提议，以我作为成员之一的国务院古籍整理出版规划小组才将《海日楼诗注》列入出版规划，由中华书局承担出版任务。交稿付印之前，我又对这项多年前的学术成果作了一次大规模的修改增补，多次命学生周秦等在外出访书为《清诗纪事》搜集材料的过程中，带着具体问题到浙江省博物馆查访沈慈护夫妇捐献给国家的沈曾植遗著手稿，到上海面谒请教王蘧常先生，以尽可能使这部浸透心血的笺注著作以更臻于完美的面目奉献给学术界。”

2001年12月，在定稿半个多世纪后，《海日楼诗注》由中华书局出版，书名《沈曾植集校注》，包括《海日楼诗注》十二卷，有校有注，《曼陀罗·词》一卷,《补遗》一卷,有校无注。

2001年年底,为纪念沈曾植去世80周年并举行沈曾植纪念馆的开馆仪式,嘉兴市举行活动,钱先生作为贵宾被邀请。已经九十多岁的钱先生,带着众多弟子,到嘉兴参加了纪念活动和开馆仪式,我也有幸随行。作为最为尊贵的嘉宾,钱先生在纪念活动上讲了话,接受了电视台等媒体的采访。中华书局也派人到嘉兴参加纪念活动。当时,《沈曾植集校注》虽然已经出版,但是,还没有来得及在书店发行。为了配合这次活动,中华书局派代表带了若干套与会。于是我也比大多数读者先看到了此书。活动结束后,钱先生还和弟子们一起游览了南湖和烟雨楼等名胜并合影留念。想不到,这竟然成了我和钱先生的最后一次合影。

2001年年底钱先生赴嘉兴参加沈曾植纪念活动时,与弟子赵杏根在烟雨楼合影

《吴梅村诗补笺》

根据《梦苕庵专著二种》中《吴梅村诗补笺》钱先生所写的后记，在1949年和1950年，大概就是在全部完成了《海日楼集注》之后，钱先生又开始对吴伟业和钱谦益的诗歌作补笺的工作。此前，钱谦益的诗歌，有钱曾注本行世。吴梅村诗已有吴翌凤、靳荣藩、程穆衡三家笺注传世。

钱谦益和吴伟业是明清之间诗坛上“江左三大家”中的两位，都称得上是诗坛巨匠。在明王朝，他们都长期担任过要职，并且参与过许多重要的政治斗争等事件。明王朝灭亡后，他们先后出仕清王朝，尽管为时甚短，但是影响很大。钱谦益在退出清王朝官场后，还积极参与反清复明活动，其事详见陈寅恪《柳如是别传》。吴伟业从退出官场到去世，几乎一直在为他自己出仕清廷而忏悔。从政治立场而言，他们与清王朝，绝不是同心同德的，更何况，在当时，清廷的所作所为，确实给人民，特别是他们家乡所在的江南人民，造成了极大的灾难，作为传统的知识分子，他们都不缺乏强烈的正义感，站在正义的立场上，或明或暗地谴责清王朝。正是因为他们都是以重要的政治人物而为诗人，政治立场又是如此，又是身处陵谷变迁的明清易代之际，所以，在诗歌中大量反映当时的军政大事，反映当时人民所遭受的深重苦难，是他们所作诗歌一个显著的特点，也是这些诗歌所具有的价值中最为重要的部分。在他们写作这些诗歌的时候，文网尚宽，因为统治者忙于军事行动和恢复社会秩序，还顾不上在思想文化领域加强对知识分子的控制，因此，在他们所作与当时军政大事有关或者反映人民苦难的诗歌中，有许多对清王朝不利的内容，但是这在当时也没有发生什么问题。待到清王朝的统治稳固后，思想文化领域的统治被加强到了极端的程度，表现之一，就是大兴文字狱，这是大家所熟知的。在那样的环境中，对他们的诗歌作笺注，困难就非常明显了。笺注者除了有足够的学识外，还要有足够的胆量。学识不容易，胆量更不容易，谁敢轻易拿自己的身家性命甚至一个家族的身家性命冒险呢？就资料方面而言，当时，有关的资料还没有充分地流传和整理，这又是一个很大的问题。因此，那些对钱谦益、吴伟业诗歌作笺注的学者，也是非常不容易的，他们的笺注中有这样那样的不足，也是完全可以理解的。但是，不足毕竟是不足，更何况，他们没有把钱谦益、吴伟业诗歌中最为宝贵的价值发掘出来，这是个最大的不足。

钱先生补笺工作的价值，就是补前人笺注之重大不足，将前人不能笺注、不敢笺注的部分，笺注出来。这当然是非常有意义的。

“文化大革命”中，钱先生所有的著作手稿均为抄家者劫走，后来，这些手稿也没有被归还。所幸《剑南诗稿校注》在此之前就交付了出版社，《海日楼诗集注》和《吴梅村诗补笺》录有副本，《文廷式年谱》流落到旧书摊上，被钱先生的一个朋友发现后买下，这位朋友将它送给钱先生，此年谱后来也得以发表。可是，《钱牧斋诗补笺》，由于未录副本，就这样丢失了。这无论对于钱先生本人，还是对于学术界，都是一个损失。为了尽可能弥补这一损失，钱先生于75岁高龄之年，接受上海古籍出版社之委托，整理钱谦益的诗文集。这可不是一件轻松的事情。钱谦益出道很早，又享高寿，一生经历的事情，非常丰富，更是非常复杂，政界、文坛、情场，在哪一处他都有一大堆是非。他所作诗文又特别多。其明王朝灭亡之前所作诗文，编为《牧斋初学集》，入清以后所作诗文，编为《牧斋有学集》，他参与顺治年间郑成功进军长江之战役时所作诗歌为《投笔集》。在清代，钱谦益被列为贰臣，其著作列为禁书，因此，在流传中，包括被选入某些选本时、钱曾作笺注时，就自然少不了改动，以避免当局查究。这些改动，自然给整理造成许多困难。钱先生在此后的十余年中，花费大量心血，以宣统二年邃汉斋排印本为底本，参以各种刻本，对合计160卷的《牧斋初学集》和《牧斋有学集》作了悉心的标校整理，上海古籍出版社先后出版了此二种重要古籍。当然，《钱牧斋诗补笺》被丢失的损失是无法完全弥补的，我们今天也无法对它作更多的介绍。

《吴梅村诗补笺》因录有副本而没有遭到与《钱牧斋诗补笺》一样的命运。1984年4月，此稿与钱先生的另一部著作手稿《李贺年谱会笺》一起，由中国社会科学出版社冠以《梦苕庵专著二种》的书名出版行世。以下我对《吴梅村诗补笺》略作介绍。

此作篇幅不大，正文部分，不到90页。卷首分三个部分。第一部分介绍吴伟业诗歌的三种注本，主要是引用前人的评论，也有钱先生的按语。第二部分为《国史·贰臣传》、郑方坤《国朝名家诗抄小传》、邓之诚《清诗纪事初编》中所载吴伟业的传记。第三部分为前人对吴伟业诗歌的总体评价，包括赵翼、李慈铭、张尔田和林庚白所作的评论。

此补笺的主体，乃在于补笺作品的本事和有关的事件，这正是以前的笺注者或者因为资料缺乏、或者因为迫于政治环境的压力而没有笺注出来的部分。钱先生所用的资料，主要有这样几类。一类是清代特别是清初人的文集，例如吴伟业本人、钱谦益、曹溶等的文集，这一类资料不是太多。二是记载明末清初史事的正史和野史，包括《明史》、《清史稿》、《明季北略》、《明季南略》、《小腆纪年》、《小腆纪传》、《罪惟录》、《北游录》、《甲申传信录》、《浙东纪略》、《东南纪事》、《粤游见闻》、《东明闻见录》、《虞阳说苑》、《研堂见闻录》等，还包括《枣林杂俎》、《觚剩》、《茶馀客话》等笔记。这一部分资料最多。三是诗话或者词话，如《瓯北诗话》、《拜经楼诗话》、《平等阁诗话》和《词苑丛谈》等，数量不多。四是清末及其以后人的研究成果，包括李慈铭、夏敬观、张尔田、王国维、陈衍、陈垣、孟森、邓之诚等人的研究成果，这一部分内容，数量也很多。至于笺注方面的特点，那就是极为详尽，比《海日楼诗注》还要详细得多。例如，对《清凉山赞佛诗》的补笺长达 21 页，几乎占了《补笺》的四分之一！

对诗歌中地名等的补笺，也有不少，不过，这些又是与本事或者诗歌中所写的有关事件紧密结合在一起的，地点本来就是事件的一个要素。至于典故，则补笺很少，即使是佛教典故也不多。吴伟业诗歌，佛教典故用得不多，钱谦益诗歌中要比吴伟业诗歌中多。可能在《钱牧斋诗补笺》中，钱先生对佛教典故补笺得多一些。至于词语的补笺，则几乎没有。

通过对本事和有关事件的详细补笺，许多作品的确切的写作时间也就被考证明白，因此，钱先生由此纠正了前人在对吴伟业诗歌编年中的许多错误，这对吴伟业及其诗歌的研究，当然是有很高的学术价值的。这一点，我们要充分注意到。

此书附录两个部分。一是两个现代学者研究吴伟业的文章，乃程千帆的《书吴梅村圆圆曲后》和冯沅君《吴伟业圆圆曲与楚两生行的作期》。二是《吴梅村诗选录》，乃是选录被补笺的诗歌，原文照录，以便人们读补笺诗查找原诗全首。

补注《鲍参军集》

钱先生在中学教书时期，在出色地完成教学工作之余，仍然坚持研究学问，除搜集材料对初版本《人境庐诗草笺注》加以认真补充修订外，还完成了另两部重要的专著，即《鲍参军集注》和《韩昌黎诗系年集释》。

鲍照(约 414—466)，字明远，东海人，南朝刘宋朝诗人。其最后一个职务是参军，所以世称鲍参军。出身寒微，为官不达，在这些方面，鲍照与左思相似。左思以寒士受挫于官场，终于归隐；鲍照则强烈追求富贵荣华、建功立业，刻意进取，直至终身。

鲍照与谢灵运、颜延之，为文学史上的"元嘉三大家"。生于贫寒而难以摆脱贫寒，企慕富贵而又难以取得富贵，不时转而鄙视富贵，想建功立业而乏建功立业之机会，种种不平，构成鲍照诗之基本主题。其可贵之处在于：其不平不仅为自己而发，亦为处下层者而发，是为可贵。其诗着意写边塞题材，为其功业意识之外化。此题材后广泛为诗人所重视，而鲍照正是其先驱。

鲍照诗之体裁，有乐府体与五古体两大类。其乐府诗，感情充沛，强烈突出自我。萧子显《南齐书·文学传论》云其“发唱惊挺，操调险急，雕藻淫艳，倾炫心魄。亦犹五色之有红紫，八音之有郑卫，斯鲍照之遗烈也”。钟嵘《诗品》也仅将鲍照诗列于中品，评谓“贵尚巧似，不避危仄，颇伤清雅之调，故言险俗者多以附照”。这些评论，虽有贬义，然说明鲍照诗歌特色鲜明，感情强烈，感染力强，在当时及此后诗坛上也有比较大的影响。此其一。其二，建安诗人所为乐府，已显雅化，而潘陆颜谢加厉，鲍照则参汉魏乐府之劲健生动，以南朝乐府民歌之艳丽浅俗，文人诗之辞采烹炼，而与前人异，使乐府又现生气。其三，七言乐府诗，曹丕《燕歌行》即是，然此后作者寥寥。鲍照以七言为主，杂以他言，创为乐府歌行，后发展为杂言式七言歌行，成为诗歌之大宗。明王应麟《诗薮》称之为“上挽曹刘之逸步，下开李杜之先鞭”。鲍照五古，多为纪行赠答之作，主体风格近于谢灵运，然不似谢灵运之以雕琢华辞、堆砌故实为雅典，虽工不及之，而生动雄健则过之，玄理绝少，此乃胜过谢灵运之处。鲍照骈文甚有名，以高古称，名作有《芜城赋》、《登大雷岸与妹书》等。其妹令晖，亦富文才。总之，鲍照在当时文坛已经持续了多年的颓靡风气中，颇自振拔，以独特的创作个性和成就显示了自己独特的价值。唐代大诗人杜甫取以与庾信并称，有“清新庾开府，俊逸鲍参军”的名句。

最早为《鲍参军集》作笺注的是钱先生的祖父钱振伦，他成《鲍参军集注》六卷，为文二卷、诗四卷，并于同治七年在袁浦讲舍亲自写定。黄节《鲍参军集补注序》云：“楞仙先生于千年来举世不言之鲍诗，毅然为之作注，淹博翔实，后学所尊。”那么，钱振伦为何要对“千年来举世不言之鲍诗”感兴趣呢？这可能有两个原因。第一，钱振伦确实看到了鲍照诗歌独特的价值，有感于举世不言之鲍诗，故为之阐幽发微，希望人们认识鲍照诗歌的价值。第二，钱振伦更注目于鲍照的骈文。钱振伦是晚清有名的骈文家，他对古代骈文自然很感兴趣。在准备注释鲍照的诗文之前，他刚刚注释完李商隐《樊南文集补编》并将它付梓。晚唐骈文，有所谓“三十六体”，李商隐骈文，就是其中之一。他和同时的温庭筠、段成式，都是骈文高手，都是排行第十六，所以，他们的骈文，被人称为“三十六体”。李商隐骈文是唐代骈文的代表。钱振伦注释完李商隐的骈文后，就从张溥所编《汉魏六朝百三名家集》中，抄录江淹和鲍照二家的作品，准备作笺注。江淹乃与鲍照齐名的骈文家，他们的骈文，是六朝骈文的代表。由此可知，作为骈文家的钱振伦，注释鲍照的作品，起因或许是更看重鲍照的骈文，正如他注释李商隐的骈文、准备注释江淹的骈文一样。

钱振伦最终没有能注释成江淹的作品。原因大致有两个。一是当时他已经进入老年，已经没有足够的精力完成这样的工作。二是他当时担任淮阴崇实书院的山长，那里文献资料缺乏。他的朋友吴棠担任河漕总督的时候，他还可以到吴棠的总督府去借书，后来吴棠调离了，他就连借书的地方都没有了。

不过，钱振伦对鲍照诗文情有独钟，所以，没有像放弃江淹诗文一样放弃掉。他在《鲍参军集注序》中说："《鲍明远集》，尤所膺服。老不能闲，遇所记忆，则标识于简端，积久渐多，涂乙几无隙，乃手录一过成帙。明远诗文有见于《文选》者，即录李善注；其诗有见《玉台新咏》者，近人吴兆宜有注，有入渔洋《古诗选》者，闻人淡有注，皆依录而不没其名。"钱振伦所依据的文献有限，他也深深知道这一点。他对文献记载的历代《鲍参军集》的情况，非常清楚，但是，他在那个时代、那个地方，又找不到他想要的文献："忆昔主讲杭州，每求珍笈，辄从文澜阁借观。维时宋本不可得，而通行本尚可得也。今乡关緜邈，兵燹摧残，既无能问津。间有计偕入都者，属为访诸厂肆，亦杳不可得。"但是，他还是不惜花费巨大的精力于此："徒抱此断简残编，矻矻笺注，夫亦不可已耶！虽然，《樊南文集》其初亦从类书掇拾而成耳，自徐、冯注出，搜罗渐富。而振伦从钦定《全唐文》录补作注，数乃埒之。盖成书之不易如此。自今以往，或访得鲍集完本足成之，则以此为大辂之椎轮也可，否则为贫家之敝帚也可。"从这里，我们可以看到传统学者于学问的执著，到了悲壮的程度。

尽管由于文献的限制，钱振伦的《鲍参军集注》有明显的不足，但是，其创始之功，是不可没的。1921 年冬，正在北京大学任教的黄节从钱先生家借去《鲍参军集注》书稿，抄录全编，并就诗注部分四卷加以增补，但是全部保留了钱振伦的注释，"惟别裁则不能无异"，"又间采前人论鲍诗诸说附焉"，为"集说"部分。见黄节《鲍参军集补注序》。这项工作，黄节进行了大约两年时光，其书于 1923 年冬由北京大学排印问世，但是流布未广。鲍照文集部分二卷，黄节未作补注，也未刊行。

钱先生对《鲍参军集注》的补注工作，是在他的祖父钱振伦初创、黄节增补的基础上进行的。当然，钱先生所掌握的相关文献资料，要比他祖父和黄节所掌握的都要多得多。当时所能找到的有关鲍照作品和研究资料的所有文献，钱先生几乎都用上了，并且还对这些文献作细致的综合分析，得出正确的结论。这些文献包括梁章钜《文选旁证》、朱珔《文选集释》、许巽行《文选笔记》、余萧客《文选音义》、胡克家《文选考异》、张云璈《选学胶言》、孙志祖《文选李注补正》等《文选》研究著作和大量的诗话、笔记、总集等等，其中还有当时学者的著作，如刘文典《三馀札记》、闻一多《乐府诗笺》等。

首先是校对。钱先生依据涵芬楼影印毛斧季校宋本、《文选》六臣注影宋本、《乐府诗集》影宋本、严可均《全宋文》以及《艺文类聚》、《初学记》、《太平御览》等古籍所引，将全集校刊一过，增加校语于注文之后。这些工作，前面两人都没有做。

其次是注释。这是补注工作的重点所在。其中又分几个部分。一是对作品写作年代、背景、主旨等的考释，在前人的基础上，有大幅度的推进。有些作品，前人所注，没有这方面的内容，钱先生就给补上。如卷一第一篇《游思赋》，钱先生云刘义庆在元嘉十六年为江州刺史，引鲍照为佐吏，此赋当是鲍照赴江州时所作。卷一《为柳令让骠骑表》，据《宋书·孝武纪》，此文作于孝建三年十月。《解褐谢侍郎表》作于元嘉十六年，是初次出仕的语气。《侍郎报满辞阁疏》作于元嘉二十八年。卷二《通世子自解启》作于元嘉二十一年，临川王薨，鲍照按照规定为王服丧三个月后，上书临川王世子，解职还乡。《登大雷岸与妹书》作于元嘉十六年，时临川王出镇江州，鲍照随任，初次离家。

有些作品，关于这些内容，前人说得不够充分，或者材料不足，钱先生就充分考释，或者提供新的材料，使论证更加扎实。卷一《芜城赋》，李周翰云为刘子项事作，何焯云乃感竟陵王诞据广陵造反后广陵破败景象而作，钱振伦云“疑何说为近”，而钱先生依据种种可靠的材料分析，最后得出结论，认为此赋写在大明三、四年间，因为广陵在十年内，两被兵火：前为北魏太武帝南犯，后是竟陵王诞据广陵造反，鲍照感而作此赋。卷二《佛影颂》，钱振伦认为，此文乃为临川王好佛而作。钱先生以大量的材料，证明此文确实是为临川王好佛而作，支持了钱振伦的观点。

当然，前人注错的地方，钱先生就给更正。卷四《拟行路难十八首》，有人根据诗中有“余当二十弱冠辰”一句，便认为此组诗作于鲍照二十岁时，钱先生则根据诗中有“弃置罢官去”之句，便认为此组诗不是同一时间所作。卷五《和王丞》，吴汝纶认为作于元嘉二十六年之前，而钱先生考证出此诗最晚也是作于元嘉二十五年之前。《日落望江赠荀丞》，吴汝纶举出当过尚书左丞的荀伯子、赤松父子，云鲍照不可能给他们赠诗，而伯子族弟荀昶和昶之子万秋，又没有当过尚书左丞。钱先生考证出万秋当尚书左丞的确切年代和行事，并云万秋还和鲍照在一起联句作诗，此诗正是大明三年鲍照客江北时作并遥寄给万秋的。卷五《吴兴黄浦亭庾郎中别》，钱先生指出，吴汝纶所说的庾郎中永的事情，其实不是庾永的事情，而是张永的事情。《送别王宣城》诗，吴汝纶说此诗作于元嘉二十九年。钱先生根据鲍照诗歌中所用的词语和王僧达《宣城解职表》中的内容之间的关系，推断此诗作于元嘉二十七年。《赠傅都曹别诗》，闻人倓云此傅都曹为傅亮。钱先生认为，傅亮担任记室时，鲍照还没有出生。史传也没有傅亮担任都曹的记载，况且，傅亮去世时，鲍照只有十三四岁，因此，这个傅都曹不可能是傅亮。

二是对词语、典故、地名的注释，该增加的增加，该纠正的纠正。卷二《佛影颂》中的佛教典故很多，前人几乎没有作相关的注释，钱先生引用《大藏经》中相关经典，作了详细的注释。卷五《岐阳守风》诗，有人作过考证，认为鲍照曾经由陕西进入四川，因为岐阳正是陕西的一个地名。此外，前人还有其他的说法，但是都不能通达无阻。钱先生认为，“岐阳”乃“阳岐”的倒文，北宋初年的著述引用鲍照此诗题目时还不误。“阳岐”为山名，在江陵，结合其他材料和鲍照行踪，便豁然贯通了。

三是对前人没有挖掘出来的“脚跟”给挖出来。例如，钱先生在对鲍照诗文的注释中，指出其诗文中许多句子，乃本于《楚辞》，这就突出了鲍照对屈原作品的继承，揭示了鲍照与屈原精神上的相同之处，对我们更好地把握鲍照的诗文，有很大的启发。前人挖错了的脚跟，则给纠正。卷三《代悲哉行》：“羁人感淑节，缘感欲回辙。”黄节引《乐府古辞》“心思不能言，肠中车轮转”为注释，云“回辙”意当出此。钱先生认为其说未安。“辙是车迹，回是回返，不应作旋转解。车轮可云旋转，车迹岂能旋转乎？诗意盖言旅人感物而思归也。”卷五《从登香炉峰》诗“罗景蔼云扃，沾光扈龙策”两句，钱振伦注释引用《云笈七签》为注释，钱先生指出，《云笈七签》是鲍照之后出现的道教书籍，不可能是鲍照用词所本。同卷《从庾郎中游园山石室》的注释，也有相同的情况。

四是对诗歌的内容和艺术作阐发，有导读的作用。对前人误导读者之处，当然予以纠正。卷三《松柏篇》云：“志士惜牛刀，忍勉自疗治。”钱先生指出“牛刀”的出处是《论语》“割鸡焉用牛刀”，然后云“喻小病不大治”。卷四《梅花落》中的“君”，钱先生云“照自指”；“其”乃指梅花；“尔”，指杂树，“借喻无节操之士大夫”。卷五《从过旧宫》，前人云诗中歌颂的是彭城王刘义康。钱先生根据可靠的材料，云彭城王刘义康在此前早就因为被牵连废为庶人并赐死，鲍照当然不敢如此歌颂他。鲍照诗中歌颂的，应当是此前曾经担任徐州刺史而当时已经去世的衡阳王刘义季。《还都口号》：“维舟歇金景，结棹俟昌风。”钱先生云，上句谓随落日而停舟。鲍照还都，江行自西向东，故俟西风而发船也。

特别需要指出的是，我国向来都有“为尊者讳，为亲者讳”的传统，尊者、亲者之言不管如何，你如果稍微表示一点点不从或者不同的意见，说不定就会受到指责，甚至被视为道德有亏、人品低下、不值一钱。钱振伦是钱先生的祖父，于钱先生，钱振伦无疑既是尊者，又是亲者，但是，对钱振伦所作注释中不当之处，钱先生都予以保留并且一一指出，这是难能可贵的。例如，卷二《瓜步山楬文》，钱振伦有个比较长的按语，对该文的写作背景作了比较详细的考证。钱先生认为“按语尚可商榷”，然后就作更加详细的考证，否定钱振伦的说法。这样的例证还有不少。

再次是补充评论资料。鲍照文章之后，有“集说”部分，为前人对该篇文章的评论和阐发等，都是钱先生所增加的。黄节搜集了前人对鲍照诗歌的许多评论文字，分别罗列在相应的诗篇之后，为“集说”。钱先生搜集了黄节没有收集到的此类大量资料，分别罗列在相应诗歌“集说”之后，为“补集说”。在“补集说”中，钱先生偶尔也加上自己的评论或者阐述。如卷五《从庾郎中游园山石室》的“补集说”中，有云：“联按：康乐五言，山水老庄，打成一片。明远于此，未窥消息，不仅不善追神而已。”

前人分论鲍诗、鲍文之外，还有许多总论鲍照诗文之说，这对鲍照研究，也是不可缺少的参考资料，钱先生将这些资料编为《诸家评论》，附录在书的末尾。此外，钱先生还新撰《鲍照年表》及其考证，也作为附录，放在《诸家评论》之前。《鲍照年表》包括其年的社会政治事件、鲍照的行事和作品等等，以为读者知人论世之助。

这样，历经将近一百年前赴后继的努力，一部浸透三代学者心血，比较完善的《鲍参军集注》终于完成了，并在 1958 年 2 月由上海古典文学出版社出版，后又于 1980 年 10 月由上海古籍出版社重版。此书又有人民文学出版社 1957 年版、1958 年版。

《韩昌黎诗系年集释》

与鲍照相比，韩愈在文学和文化方面的成就和在文学史上的地位，都要重要得多。苏轼《潮州韩文公庙碑》中，有对韩愈的最为经典的评价："文起八代之衰，道济天下之溺。"就诗歌而论，韩愈在诗歌史上的影响，仅仅次于杜甫。《韩昌黎诗系年集释》是钱先生多种前人诗词集注释本中体例最为完备的一种，也是特色最为鲜明的一种，整理古籍的几乎所有主要手段，都在此书中体现了出来。

整理古籍最为基本的手段之一，就是校对。有的作品，作者完成后，还会作这样那样的修改，甚至修改若干次，更加普遍的情况是，诗文集在流传过程中，文字总会发生这样那样的变化，因此，一个作品集，总会有这样那样的不同。整理者总得力求提供给读者一个最为完备的作品集，这就得校对。校对可不是简单的劳动，是一门学问，所谓校勘学是也。

其次是编年。在整理某个作家的作品集时，将他的每一篇作品的写作年代考证出来，然后按照时间先后编排出来，这就是给作品编年。这对准确理解作品、研究作家，乃至对研究当时的文学和社会、历史等等，都是有很重要的意义的。

再次是注释。古代绝大部分作家写作诗词，都喜欢用典故，此外，诗词中有关的人物、事件、背景、名物、典章制度等等，现代一般的读者不容易读懂的，都要加以注释，这样，才能促进这些作品的流传和接受，发挥这些作品的作用。

最后是提供有关参考资料，特别是专家们对这些作品的解读、欣赏和评论等等，这些资料，对研究者来说，有启发作用，对一般读者，也有导读的作用。

《韩昌黎诗系年集释》正是包括了以上四个方面的工作。这四个方面的工作，落实到韩愈的诗集上，哪一个方面也不是轻松的事情。就在古代诗坛上被关注的程度而言，杜甫当然是第一，位居第二的，就非韩愈莫属了。历代诗人，最为人学习的，是杜甫，其次也就是韩愈，李商隐恐怕只能居第三。学李白的诗人是不多的。杜甫、韩愈、李商隐的诗歌容易学，一般的人都学得来的，李白的可不行了，他是凭天才写诗的，没有天分的人，没有办法学李白。就被研究的程度而言，也应该是杜甫第一，韩愈第二。儒家经典中，有的经典还没有韩愈的诗歌一样被那么多人下功夫研究。从这四个方面着手整理韩愈的诗集，实际上就是要汇总前人研究韩愈诗歌的所有成果，然后再进行研究，这当然不是轻松的事情了。

以下就这四个方面，对《韩昌黎诗系年集释》作比较详细的介绍。

先说校勘。钱先生据以校勘的韩愈诗集版本，有方崧卿《韩集举正》、朱熹《韩文考异》、祝允《音注韩文公集》、魏怀忠《新刊五百家注音辨昌黎先生文集》、廖莹中《昌黎先生集》、王伯大《朱文公校昌黎先生文集》等八种。前两种之考订，为原版所系，全部采入，而主要以祝、魏、廖、王诸本为校勘，其余版本有不同者，亦都列出。这当然是细致而又繁重的工作！但是，实际上，还不仅仅是细致和繁重而已！校勘不是仅仅罗列各版本之间的异同，更为重要的是，还要确定是非、优劣等，这就要学问和功夫了。例如：卷九《病鸱》"有泥揜两翅"句，"揜"字处，一些版本作其他的字，钱先生云："作揜，与泥字较切。""高风送追随"句，其中的"随"，有作"飞"字的说法。钱先生云，这种说法是不对的，因为，此诗通篇都押"支"韵，不可能这里独独出现一个押"微"韵的"飞"字。又如：卷十二《猛虎行》，除了方崧卿《韩集举正》，其他版本中的此诗，诗题还有"赠李宗闵"这几个字。钱先生补释云："《南山有高树行》，通篇皆比体，篇中汝字指何山鸟，亦即指宗闵，故大体可以人物比附。此诗则借虎为兴，至'虎坐无助死，况如汝细微'，方转入所刺之人。两汝字皆指人而非虎。其上叙猛虎事，固不必全以人事附合坐实也。谓刺宗闵或李绅皆可通，惟谓刺宗闵则可，谓为赠宗闵则不可。《猛虎行》虽古题，但诗中既著以恶字，纵非以之为比，而公然赠友，亦未免孟浪唐突，今从《举正》删'赠李宗闵'字。"

次说编年。韩愈的诗歌，不少人做过编年或者编年方面的研究，例如，钱先生所依据的版本中，就有方世举《韩昌黎诗编年笺注》一种。在编年方面，钱先生总是罗列各家的说法，综合考证分析，然后得出正确的结论，即使是不创为新说，钱先生也往往能找到新的材料或其他新的理由，支持已经有的正确的观点，有力地指出其他观点的错误之处。卷一《答孟东野》诗之系年，取王元启说而否定方成珪说，《醉留东野》之系年，取王鸣盛说而否定其余诸说，卷二《利剑》诗之系年，用王元启说而否定其余诸说，卷三《谴疟鬼》诗，用郑珍说而否定其余诸说，钱先生都有新的有力的材料作为依据，分析令人信服。卷七《新竹》诗，韩醇云此诗与《晚菊》诗，都是韩愈在阳山时作，"皆穷山不自聊之意"。王元启则云韩愈在阳山时，游伴很多，不应该如此无聊，而在徐州时，好朋友没有一个在身边，很无聊，所以此诗当在徐州时作。方成珪对前二说作了评析，都作了否定，推测此诗和《晚菊》等，当作于韩愈在洛阳时期。钱先生云韩愈在徐州时，仅仅三十二岁，与《晚菊》中写的内容不类，于是就采用了方成珪之说。卷十一《华山女》诗，《举正》

说作于元和十一年或者十二年，钱先生根据诗歌中涉及的唐宪宗迎佛骨的事件和韩愈所上的《谏佛骨表》，确定此诗作于元和十四年，此说非常有力。

在此之前，韩愈诗集，有过多种注释本，初看起来，有这么多的旧注释，再作起注释来，好像就可以比较轻松了，可事实并非如此。

首先，在多种不同的注释中，确定一种正确的，或者比较合理的，还是要功夫和学问的。还有，旧本注释既然已经流传，此后还会有一定的市场，因此，对其中错误内容的辨析，也是必要的，这就大大加重了注释方面的工作任务。卷二《题炭谷湫祠堂》："吁无吹毛刃，血此牛蹄殷。至令乘水旱，鼓舞寡与鳏。"赵翼曰："二句谓时俗祭赛此湫龙神，而已未具牲牢也。"钱先生云，按此下二句诗意，赵说非是。如卷四《蒲萄》，有"莫辞添竹引龙须"之句，方世举认为龙须是草名，就是龙须草，但是，钱先生认为，龙须草与葡萄藤没有什么相似的地方，也没有什么联系，因此，龙须还是作龙之须理解比较好。卷四《南山诗》"东西两际海"，列举了若干前人注释后，钱先生云，此语犹司马相如《上林赋》所云"左苍梧，右西极"也，不必凿求。卷五《城南联句》有"涩旋皮卷脔"句，在罗列了若干旧注后，钱先生云："注家于此句，均不得其正解。窃以为乃削柿皮以便制柿干耳。柿秋深熟，唐时长安极多，近世仍为柿饼之著名产地。"卷五《秋怀诗》，姚范释诗中"丧怀若迷方"句，引用陆德明《经典释文》中句子为证，钱先生云姚范所引用语，不见于《经典释文》，并云姚范所引用，乃出于对《易传》、《淮南子》等书有关语句的牵合误记。

其次，前人已经作了这么多注释，但是，在注释方面，还是留下了不少必须填补的空白，有些空白还是比较重要的，如果不加以填补，会很大程度地影响阅读与理解。例如，诗歌的写作背景，就不可不明。如卷三《赴江陵途中》"有司恤经费，未免烦征求"，补释引《顺宗实录》京兆尹李实因为在灾荒之年瞒报灾情继续照样征收租税导致百姓生活困苦而受到降职处分。此外，还引用韩愈本人《御史台上论天旱人饥状》文章，言当时饥荒问题之严重。地理名称和典章制度，有古今之异，也是要注明的。如卷一《此日何足惜赠张籍》"州家举进士"，根据顾炎武《日知录》云在唐代，凡是参加中央政府礼部考试的，不管是否考中，都叫进士，与明清时代考中了才叫进士，是不一样的。又如卷一《龊龊》"愿辱太守荐"，根据顾炎武《日知录》云在唐代，太守与刺史为互名。卷四《寒食出游夜归》中，称张署为"院长"，补释根据李肇《唐国史补》云，郎中、元外、御史、遗、补，相呼为院长。卷九《早赴街西行香》

"天街东西异",唐代长安城朱雀门大街,亦名天门街,简称天街,盖与宫城之南门承天门有关。卷九《符读书城南》,补释云唐长安近郊之樊川,为庄园所集中之胜地。退之在樊川有庄园,城南庄至宋代犹在。并引用宋人张礼《游城南记》云云。卷十一《题楚昭王庙》,补释楚王城遗址时,引用1977年发表的考古成果。有些典故和词语,有其出处,此前那么多的注家,竟然还都没有注出来,而钱先生补注了出来。如卷一《杂诗》:"一尘集毫端",补释引用《妙法莲花经》和《大方广佛华严经》详细阐释"一尘"。卷一《送僧澄观》,补释引用佛典甚多。韩愈是以儒家思想的卫道士著名的,他"攘斥佛老,不遗余力"。宋代及其以下,景仰韩愈的人,大多也赞赏他这一点。因此,研究韩愈诗歌的人,就思想和学术方面来说,大多是属于儒家,并且,对佛家不了解,也不感兴趣。也正因为如此,韩愈诗歌中所用的佛教的典故,以前的注释家,有许多没有注释出来,而钱先生都一一补释。这不仅能使读者更好地理解这些诗歌,也让我们知道:韩愈"攘斥佛老,不遗余力"不假,但是,他并不是没有读佛教的书,并不是对佛教一点都不懂。读佛教的书或者懂佛教,与对佛教的态度,那是两回事。这个问题并不复杂,但是,从古代到当代,还是有许多人并不懂这样简单的道理。

特别要加以阐述的是钱先生对词语的注释。韩愈诗歌文章,以创新著称。其创新,也包括语言方面的创新。汉语中几乎每一个字,都有其意思,许多词,由两个或者若干个字组合起来,一般说来,这词的意义,与组成这个词的字的意义有关。这就为人们提供了根据字创造词的可能。韩愈在写诗的时候,就往往如此创造新的词或者词组。当然,如果造得得体、巧妙,那就增强了诗歌的表现力,也就是成功的。这些词,就会为人们广泛地使用,成为社会通用的词。这些词,在韩愈之前,没有人在诗文中用过,当然也就没有出典可寻找,更加没有现成的解释,因此,有些注释家就不作注释的。可是,其中的许多词,不作注释,读者是不容易读懂的。对这些词,钱先生都作了注释。如:卷一《醉留东野》补释:"龙钟,形容老态。曰夸龙钟,犹俗云卖老也。"卷二《山石》补释:"荦确,音落壳,山石险峻不平之貌。行径微,路窄。""局束,不自在。祙,此处作动词用,牵制也。"卷七《谁氏子》补释:"干死,无辜而枉死。"卷八《寄崔二十六立之》补释:"傲兀,即兀傲,言其文词雄奇。"卷八《山南郑相公樊员外酬答为诗》补释:"勦刚,并列复词,在此义近。"卷十二《恽州谿堂诗》补释:"不条,言不治也。"卷十二《辞唱歌》补释:"雌雌,言妇人声。"后来,许多学习韩愈诗风的诗人,也喜欢通过文字的组合来加强表现力,创造出新的词或者词组等词语,但是,往往让人不知所云。陈衍说，陈三立的五言诗，五个字分开来，人们都认识，但是，这五个字组合在一起，人们就不知道是什么意思了。符合规律的创造才有意义，才能取得成功。语言发展自有其规律，与此规律相符合的语言创新，才能成功。

韩愈诗歌还好用当时的俗语，这与刘禹锡不同。相传某年重阳节，刘禹锡想做诗写重九吃糕的风俗，但是，他觉得儒家经典中没有糕这个字，写在诗歌中不够典雅，于是，就只好放弃了做诗的念头，后人因此写诗嘲笑他道："刘郎不敢用糕字，虚负诗中一世豪！"有"诗豪"之称的刘禹锡写诗，竟然如此拘谨，而并没有"诗豪"之称的韩愈，写诗时没有这些顾忌，大用俗语。这些俗语，前人诗文也是不用的，所以，也没有现成的书证和释义，要根据其他的文献或者上下文确定其意思。这样的工作，钱先生也都做了。如：卷八《答道士寄树鸡》补释："树鸡，松树、枫树上之大菌。"卷九《题于宾客庄》补释："地皮，俚语，本于释典。"卷九《嘲鲁连子》补释："细，犹细人，言其貌小和见识短浅。"卷十《晚秋郾城夜会联句》补释："跋，唐人俗语，同拔。"卷十一《华山女》补释："狎恰，唐人语也，为密集义。"卷十二《辞唱歌》补释："抑逼，唐人俗语，犹言逼迫、强使。"后来，许多为诗学韩愈的诗人，也喜欢在诗中点缀点俗语。

韩愈自己创造的词语和从生活中摘取的俗语，前人诗文都没有现成的书证，当然也没有释义，因此，钱先生的注释，就是这些词最早的释义，当然，韩愈使用这些词语的诗句，也就成了最早的书证了。

注释的一个重要任务，就是"挖脚跟"。这里所说的"脚跟"，并不是指词语方面的源头，而是诗句的思想、构思、意境、修辞手法等方面的直接来源，也就是说，这句诗或者这几句诗乃至这首诗，在思想等方面，与别的诗文等有相似的或者相关的地方，将有关诗文列出来，有助于人们对诗歌文本的理解，还能让人们明白诗人创作此诗时的心理状态和构思过程，由此逐渐自己也会写诗，并且增强批评或者欣赏诗歌的能力。例如：卷一《鸣雁》"天长地阔栖息稀"，本李华《吊古战场文》："地阔天长，不知归路。"卷一《归彭城》"刳肝以为纸，沥血以书辞"，补释云此语本《大智度论》中魔鬼变作婆罗门对当时还是菩萨的释迦牟尼所说的话："我有佛所说一偈，汝能以皮为纸，以骨为笔，以血为墨，书写此偈，当以与汝。"卷一《海水》"风波一荡薄，鱼鸟不可依"，本《世说新语》所记载顾长康拜桓宣武墓诗"山崩溟海竭，鱼鸟将何依"。卷二《君子法天运》，在将诗中句子的脚跟一一挖出的基础上，补释云此篇全用《荀子》义，注家不知，为发其微于此。卷五《秋怀诗十一首》之

—“微灯照空床”等四句,“即阮籍《咏怀》首章‘夜中不能寐,起坐弹鸣琴’数语及《古诗十九首》‘忧愁不能寐,揽衣起徘徊’上半章神理”。卷五《秋怀诗》之“彼时何卒卒,我志何曼曼”,《庄子》“我生也有涯,而知也无涯”,班固《幽通赋》“道修长而世短”,皆诗意所本。卷六《孟东野失子》“乃呼大灵龟,骑云款天门”,东野《杏殇诗》云:“灵凤不衔诉,谁为扣天关。”韩本之而推申其义。卷十《读皇甫湜公安园池诗书其后二首》之二“用将济诸人,舍得业孔颜”,韩《答李翊书》云:“用则施诸人,舍则传诸其徒,垂诸文而为后世法。”与此意同。卷三《岳阳楼别窦司直》:“奸猜畏弹射,斥逐恣欺诳。”补释:此即韩《祭张员外文》所云“彼婉娈者,实惮吾曹,侧肩帖耳,有舌如刀”也。令我们惊讶的是,钱先生有时还要倒过来“挖脚跟”,把后人以韩愈诗歌为“脚跟”的诗歌拈出来,以见韩愈诗歌的影响。例如:卷十二《南溪始泛三首》之三:“鹭起若导吾,前飞数十尺。”补释云,清人钱仪吉《闽游集》中诗:“決起舆前双白鹭,冲烟先我入斜阳。”这些,对人作诗和论诗,是很有启发作用的。

前人对韩愈诗歌的评论和阐说很多,而且很分散,查找到这些评论或阐说资料,难度是很大的。这些资料,散见于笔记、诗话、年谱、诗文的别集和总集等文献中,这些文献的作家,计唐代二人,宋代九十五人,金元七人,明代二十一人,清代以下一百零八人,其中民国后成名的约十人。其中有的作家,还不止一种文献被采录,例如陆游就是如此。从以上的这些数字中,我们可以看出韩愈诗歌在不同的时代被重视的程度。韩愈以文为诗,硬语盘空,开宋代诗风之先河,所以,在宋代,韩愈诗歌是被重视的,评论和研究韩愈诗歌的人很多。元明诗坛,诗风回归到师法唐人,但不是开宋诗风气的韩愈那一路,所以,韩愈诗歌就被人们冷落了,研究和评论韩愈诗歌的人不多。就钱先生所采录的看,元朝仅仅七家,不到宋朝的十三分之一,而元朝的存在时间,大约是宋朝的三分之一!明朝存在的时间,大约与宋朝差不多,但是,就钱先生所采来看,采自明朝文献的作家数,不到宋朝的四分之一。到了清朝,诗坛上大多数诗人作诗,就师法的对象而言,主要是唐宋兼采,也有不少人专门师法宋诗的,所以,经过了元明的被冷落,韩愈诗歌又被人重视起来,钱先生采自清朝文献的作家数,与宋朝的差不多,而清朝存在的时间,也与宋朝相差不多。考虑到文化的普及、人口的增长,韩愈诗歌最被人重视的时代,是在宋朝。清代诗坛上,流派林立,主张师法唐代诗歌的诗人,也是不重视韩愈诗歌的。如果从这些文献的作者的年代、地域、所属诗歌流派等加以细细分析,可以翔实地反映韩愈诗歌在历代的传播与接受状况以及与当时诗歌发展之关系。钱先生为后人做这样的研究工作，在文献方面打下了基础。当然，这个工作是钱先生在半个多世纪以前做的。在这半个多世纪中，我们在文献研究、整理和传播方面，取得了很大的进步，在今天看来，我们还可以在钱先生的基础上，收集到更多的对韩愈诗歌的此类评论或阐说的资料。

《韩昌黎诗系年集释》中，这一类评论或阐说资料，是这样处理的。评论或阐说某一句或者某一段者，放在注释中相应的地方；评论或阐说某一首者，放在注释之后的“集说”部分；从总体上评论或阐说韩愈诗歌的，则放在该书末尾附录的“诸家诗话”中。

钱先生是卓有成就的大学者，也是蜚声诗坛的大诗人。此书中有没有体现他对韩愈诗歌的评论或阐说呢？当然体现了。他对韩愈诗歌的总体评价，见之于“前言”中；对某诗或者某诗句、某几句诗的评论和阐发，则常见之于注释之中，像前人的此类评论和阐发一样处理的。这些评论和阐发，有的是关于诗意的，有的是关于艺术的，都是真知灼见，非深于诗学、精于诗艺者不能道，对研究、阅读韩愈诗歌，乃至对学习写诗，都会有很大的启发。如：卷一《孟生诗》：“秦吴修且阻，两地无数金。”补释：“诗意谓东野穷困，今离吴远客长安，无论在何地，俱无若干钱以解决生活也。”卷一《杂诗》：“古道自愚蠢，古言自包缠。”补释：“此承生死文字间句来，言被古人言论所束缚。”卷一《答孟郊》：“规模背时利，文字觑天巧。”补释：“此谓作家观察自然，师法自然，择取其尤美者而写之。”卷四《醉赠张秘书》：“阿买不识字，颇知书八分。”补释：“阿买既能书八分，则公谓之不识字者，不识文字之形义耳，非如世俗之所谓不识字也。”卷四《纳凉联句》“烦怀却星星。”补释：“星星，疑作惺惺为长。二字可通用。刘禹锡诗：‘一夜星星骑马回’。苏轼诗正作‘不肯惺惺骑马回’。此谓烦怀因坐彻握环而得惺惺，诗意乃足。惺惺字，唐宋释儒皆常用。”卷五《赠崔立之评事》：“深藏篋笥时一发，戢戢已多如束笋，可怜无益费精神，有似黄金掷虚牝。”补释：“此语承上文，谓斯立频以诗望公汲引之无益也，非泛谓文章之无益。后人多错会诗意。”卷八《寄崔二十六立之》：“观名计之利，讵足相陪裨？”补释：“窃意计犹校也，言观其所得之虚名，而校之以实利，不足相补也。”卷九《听颖师弹琴》：“昵昵儿女语，恩怨相尔汝。”补释：“尔汝歌为古代江南一带民间流传之情歌，歌词每句用尔或汝，以示彼此亲昵关系，此取其义。”卷九《落花》补释：“公于十一年因言淮西事为执政所不喜，俄有不悦公者，摭其旧事，五月由中书舍人降为太子右庶子，诗意似有感于此。”卷九《调张籍》补释：“籍虽隶韩门，然其乐府诗体近元、白而不近韩，故白亟称之。元、白持论，当为籍所可，故昌黎为此诗启发之欤？”卷九《奉和钱七兄曹长盆池所植》，补释：“通首是比，时公与钱俱自中书舍人降官太子右庶子也。”卷九《嘲鲁连子》，补释：“大抵亦嘲刘叉之流耳。”卷二《刘生》：“我为罗列陈前修，芟蒿斩蓬利锄耰。”补释：“此句乃比喻。”卷三《谒衡岳庙遂宿岳寺题门楼》：“夜投佛寺上告阁。”补释：“点题中岳寺。”卷四《纳凉联句》“凝赤耸山岳”，补释：“此句谓赤云凝聚如耸山岳。此联盖分顶前一联而来。”卷八《游太平公主山庄》：“欲知前面花多少，直到南山不属人。”补释：“不属人，指当年言，感慨已在言外。”

在校对、注释、编年、评论这四个部分，钱先生汲取了前人大量的资料，但是，他不仅仅是罗列这些资料，而是在比较、分析、考辨的基础上，审慎地提出可靠的见解。如果打个比方，那就是钱先生请来了许许多多研究韩愈诗歌的专家，逐一就某个问题，充分地让他们发表自己的意见，然后，钱先生往往就他们的意见作点评，或者发表自己的观点，做出结论。因此，钱先生是主持人、点评者、作结论者。

《韩昌黎诗系年集释》以其宏富与精到，成为韩愈诗集中最为完备的本子。1957 年 11 月，该书由上海古典文学出版社出版。钱锺书先生在 1958 年第 2 期《文学研究》上发表长篇书评，详细论述了这部著作的学术特点和贡献。其中有云：“这许多分散甚至于埋藏在文集、选本、笔记、诗论等书里的资料，由钱仲联广博的搜掘、长久的积累、仔细的编排，还加上了一些自己的心得，成为这部著作。从此我们研究韩诗，可以一编在手，省掉不少翻找和抄录的麻烦，比研究杜甫、李白、王维或李商隐的诗方便多了。因为还没有人对那些诗的清人注集做过钱先生那样大规模的补订。”“他的细心和耐心的搜辑，使他这部书比韩诗的一切旧注都来得丰富，完全能够代替顾注和方注。”1984 年 3 月，《韩昌黎诗系年集释》由上海古籍出版社再版时，钱先生又依据新发现的材料、学术界的新成果对全书作了不少改动增删，并加上了标点，重写了《前言》，以使之适合于更广大的读者群。后来，《韩昌黎诗系年集释》修订本被列入国家教委所颁布的大学本科中国古代文学教学主要参考书目中。此书从出版以后，就成为人们研究韩愈诗歌最为重要的依据，没有一个认真的研究者，研究韩愈诗歌时可以跳过此书。此外，此书对研究相关的诗人和诗歌，甚至相关的历史等，无疑也具有重要的参考价值。

文献学中，有个名词，叫“三会本”，指会校、会注、会评的版本。

《韩昌黎诗系年集释》在“三会”的基础上，加上编年，为“三会编年本”。这样的“三会编年本”，在古籍整理的体例上，也是个创新，为古籍整理创造了一个榜样。此后，不少学者整理古籍，就仿照这样的体例，自觉地以此书为标准。例如，近年出版的杨军先生的《元稹诗歌编年笺注》等，就是如此。

《韩昌黎诗系年集释》能达到如此之高的学术水平，其背后蕴藏的是钱先生艰辛的劳动。《钱仲联学述》中说：

> 我在《韩昌黎诗系年集释序目》中写道：“余于昌黎一集，钻研有岁。讽籀之余，辄集诸家异说，手自钞撮，积日既久，遂成长编。系年排比，间附蠡测。……移弃箧中，历有年所。衣食奔走，未暇清写。今岁杜门闲居，乃克从事纂录。事等钞胥，贤乎博弈。若云著述，则吾岂敢？”回首往事，令人徒生学问艰辛、人世苍凉之感。《序目》在1984年《韩昌黎诗系年集释》再版时被删除了，而此书的1957年版现在已不易寻觅，因而这段往事也就不为一般人所知晓了。《序目》作于庚寅（1950年）三月，下距《韩昌黎诗系年集释》之初版问世尚有整整七年半光阴。人生几何？从“钻研有岁”到“积日既久，遂成长编”，到“移弃箧中，历有年所”，以至于杜门纂录成书。之后，还必须耐心等待可遇而不可求的出版机会。孔子曰：“古之学者为己，今之学者为人。”（《论语·宪问》）荀子曰：“无冥冥之志者，无昭昭之明；无惛惛之事者，无赫赫之功。”（《荀子·劝学》）没有“衣带渐宽终不悔，为伊消得人憔悴”的忘我追求，没有从艰苦的逆境中奋然崛起的毅力，在学术研究领域想取得超越前人、无愧时代的卓越成就，是不可能的。

钱先生这样的精神，正是最为值得我们学习的。

学术论文

《读宋书札记》和《读北魏书崔浩传书后》。沈曾植精通史学，尤其对魏晋南北朝历史有深入的研究，又实践“合诗人之诗与学人之诗为一”的理论，在诗歌中大用史书典故，因此，其诗歌中，来自魏晋南北朝历史书的典故不少。钱先生注释沈曾植的诗歌，就曾一度用力于《晋书》、《宋书》、《北魏书》、《北史》的研究。《读宋书札记》和《读北魏书崔浩传书后》，就是他研究这段历史时所写的两篇史学论文。《钱仲联学述》中，云此二文发表于1943年到1944年的《学海月刊》，其中《读宋书札记》还是连载的。苏州大学图书馆藏有《学海月刊》创刊号一册，民国三十三年（1944）7月15日出版。此下的《学海月刊》，该图书馆没有。在《学海月刊》创刊号上，有署名钱萼孙的《海日楼诗注》，为自序

(骈文)、发凡和目录等。又有一篇《知止斋读史劄记》,署名知止斋主。细读其文,方知道就是钱先生的《读宋书札记》。《读宋书札记》和《读北魏书崔浩传书后》既然都是发表在《学海月刊》,则应该是在《知止斋读史劄记》的总名下发表的。只是钱先生后来罕用"知止斋"这个室名。"知止斋"也是钱先生的祖母的父亲翁心存的斋名。至于钱先生为什么要用这个斋名,后来又不用这个斋名了,其间原因,不可得知。

《读宋书札记》所研究的,是我国历史上一个非常重要的问题,而且这个问题在社会发展中有永恒的意义,这就是人才问题。刘宋当时控制全国四分之三的国土,且其余四分之一的国土之上,竟然有四个互不统属的政权。在这样的情况下,刘宋王朝按照常理而言,是不难统一天下的。可是,那四个政权中的拓跋氏政权统一北方,夺取了刘宋大河以南淮水以北的区域,造成了北朝最后吞并南朝的定局。钱先生认为,其间原因,乃是刘宋自从开国君主刘裕去世后,无论皇帝权臣,到朝野文臣武将,都没有杰出人才成为肩负全局责任的中心人物。钱先生不仅通过对刘宋元嘉以及孝建以后政坛重要人物徐羡之、傅亮、谢晦、刘义康、殷景仁、刘湛、蔡兴宗、褚渊、袁粲、颜竣、孔觊等十余位军政要员性格、行事、进退得失等的分析,有力地支持了他的观点,而且,钱先生还通过翔实的资料和细致的分析,指出此等局面之形成,当时刘宋政权中官员南北矛盾、士族与寒族矛盾,最高统治者对臣下的严酷,实为重要原因。

崔浩为北朝拓跋朝第一重臣,但是却以七十高龄,在位时以史书案被杀。很明显,史书案仅仅是个借口而已。可是,真实的原因是什么呢?钱先生《读北魏书崔浩传书后》,先是分析了前人"通宋说",即崔浩因为欲为南朝刘宋当内应事发而被杀之说的不可靠,然后指出,崔浩是因为与太子拓跋晃(恭宗)的矛盾而被杀的。钱先生列举了三件事情。一是在讨论征伐凉州时,太子左右云其地无水草,不宜讨伐,而崔浩坚持认为讨伐不成问题,其地有水草,结果证明后者是正确的。可是,崔浩还攻击对方是受了敌方的贿赂而故意欺骗皇帝,这样,矛盾自然就加深了。其次,崔浩信仰道教,所以,利用政治力量尊道罢佛,而太子则是笃信佛教的。三是在任用地方官员时,太子和崔浩都为了培植亲信,主张任用自己的人,引起很深的矛盾。此外,钱先生列举证据,说这位太子是为了一点财物方面的利益就连当皇上的父亲都想谋杀的人。正是太子和崔浩的矛盾、太子的政治优势和残忍的性格,导致了崔浩被杀。

《柳诗内诠》发表于1936年之《学术世界》。因为沈曾植诗歌是以用大量的佛教典故和佛教义理著名的，所以，钱先生注释沈曾植诗歌时，研读了《大藏经》。柳宗元诗歌好用佛理，这是一般的看法。《柳河东集》的注本，以明人蒋之翘辑注本为最详细。可是，蒋本对柳宗元诗歌中的佛理，略而未注释者极为多。因此，柳宗元诗歌用佛理的情况到底如何，这是个重要的问题，牵涉到佛教与唐代诗歌的关系问题。钱先生这篇论文，将柳宗元诗歌中用佛理或者化用佛理者，一一找出其脚跟，用实证的方法，揭示了柳宗元诗歌运用佛理的情况，着重发明柳宗元佛理入诗的艺术特色。短短三千来字的文章，引证佛教典籍约三十种，可见功夫之深。

注释

[1] 钱仲联、涂晓马：《犹有壮心歌伏枥——钱仲联先生访谈录》，载《文艺研究》2003年第5期。

[2] 钱仲联：《钱仲联自传》，见江苏省政协文史资料委员会编：《江苏文史资料》第41辑《江苏近现代历史人物》第2集，《江苏文史资料》编辑部1991年版，第216页。

[3] 《梦苕庵文剩》，苏州大学中文系明清诗文研究室编：《明清诗文研究丛刊》1982年第2辑，第109页。

[4] 叶恭绰。

[5] 魏中林整理：《钱仲联讲论清诗》，苏州：苏州大学出版社2004年版，第125页。

第六章　在苏州任教(上)

1. 教学工作

2. 参加编写《中国历代文论选》

3. 在“文化大革命”中

4. 学术著述

5. 学术论文

6. 游仙诗

1. 教学工作

1952 年,江苏省进行省属高校的院系调整。在苏州的江苏师范学院中文系被撤销,并入在南京的南京师范学院中文系。1958 年,江苏省教育厅又根据全省高等教育事业发展的需要,在江苏师范学院重建中文系。重建一个系,不是一件简单的事情,而最重要的要有合适的人才。江苏省教育厅在南京师范学院中文系抽调一批教师,到江苏师范学院从事重建中文系的工作。南京师范大学和前身为江苏师院的苏州大学的文学院,关系特别密切。这正是因为有这样的历史渊源。

钱先生 20 世纪 60 年代在江苏师范学院的学生顾浩(左一)和陈少松回母校看望老师。顾浩曾任中共江苏省委副书记。陈少松又是钱先生首届招收的两位研究生之一,任南京师范大学文学院教授。

1958年秋天，已经年过半百的钱先生，和刘开蓉、瞿光熙、应启后等人一同奉调来到苏州，着手江苏师范学院中文系的重建工作。钱先生担任古典文学教研室主任。创业伊始，人才奇缺，钱先生不得不独自承担先秦至明清近代的全部文学史和文学作品选课程，还要指导年轻助教的进修。教学任务之沉重，是可想而知的，更何况，当时的钱先生已经并不年轻，同事们都已称他为“钱老”了。他的《学术年表》中，从1958年秋到1961年，科研和创作完全空白，只有“上课”是如此的饱满。这种情形直到1961年暑假前夕才有所改变。经过三年的锻炼培养，青年教师开始走上讲台，胜任部分课务，能为钱先生分劳了。这本身也是钱先生辛勤工作的成效。

2. 参加编写《中国历代文论选》

1961年，教育部决定编写高校文科教材《中国历代文论选》，由复旦大学中文系郭绍虞任主编。郭绍虞通过钱先生的学生、时任中共中央华东局宣传部长的俞铭瑛与江苏师院协商，邀请并借调钱先生前往上海参加编写工作。这标志着钱先生在学术界和高教界的一流地位得到了确立，这也是1949年以后钱先生事业和人生的又一个新的发展阶段。

钱先生于当年6月中前往上海，与郭绍虞、夏承焘、马茂元等同住国际饭店十三层，一起进行编写工作。郭绍虞(1893—1984)，原名希汾，字绍虞，江苏省苏州市人。著名语言学家、文学史家。1927年起就先后任燕京大学、上海复旦大学、之江大学、光华大学、同济大学等校教授。1949年后长期担任复旦大学中文系教授兼系主任。著有《中国文学批评史》等重要著作，他还与王蘧常、钱先生合编了《万首论诗绝句》。

在此之前，钱先生与郭绍虞虽然没有见过面，但是神交已久。夏承焘则是钱先生在无锡国专任教时的老朋友，两人早就诗词往来不断。至于马茂元，则是钱先生在无锡国专任教时的学生。所以，编写组内，关系融洽，讨论编写之余，切磋诗文，吟咏唱酬。住的又是上海国际饭店这样在当时极为高档的宾馆，物质生活方面，也无疑是非常好的。在经历了多年的困苦、磨难和劳顿以后，能在如此优越的环境中进行如此高级别、如此重要的研究工作，钱先生的喜悦与满足，是可以想象的。这段经历给他留下很深的印象。钱先生有词咏其事：《金缕曲——辛丑秋与瞿禅共寓国际饭店十三楼，别十九年矣，仍夜联吟谈艺，同寓者郭老绍虞，马生茂元，合摄一影留念。次胡海楼集中韵》，

1961年，钱先生与马茂元（左二）、郭绍虞（左三）和夏承焘（右一）在上海选编《中国历代文论选》时的合影。

词云："劫火穿云罅，记当年、毒龙煮海，万人作鲊。草草河梁挥手别，眸子霜飙酸射。看一鹤横江东下。十载泥途谁念我，走青枫黑塞魂都怕。雁荡月，屋梁挂。铜仙铅泪何须泻。喜重逢红桑划尽，剪淞入画。旧识新知皆鲍子，蹴踏况来天马。论文到，钟夜打。何限平生风义感，插岩香图作同归者。珍此影，玉绫箱。"上阕写抗日战争时期钱先生与夏承焘分别及其以后钱先生坎坷的经历。下阕写当时的情景，欣喜舒畅，溢于言表。

与这词相比，他所作咏此事的诗歌更为有名。《上海国际饭店十三楼与郭绍虞、夏瞿禅及马生茂元共晨夕者数月，谈艺论文，致多佳趣，得七绝四首》记当时情景：

摘遍星辰百尺楼，玫瑰红醉海天秋。
人生控鹤浑闲事，十二层城在下头。

雕龙上下二千年，绝学埏垓一老专。
无尽金针度人愿，笔花开到夜灯前。

别来湖海什经秋，刀剪吴淞水更流。
仍夜连床听旧雨，梅花笛里又江楼。

当年南岳讲堂开，天马西江蹴踏来。
话到拏云旧心事，看君弹指现楼台。

诗人元帅陈毅

这几首绝句，还开启了钱先生与陈毅元帅的一段翰墨因缘。当时担任国务院副总理和外交部长的陈毅，陪同外宾到上海，在报纸上读到了钱先生的这几首绝句后，大为激赏，特别是第一首末句“十二层城在下头”，他认为写得非常好。郭沫若曾经写诗称陈毅：“一柱天南百战身，将军本色是诗人。”陈毅自己是个诗人，懂诗、爱诗，也尊重诗人。他知道钱先生就在上海，就亲自到国际饭店造访钱先生，和钱先生谈诗论文半日。在一次上课时，钱先生讲文艺作品与现实或者历史关系的时候说，文艺作品未必要和事实一模一样。他举例子说，他亲耳听陈毅元帅说过，电影《南昌起义》就和历史上的南昌起义有这样那样的不同，当时郭老（郭沫若）也在座，也完全同意陈毅的说法，他们都是南昌起义的参加者。钱先生和陈毅，就见过一次面，因此，钱先生所说的，应该就是陈毅与他在上海国际饭店谈诗论文的事。这次谈话中，陈毅还让钱先生将已出版的《人境庐诗草笺注》修订本、《鲍参军集注》、《韩昌黎诗系年集释》等三部著作寄往国务院。不久，钱先生收到陈毅自北京寄来的长信，对三部笺注著作的学术成就加以肯定，对钱先生的诗歌作品高度赞赏，鼓励钱先生多多写作诗歌。信中还评论近代诗歌，涉及"同光体"诗派等，极有见地，显示出这位身经百战、功勋卓著的老帅的儒将风范和不凡的文学根柢。令人扼腕叹息的是，陈毅的这封长信，在"文革"中被造反派抄家劫去，写大字报逐字逐句加以批判。此后便不知落于何人之手，至今不知下落，而陈毅也在十年浩劫中更横遭"四人帮"迫害。陈帅去世噩耗传来，钱先生非常悲痛，作《水龙吟·仲弘元帅哀词》以寄托哀思："百年一羽云霄，病斟俄阖人天眼。康回撼柱，埃风溘逝，须臾宁缓。草木淮江，知公胸有，甲兵十万。看扬灵此去，雄雷叱咤，炎魔首，青虹断。知己平生有几，掩霜鳞孤灯泪满。霸才许我，名山事业，心期无限。回首前尘，高楼湖海，旆旌初见。又大荒何世，骑鲸欲往，作元龙伴。"上阕写陈毅元帅逝世。下阕写钱先生与陈毅元帅的交往，并由此抒发深沉的哀悼。钱先生视陈毅元帅为知音，陈毅元帅许钱先生为"霸才"，勉励钱先生多创作、多研究。

《中国历代文论选》初版三卷本于 1964 年出版。1977 年，该书主编郭绍虞先生奉教育部命在原来基础上作较大幅度的增补修改。他仍坚请钱先生参加并主持工作。当时参与该书三卷本编写工作的刘大杰先生已经病故，夏承焘、马茂元二先生则因故不能参加修订工作，钱先生也因江苏师院中文系"拨乱反正"之始，教务特别繁忙，不能分身去上海参加。郭绍虞先生就分期派员持改稿、新稿以及新增篇目自沪上专程送至苏州请钱先生审阅、修改，自撰说明或提出意见，最后并通读全稿。历经两年的艰辛工作，1979 年 8 月，新编《中国历代文论选》以作为教学科研参考书的四卷本和作为高校中文系教材的一卷本两种版本同时由上海古籍出版社出版。1988 年 1 月，《中国历代文论选》荣获国家教委颁发的全国高等学校优秀教材奖。关于此书之编写过程等，《钱仲联学述》记载甚详。

3. 在"文化大革命"中

"文化大革命"中，钱先生被作为"反动学术权威"，关进了"牛棚"。当时，那些造反派为了改造牛棚中的"牛鬼蛇神"们，督促他们学习毛泽东思想，就给他们规定了功课，要他们每天必须背诵指定的毛主席语录，否则就不给饭吃。一般来说，年纪越大，背诵之事，就越不容易。当时，先生已年届六旬，但每次他都能流利地背诵出来，轻而易举地端上饭碗。这与钱先生从小时候起就大量背诵古典诗文有关。在背诵古典诗文的同时，也练就了一套非凡的背诵能力。

造反派考教授，无非是想证明这些被考者没有真正的学问，让他们出洋相。据《钱仲联学述》中说，江苏师范学院的造反派也这样搞。考试的命题千奇百怪，从“儒法斗争”到京剧革命，从典章名物到外国史地，甚至还带上几条斩头去尾或中间掏空的马恩列斯语录。造反派们满以为能难倒钱先生这个“反动学术权威”。但每次钱先生都能一一答来，让造反派们既惊讶又失望。

钱先生在给我们讲清初诗歌的时候，讲到赵执信对王渔洋和朱彝尊诗歌的评价是“王爱好，朱贪多”。他认为，赵执信的用意，在于批评王渔洋，而不在批评朱彝尊，说“朱贪多”，只不过为了批评王渔洋，把朱彝尊作为陪衬而已，所以才带了“朱贪多”。钱先生说，这与“文化大革命”中造反派批斗柴德赓教授而把他与柴教授放在一起陪斗相似。柴德赓是著名的历史学家，长期担任江苏师范学院历史系教授兼系主任，学问很好。江苏师范学院进入《中国当代社会科学家传》的教授，仅有两名，一个是钱先生，另一个就是柴德赓。他们两个一起被批斗，从任何一个角度看，规格还不低呢。至于批斗的内容，现在当然不得而知了。

钱先生对“文化大革命”，在当时就有极为睿智的理解。“文化大革命”，实在是太复杂了，普天之下，上上下下，直到今天，谁能真正说出个子丑寅卯来？在当时，更是能有多少人完全理解？笔者无法判定钱先生在当时是否完全理解，但是，我认为，钱先生的理解是睿智的：“文化大革命不是针对我钱仲联的，打倒我做什么。关我进牛棚，批斗，那都是开开玩笑而已。”我非常钦佩这种在复杂、混乱的时候对局势及其走向作以简御繁的理解，只有具有大学问、大智慧和丰富阅历的人，才能作这样的理解。不错，钱先生在当时只是古典文学教研室主任，这是一个做事情的职务，能有多大的权力？有谁稀罕这个职务、想夺取这个职务而要打倒他呢？打倒了他，倒实实在在就少了个做事情的人。所以，实在没有任何理由要打倒他。至于把他批斗、关进“牛棚”等等，那是有些人要满足自己畸形的或者丑陋的心理需求而已，是一场场闹剧而已。有了这样的认识，走过“文化大革命”，就会从容些。

4. 学术著述

《剑南诗稿校注》

给陆游的诗集作校勘和笺注工作，无疑是非常不容易的。首先，在我国古代诗人中，陆游是作诗最多的诗人。其存诗数量略等于唐宋诗坛大家李白、杜甫、白居易、苏轼、黄庭坚五家的总和，人们常说，陆游所作诗有万首，其实，万首还不止。其次，陆游享高寿，他生活的年代又是多事之秋，他本身的经历又丰富，走过的地方、经历的事情很多，这些，都使他的诗歌内容非常丰富。再次，宋代诗歌，多以文为诗者。以文为诗有这样那样的许多特点，其中之一就是题材广泛并且注重写实。陆游并不以以文为诗著名，后人也并不认为他的诗歌是以文为诗的，更没有谁从以文为诗的角度去研究过他的诗。但是，实际上他的诗还是受到时代诗风的影响的，那就是题材广泛和写实。他的诗集中，名胜古迹、民情风俗、佛道寺观、山川风景、土产特产、奇异物品等很多，而且这些内容，大多不仅仅是以名物出现，不仅仅是为抒发感情服务，而是有若干具体的描写，作者写这些内容的目的之一，就是记录这些事物。这就使其诗歌的内容非常驳杂。还有，在宋代诗人中，陆游是最为人注目的诗人之一，因此，他的诗歌传播广泛，有多种版本不说，还被选到许多选本中去，引用陆游诗歌的文献则更多，这就大大增加了校勘的难度。最后，陆游的诗歌，虽然此前有多家注释，如宋代史温有《陆诗选注》十卷、《续集》一卷，马瀛《吟香仙馆书目》卷四著录，宋末闻仲和曾为陆游诗作注，见陈著《本堂先生文集》卷四三《跋闻仲和注陆放翁剑南句图》。清人无锡许美曾有《陆诗选注》，见周镐《犊山类稿》卷三《陆诗选注序》。但这些注释本，都没有行世。日本铃木虎雄有《陆放翁诗解》六卷，也只是据《唐宋诗醇》所选作注。因此，为陆游诗歌作校注，是一项开创性的工作，不像钱先生此前做的鲍照诗校注、韩愈诗校注那样，有前人的许多成果可以利用。总之，校注《剑南诗稿》的难度是很大的。

1961 年秋，也是在上海参编《中国历代文论选》期间，中华书局上海编辑所（也就是现在的上海古籍出版社）与钱先生签订出版协议，约请钱先生校注《剑南诗稿》。就出版社方面而言，当然是看中了钱先生的学术声望和他在校注古代诗集方面的卓越贡献，才非常信任地把这样一个难度极大的大项目交给钱先生。这个项目在 1965 年完成，为时四年。要知道，除了这项工作外，钱先生还有繁重的教学任务等工作。当时，钱先生在江苏师范学院中文系任教，除独立讲授古代文学史和古代文学作品选两门主课以外，还担任古典文学教研室主任一职，负有主持专业教学、指导青年助教的责任，因而整个《剑南诗稿校注》的浩大工程都是利用寒暑假和课余时间完成的。全书共278万字，平均每年完成70万字，与此前钱先生注释其他的诗文集相比，速度明显加快了许多。他的《人境庐诗草笺注》开始于1931年，花费了整整五年时间才完成。40年代初开始进行的《海日楼诗集》的笺注工作持续了四五年，方才完成了初稿，此后还作了许多修改和增补。《鲍参军集注》和《韩昌黎诗系年集释》二书，在前人校注的基础上完成，但是也花费了钱先生十年的时间。可是，《剑南诗稿校注》这样一个篇幅非常大、远远超过钱先生此前完成的任何校注项目的巨大工程，钱先生却在繁忙工作之余的四年时间里，完成了这个工程，时间比以前任何一个校注工程都要短！

其中奥妙何在？首先当然是钱先生所下功夫之苦。他以前写字多用毛笔，笔茧在指肚上；当时誊写《剑南诗稿校注》书稿，改用钢笔，笔茧竟升到了指尖上。但是，钱先生以前做古籍的校注，也是下苦功夫的。所以，其间主要的奥妙，还在于此时的钱先生，已经在古籍校注方面积累了非常丰富的经验，有驾轻就熟、左右逢源之便利。

就《剑南诗稿校注》本身来看，此书有这样几个方面，是应该特别介绍的。

此书收录陆游存世的诗歌最为齐全。将陆游诗集中没有收录的诗歌全部收入，并且把毛晋所辑、毛扆续添的《放翁逸稿》中混入的非陆游作品，一一加以识别考辨，既确保"传世放翁诗作略备于此"（陈振鹏《剑南诗稿校注》），又剔除了前人误收的篇章。

校勘既精细，又切合客观情况，对不同价值的版本，区别对待。钱先生以汲古阁后印本为底本，依据北京图书馆藏宋刻《新刊剑南诗稿》残本及宋刻《放翁先生剑南诗稿》残本、《四部丛刊》影印明弘治本、宋人罗椅《涧谷精选陆放翁诗集前集》、宋人刘辰翁《须溪精选陆放翁诗集后集》，以及明人刘景寅从《瀛奎律髓》中抄辑而成的《别集》、影印本《永乐大典》，以及如地志、石刻等文献所载，以校改底本中目录、诗题、字句等方面的讹误，并以校勘记说明。对一般版本中的古今字、通假字不轻易出校，而对两种宋刻残本与底本的异同情况，则虽细微，也作出校记。因为一般版本容易找到，且古今字、通假字的异同，对作品本身的理解没有多大的意义，但是，宋刻本则已经是天下孤本，一般的研究者，也很难见到，不要说一般的读者了，所以，钱先生这样处理，既能使读者得以借此略识宋本面目，也为研究者们提供方便。

在注释方面，有两大特点。一是在方法上，多用"以陆证陆"的方法。注释陆游的某一首诗歌时，凡在陆游的其他诗文等作品中有相关材料可资参证者，尽量采用。这与陆游的具体情况是相切合的。陆游除了《剑南诗稿》外，还有《渭南文集》、《老学庵笔记》、《入蜀记》等著作，其中多与其诗歌相关的内容，用这些内容来笺注陆游自己的诗歌，无疑是最为可靠，也是最为得当的。"以某证某"，是汉学家研究经史子的方法，钱先生用以研究陆游的诗歌，这也是一种创新。

二是重点突出。《剑南诗稿》篇幅巨大，即使用与注释《人境庐诗草》相同的方法来注释，部头也会很大，如果用注释《海日楼诗》、鲍照诗文或者韩愈诗歌的方法来注释，那部头就更大了，不利于该书的传播。因此，在注释过程中，就会遇到个突出重点的问题。就现在的《剑南诗稿校注》来看，很明显，重点在诗歌中有关的事情本身，而不在诗歌中的典故、词语和诗句的脚跟等。

诗歌中有关的事情，钱先生都注释得非常详细，引文不厌其长、不厌其详。如卷一《送王景文》："深知万言策，不愧九原人。"王景文，名质。注释引用《宋史・王质传》，对王质的生平作了比较详细的介绍，又间接引用毕沅《续资治通鉴》，明了王质上万言策的直接原因、确切时间和被罢免这一结果，再把《宋史》中所记载的王质上万言策的前因后果和主要内容，都原文录在注释中。这样，读者就可以对王质上万言策得罪当道而被罢免的事情有比较完整和确切的了解。钱先生注释《去年余佐京口遇王嘉叟从张魏公督师过焉魏公道免相嘉叟亦出守莆阳近辱书报魏公已葬衡山感叹不已》一诗，直接引用陆游《感知录》中详细记载陆游与张浚关系的大段文字。《送芮国器司业》之二"往岁淮边虏未归，诸生合疏论危机"，钱先生注释，引用李心传《建炎以来朝野杂记》甲集卷二十《癸未甲申和战本末》中的详细记载，明其事之本末。卷五《晓叹》诗有"翠华东巡五十年，赤县神州满戎狄"之句，钱先生注释，引用《建炎以来朝野杂记》甲集卷五种从靖康末年到绍兴二年这段时间内宋高宗东奔西逃的情况释之。

至于诗歌中的典故、词语和诗句的脚跟等，则不是注释的重点，有些比较容易的，往往不加注释。如七律《二月二十四日作》中，上半首"棠梨花开社酒浓"等四句，写当地祭祀土地神的风俗，但是，包括"社酒"一词在内，钱先生没有作任何注释，而下半首中"崖州万里窜酷吏，湖南儿时起卧龙"，则加比较详细的注释明其所指。《平阳驿舍梅花》"远来不负东皇意，一绝清诗手自题"中，"东皇"未加注释。《海中醉题时雷雨初霁天水相接也》中，"南溟"、"澒洞"都没有注。《送王嘉叟编修》中，“鸾台”未加注释。《病中简仲弥性唐克明苏训直》中“胜社”，《月下作》中的“玉钩”、“冰轮”，《怡斋》中的“萱房”，《龙湫歌》中的“龙归抱珠”，《平羌道中望峨嵋山》中的“税鞅”，都未加注释。《次韵无咎别后见寄》中“龙蛇飞动无由见，坐愧文园属思迟”中，仅仅注释了“文园”是指司马相如，而司马相如文思不快的特点，也就是诗歌中的“属思迟”，却没有注释。《过东鄜滩入马肝峡》中“退鷁”的出典，《寄别李德远》“惜别自嫌儿女态”之句的脚跟，《家园小酌》中“酒杯怀抱得频开”的脚跟，《独学》中“独学”的出典，《布金院》中“布金”的出典等，都未作注。这些，当然钱先生绝不是注释不出来，而是有意不加注释，以节约篇幅。

这八厚册《剑南诗稿校注》，肯定不是大众阅读的书籍，而是供研究者使用或者学习古典文学者阅读的。因此，一些常用的典故或者词语，一些一般研究者和具有古典文学方面的一般常识的人都能知道的“脚跟”等，就不必加以注释了。至于诗歌中有关的事件等，则是即使是研究者也非注释不能详细明白的，钱先生当然要作为重点对待，详细注释了。

《剑南诗稿校注》的附录，材料丰富。一是陆游的生平资料。《宝庆会稽续志》、《宋史》以及《山阴陆氏族谱》中所载陆游本传。这是记载陆游生平最早并且较为可靠的完整资料。三传可以互相补充，却又各有小误，故三传而外，钱先生又新编《陆游年表》，亦编入附录。这些资料，可以供读者在阅读或者研究陆游诗歌的时候“知人论世”之用。三是汇录各家书目和提要所载陆游诗的版本资料，这对研究陆游作品的流传情况非常有用，也可以使读者对该书的版本来源有明确的认识。四是该书的引用书目和篇名索引。前者显示了钱先生的严谨，后者则对读者阅读和使用该书，有极大的帮助。陆游一万多首诗，读者要查找其中的某一首诗，可不是轻松的事情，有了钱先生编的篇名索引，就非常容易了。

在具体的操作方面，此书由传统的学术规范进入现代学术规范。在传统的学术规范中，注释文字引用书证，引用者根据自己的需要增加或者删除文字，都不必要标明或者说明，直接引用和间接引用，都是如此。因此，我们看传统的注释，就无法明了笺注者引用的书证，到底是不是原文，到底是直接引用还是间接引用，其中增删情况如何，都不能明白。这样做，当然是符合传统的学术规范的。从钱先生从事诗文集校注开始，他就在这种传统的学术规范的基础上加以改进，他所笺注的第一本诗集《人境庐诗草笺注》中，所引用书证，我们一般都能清楚地看到是直接引用还是间接引用，其间增删如何。在此后的古籍笺注中，钱先生也是如此的。可是，从《人境庐诗草笺注》到《海日楼集注》，所引用书证，只注明某人某书，而没有所引用文字在书中的卷目或者篇名，而现代学术规范中，引用书籍，应该注明到卷或者篇名的。《剑南诗稿校注》中，钱先生引用书证，凡是史书，他都注明某史某卷某人传，引用其他著作，也大多注明到卷或者篇名。此外，在书末附录中加上引用书目，也是传统学术规范中没有的，而现代学术规范中则是提倡的。至于附录中的篇目索引，也是古人所作校注类书籍中所没有的。

1965 年，钱先生完成了《剑南诗稿校注》并按照合同交付中华书局上海编辑所。当时正是"文化大革命"前夕，极左思潮已经非常严重了。因此，《剑南诗稿校注》已经无法按合同如期出版。第二年夏天，当"文革"爆发，造反派从钱先生家抄走几乎所有的藏书、字画和书稿时，《剑南诗稿校注》手稿却因搁置在出版社库房里而得以免遭劫难，这真是不幸中的大幸。1985 年 9 月，也就是此书稿完成 20 年后，上海古籍出版社出版出版了该书，共八厚册。又七年之后的 1992 年，这部卷帙浩大的笺注著作，获得由国家新闻出版署颁发的全国古籍整理图书二等奖。

《李贺年谱会笺》

大家知道，李贺是唐代最为著名的诗人之一。钱先生对李贺的评价很高。其《读昌谷集绝句六十首》开头两首云："诗才横出古中州，鳌掷鲸呿迈等俦。奴仆命骚君莫讶，雄鸡曾唱夜峰头。""太白仙才此代兴，稍容温李作疑丞。九阳耿耿当中照，儿辈光芒说少陵。"这样的评价，可以说推崇备至了。在钱先生此前的著述中，我们没有发现对李贺如此高的评价。钱先生对李贺如此评价，是建立在他对李贺及其诗歌的精深研究的基础之上的。具体说来，这精深的研究，主要体现在他的《李贺年谱会笺》之中。把《李贺年谱会笺》与《读昌谷集绝句六十首》结合起来阅读，我们很容易发现，后者作在前者完成以后。

《李贺年谱会笺》实际上是以时间为线索，研究李贺的诗歌，其重点不在李贺的生平事迹，而在于李贺的诗歌创作，有时甚至不以年系诗，而是以事系诗，对年谱的形式有突破的地方，而这正是重诗歌甚于重时间先后的证明。这与李贺一生的实际情况是一致的。李贺只活到 27 岁，就去世了，且生平简单，人际交往也很简单，在政治上、学问上也都没有什么建树可言，他的贡献，几乎全在于诗歌方面。

《李贺年谱会笺》最大的价值在于，钱先生揭示了李贺许多诗歌的本事和题旨，而这些本事和题旨，都所关者甚大。其中最为突出的是李贺诗歌中关于“永贞革新”即“二王八司马”事件以及相关的其他事件的诗歌。贞元末年，王叔文于太子东宫用事，与韦执谊、刘禹锡等十几个人秘密相互结纳，为太子即位后从事政治改革作准备。贞元二十一年(805)正月，德宗去世，太子李诵即位，是为顺宗。王伾、王叔文等掌权，从事政治改革，包括罢宫市、计划削减宦官兵权、打击藩镇、减免积欠赋税、整顿盐铁等官营事业、任用以前被错误处理的官员等。这些措施，触犯了宦官、藩镇和朝廷保守官僚的利益，他们着手反击。是年三月，顺宗立李纯为太子。七月，李纯以太子身份处理国家大事。八月，顺宗内禅，下诏改元永贞，李纯即皇帝位，是为宪宗。此后，宪宗对王叔文等实施打击。王伾被贬为开州司马，王叔文被贬为渝州司户，柳宗元、刘禹锡等七人被贬到僻远的地方当刺史或少尹。不久，柳宗元、刘禹锡等八人再次被贬到偏远的地方当司马。史称“二王八司马”。次年正月，顺宗暴卒，王叔文被赐死渝州。八月，宪宗下诏，云柳宗元、刘禹锡等八人“纵逢恩赦，不在量移之内”。此后，柳宗元、刘禹锡等长期在偏远之处任职，王伾、韦执谊先后病死在贬所。这就是“二王八司马”事件的余波。

钱先生通过对李贺诗歌文本和其他相关资料的深入分析，认为李贺的许多诗歌，乃为“二王八司马”事件及其相关的诸事件而作，并分别考证出这些诗歌的具体内容，包括本事和题旨等等。例如，李贺《金铜仙人辞汉歌》乃伤顺宗之死及王叔文等被贬出京；《还自会稽歌》为王叔文、刘禹锡等被贬南方而作；《汉唐姬饮酒歌》借东汉少帝刘辩被董卓废黜事，影射永贞元年的宫廷政变；《追和何谢铜雀妓》乃借怀念魏武帝曹操而怀念顺宗；《湘妃》乃哀“二王八司马”中二王死于蜀地，柳宗元、刘禹锡被贬湘地；《帝子歌》乃悼念顺宗；《蜀国弦》伤二王之死于蜀地；《感讽六首》之五伤八司马等等。此类内容的诗歌还有《马诗》中的若干首、《春坊正字剑子歌》、《堂堂》、《宫娃歌》、《李凭箜篌引》、《听颖师弹琴歌》等。钱先生的这些阐述，确切可信，纠正了姚文燮《昌谷集注》中的许多错误阐述等不足。

永贞革新和“二王八司马”事件发生时，李贺才16岁，顺宗暴死时，李贺也只有17岁。李贺尽管早熟，他如何能详细了解这样重大、诡秘的事情，并能做出正确的判断、采取正确的立场而形之于诗歌呢？钱先生认为，是事后李贺从密友那里了解到这些事件的。李贺的密友王参元，与柳宗元有十载深交。密友杨敬之的父亲杨凌，是柳宗元的岳叔父，与柳宗元的父亲有交往，与刘禹锡也有唱和，刘禹锡《答杨八敬之绝句》称之为知音。密友权璩，在贞元末年与刘禹锡在长安是邻居。所以钱先生《读昌谷集绝句六十首》中有诗云："王杨当日见闻亲，宫掖传来秘史真。哀乐可知缘事发，哪能无想更无因。"这样，钱先生对李贺有关诗歌的阐述，就更加令人信服了。

宪宗迷信神仙。李贺《仙人》、《天上谣》、《古悠悠行》、《苦昼短》、《拂舞歌辞》、《瑶华乐》、《神仙曲》、《昆仑使者》等，都是为此而作，而都具有讽刺意义。此外，李贺反映并讽刺皇帝、达官贵人荒淫无耻、为非作歹的诗篇，就更加多了。如《黄家洞》诗，写岭南黄家洞人起事，揭露官军之残暴与虚弱；《梁公子诗》，揭露镇海军节度使、宗室李锜的腐朽生活；《公无出门》反映藩镇之叛乱；《贵主征行乐》写吐突承璀奉诏平叛，却在军中骄奢淫逸；《梁台古愁》写李锜叛乱而灭亡；《绿章封事》写达官贵人之胡作非为；《秦王饮酒》讽刺宪宗之荒淫；《李夫人》讽刺宪宗惑于后宫；《秦宫诗》揭露权门豪奴的罪恶；《古邺城童子谣》、《艾如张》等，揭露权贵专横跋扈、作威作福；《难忘曲》、《贾公闾贵婿曲》、《夜饮朝眠曲》、《花游曲》、《安乐宫》、《荣华乐》、《相劝酒》等，都是讽刺京师显贵之家骄奢淫逸、荒淫无耻的生活。至于《老夫采玉歌》等，则又是对统治者为享受而残酷压迫百姓的抨击了。

《李贺年谱会笺》还纠正了前人的不少学术错误。例如，传统的说法是，李贺 7 岁能诗，韩愈不信，亲自访之，李贺乃作《高轩过》，韩愈叹服。钱先生通过周密的论证，得出结论，认为此乃李贺 20 岁时事，非 7 岁时事。

通过《李贺年谱会笺》，我们可以看出，李贺诗歌有非常丰富的现实内容，其精神与永贞革新这一政治运动、与新乐府运动这一文学运动，是完全相通的。钱先生从当时社会政治的角度研究李贺诗歌，这正是与他重视诗歌的社会内容、重视诗歌为社会现实服务的诗学观点相一致的。

李贺诗歌瑰奇怪特，幽艳冷峭，有"诗鬼"之称。结合《李贺年谱会笺》，我们可以对此有更加深入的理解。永贞革新的有关话题，在杜牧生活的年代，仍然是个禁区，在李贺生活的年代，绝对是忌讳的，李贺那些有关永贞革新的诗篇，无法不以如此隐晦曲折的写法出之。讽刺当时皇帝迷信神仙、讽刺当时官场黑暗、讽刺达官贵人荒淫无耻、奢侈豪华，都不是可以显言的，而涉及的内容，又是无法不用瑰丽华艳的词藻和神仙想象之类的虚幻之笔。李白诗歌中也有类似的内容，但是，李白却能写得开朗热烈、神采飞扬，为什么李贺却不能这样呢？当然有许多原因的。例如，李白在盛唐时代，当时的时代风气就是开朗热烈、神采飞扬，即使是许多写失意落魄的诗歌也是如此。李贺却生活在中唐的晚期，时代风气就是萧飒凄凉、衰落难振。其次，李白个性洒脱，平交诸侯，长揖万乘，而李贺则明显个性拘谨，又当着个职位卑微、俸禄无几的小官，受人轻侮。李贺在京师，见惯了皇帝和达官贵人的骄奢淫逸、荒淫无耻，那些花花世界，但是，他深深知道这些与他无关，虽然就在眼前，但是遥不可及，更重要的是，他不是用欣赏的、企羡的眼光来看待这些的，而是用批判的眼光来看待，于是，带上幽峭的色彩，也就不难理解了。

除了李贺许多诗歌的内容外，此书还考证了李贺的世系、家世、家居、家庭、去世后有关事件和李贺诗集的版本源流等流传的情况等，多所发明。

《钱仲联学述》所附录《年表》中云："1966 年丙午，59 岁。夏，文革爆发，受冲击。'解放'后数年间，改教马恩文选及毛泽东诗词，并以课余时间编著《李贺年谱会笺》、《后村词笺注》及《吴梅村诗补笺》等。"观此，我们无法确定《李贺年谱会笺》具体的写作时间。《梦苕庵诗》中《读昌谷集绝句六十首》编年在 1974 年，其自注中，多次提到《李贺年谱会笺》，则这些绝句明显作于此书完成之后。此书又引用马克思《黑格尔法哲学批判导言》中的话，因此，写作时间可能在钱先生改教马恩文选以后。此书中云，李贺《杨生青花紫石砚歌》中"孔窥宽顽何足云"句，"今人"以为李贺反对孔子的证据，此"实为误解"，并引用钱先生早年弟子沈乾熙《读昌谷集随记》中的研究成果，论证此"孔"乃"孔砚"，与孔子根本无关。据此推测，此书当作于 1974 年，当时正是"评法批儒"的时候。

1984 年 4 月，中国社会科学出版社将此书和《吴梅村诗补笺》合为《梦苕庵专著二种》出版。

《后村词笺注》

刘克庄(1187—1269)，字潜夫，号后村，福建莆田人。他一生经历了南宋孝宗、光宗、宁宗、理宗与度宗五朝，担任过建阳令、枢密院编修官权侍右郎官、袁州知州、太府少卿、中书舍人、工部尚书、龙图阁学士等职务。其著作有《后村先生大全集》196 卷，可谓沉沉夥颐。

刘克庄是南宋最为著名的词人之一。但是，他的词在钱先生之前还没有人注释过，因此，钱先生注释刘克庄的词，也是一项无所依傍的开创性的工作。《后村词笺注》的特色，主要体现在以下几个方面。

首先是对刘克庄词的编排。词集中词的编排，一般来说，有两种方法。一是根据词调或云词牌来编排，长调排在前面，或者是相反。

同一词牌的词，排在一起，如果没有标题或者小序，各词之间，用一"又"字区隔，这样可以省去重复刻词牌的麻烦。同一词牌的词，哪首在前，哪首在后，则没有一定了，即使按照时间排列，也没有多大意思。二是按照年代来排列，也就是编年排列，年代早的在前，晚的在后。这种排列方法，比前一种明显好得多，作者的经历和作品，可以相对容易地结合在一起考察，因此便于读者或者研究者把握这些作品和作者的生平思想及其发展。当然，如果不是作者自己编排或者标明作品的写作时间，作品的创作时间，都需要后人考订出来，那是有或大或小的困难的。

刘克庄的词集的各种版本，既不编年，也不严格按照词牌的长短排列，只是大体上相同词牌的词排列在一起而已，而同一词牌的词之间的排列，各本又不相同。大概是为了尽可能地方便读者，《后村词笺注》中作品的排列，有其特殊的地方。凡是可以考证出写作时间的作品，按照写作时间的先后，编年排列。这一部分的词共有130首，分为两卷，编在词集的前面。凡是无法确定其写作时间的词，仍然按照《彊村丛书》本《后村长短句》中原来的顺序排列，《全宋词》所辑录集外词六首放在最后。这部分词，共有134首，分为两卷，放在编年词的后面。

此书的最后是《附录》，包括这样几个部分。一是刘克庄的生平资料，包括行状、墓志铭、地方志中的本传，可以供读者知人论世之用。二是《后村别调》、《后村长短句》、《后村居士诗馀》，即后村词的三个主要版本中词的目次，还有《全宋词》后所附刘克庄的存词目录。因为，钱先生在此书中对刘克庄的词作了重新编排，目次与此前各版本都不同了，而以前版本中的目次，对研究者说来，又仍然有用的可能，所以，钱先生就把这些目次附上了。三是毛晋、朱孝臧、陶湘分别为刘克庄词集所写的三篇序跋，对研究刘克庄的词和版本非常有用，所以也附上了。

再就是校对。此书的底本为《彊村丛书》本《后村长短句》，全部收录朱孝臧的校勘记。用以参校的版本是清代以来最为通行的毛氏汲古阁《宋六十名家词》本《后村别调》，《四部丛刊》影印无锡孙氏小绿天藏赐砚堂旧抄本《后村先生大全集》本，还有陶氏涉园《影宋金元明本词》本《后村居士诗馀》，增加校勘记。《全宋词》所辑三本以外的词，也都收入。这样，刘克庄的词，就收录得全、校勘得精了。

当然，最为重要的是笺注本身。钱先生在此书《前言》中说："一是笺释作品的本事和有关交游等，是为了知人论世；本事涉及全首的注在‘题’的一条下，分属各句的注在有关各条下。二是注释作品所引的故实词语，如山川、地理、典故出处、运用前人诗词句等都是。关于典故的注释，读者可以从作者所用之典，去探索词句所含之意。”此书笺注方面的特色，是与刘克庄词的特色联系在一起的。

刘克庄是宋词中苏辛词派最为重要的代表作家之一。人们经常说，苏东坡是“以诗为词”，辛弃疾是“以文为诗”。这表现在词的内容上就是，凡是诗和文中可以写的，都可以写到词里面去；表现在写作方法上就是，凡是写作诗文可以用的方法，都可以用到词的写作中去。

从年龄上说，刘克庄是辛弃疾的孙子一辈的人，他为词，受到苏东坡和辛弃疾的影响很深。他的“以诗为词”或者“以文为词”，表现在词的内容上，就是内容广泛。他生活在多事之秋，南宋政权在内忧外患的夹击下，风雨飘摇。南宋政权内部，也分崩离析，矛盾斗争剧烈，刘克庄本人，曾经五次被罢官。他所耳闻目睹甚至亲身经历的许多社会政治事件，被写到了他的词中。这些事件，不可避免地涉及到作为前因后果的别的许多事情，涉及到某些人物及他们之间的关系，以及相关的地理、官制等知识。当时社会的风俗、朝野礼仪制度、官场文坛逸事等，也时见于他的词中。这自然就增加了笺注的难度。笺注这些内容，钱先生主要引用了《宋史》、《宋会要辑稿》和宋朝人写的大量笔记，还有当时人文集中的许多文章，特别是刘克庄自己的许多文章。

苏东坡写词，喜欢掉书袋，辛弃疾甚至是以掉书袋著名的。作为苏辛词派的词人，刘克庄也是如此，而且有他自己的特点。苏辛用典故，古代经史子集都用，这也没有什么稀奇，许多人都是这样做的。刘克庄的特点是，他还大量用宋朝人的典故。这与写宋朝的事情是不一样的。写宋朝的事情，是把这件事情写出来，并且表达对这件事情以及有关的人的看法，表达相关的感情。用宋朝的典故，则是为了表达有关的思想感情，而用这些典故，这些典故是表达思想感情的工具，而不是思想感情本身。一般来说，唐代和唐代以前的典故，因为诗文中用得比较多，所以比较容易注释出来，但是，宋代的典故，就比较难以注释出来了。可是，钱先生却能注释得很圆满。例如，《贺新郎·放逐身褴褛》：“平生怕道萧萧句”用宋人彭乘的典故；《贺新郎·国脉微如缕》：“试看取当年韩五”用韩世忠的典故；《沁园春·莫羡渠侬》：“撤我虎皮，让君牛耳”，用张载的典故；《贺新郎·行乐尤宜少》：“画出来不似眉山帽”，用苏东坡的典故；《念奴娇·丙寅生日》：“跛子形骸”用刘跛子的典故；《念奴娇·隆乾间事》：“达汝空函，投伊大瓮内”，用赵普的典故。

掉书袋也包括化用前人诗文词中的句子入词，苏辛等这样做，其他词人也大多这样做，绝不限于苏辛词派的词人这样做，例如，不属于苏辛词派的周邦彦，就大量地这样做。刘克庄的特点，就是好化用宋代人甚至同时人的诗文词句入其词。宋代人的作品，数量上比唐代多得多，在当时，后人又没有做多少整理工作，比较分散，相对而言，比起唐代的作品来，为人化用的频率比较小，因此，注释是有比较大的难度的，钱先生也注释得很充分。《沁园春·余少之时》："省听鸡骑马，趁早朝忙"，化用欧阳修的诗句"冻杀颍川常处士，十年骑马听朝鸡"。《念奴娇·轮云世故》："颜发俱非，头皮犹在，胜捉来官里。"《东坡志林》云，宋真宗访天下隐士，得杞人能诗者杨朴，把他召来相问。真宗问他，临行时，可有人给他送诗，杨说，他的妻子送给他一诗，云："更休落魄耽杯酒，且莫猖狂爱咏诗。今日捉将官里去，这回断送老头皮。"《木兰花慢·送郑伯昌》："相逢故人问讯，道刘郎老去久无诗。"脱胎于辛弃疾《木兰花慢·滁州送范倅》："长安故人问我，道愁肠滞酒只依然。"《贺新郎·吾少多奇节》："漫醉把阑干频拍，"出自辛弃疾《水龙吟·登建康赏心亭》："把吴钩看了，阑干拍遍，无人会，登临意！"《踏莎行·巧夕》："朝朝暮暮遥相望"，出自秦观《鹊桥仙》："两情若是久长时，又岂在朝朝暮暮！"此类例证非常多。

从理论上说，"以诗为词"，"以文为词"，都是有问题的。既然如此，有诗和文就好了，还要词干什么？所以，李清照就出来捍卫词的纯洁性，提出"词别是一家"，不同于诗和文的。从实际上看，词不可能与诗或者文是一家的，这不仅仅是指词要遵守词的格律，也就是必须符合一定的词牌，更重要的是，词在内容上和形式上，还有诗或文所不具备的其他一些特点。例如，就风格来说，词可以写得像应制诗、试帖诗、颂圣文、祭文那样典重、典雅，也可以写得与曲子一样俗，雅俗之间的余地，要比诗文在雅俗之间的余地都要大。表现在语言方面，词中可以用诗文中不宜用的俗语和口语，婉约派的词人一般比较少地这样做，苏辛派的词人则常常这样，而刘克庄则以此形成了一个特色。这种俗语或者口语，前人用得很少，甚至找不到前人使用的例证，连书证也找不到的，于是刘克庄相应的词句，就成了书证。好在前人在这个方面，已经作了一些工作，例如张相编了《诗词曲语辞汇释》，钱先生在注释中，就常常直接引用张相和其他人的此类著作。例如：卷一《水调歌头·十三夜同官载酒相别不见月作》："嫦娥老去孤另，离别匹如闲。"张相《诗词曲语辞汇释》卷四云"匹如闲"为"平常不打紧义或没关系义"。《贺新郎·此腹元空洞》："老大被他禁害杀，身与浮名孰重？"

张相《诗词曲语辞汇释》卷二云“禁害”：“此摆布义，意言被浮名所摆布也。”《贺新郎·蒙恩主崇禧再用前韵》：“笑渠侬一霎邯郸梦”，翟灏《通俗编·称谓》：“吴俗自称我侬，指他人亦曰渠侬。”《西江月·腰痛》：“腰似铁猫儿重。”焦竑《俗书刊误》：“船上铁猫曰锚。”

在注释的方式方面，钱先生此书，似乎在新旧形式的交替之中，也显示了它的特色。古人注释诗文，主要是引用前人有关的文献资料，来笺注本事、人物、名物、制度、典故、词语等等，引用的方式是，注明某人某书，并不注明某卷或者某篇，对内容多简括其意，任意增删文字的现象比较多，但是并不加以标明或者说明，当然也有直接引文的，但是也不标明。是不是用的原文，读者或者研究者自己去查对了才知道。现代学术界的注释规范是，引用书证，要注明某人某书某卷或者某篇。在此书中，钱先生引用正史，都注明某史某卷某某人传，或者某卷某某部分的，其他的书，一般也注明某人某书某卷或者某篇，但是，也有不少书，仅仅注明某某人某某书，并没有注明卷数或者篇名。至于引用古人诗文词句子，作为刘克庄词句的“脚跟”，则几乎只有某人某诗或者某文某词，而不注明某书某卷。这也许是钱先生腹笥极为丰富的缘故，他能随手写出这些内容和诗文词的篇名，充分自信绝对正确，没有必要去核对。

至于注释中具体内容的引用，则比传统的注释大大进步了：或者结合词中涉及到的部分，概括所引用内容的大意，注明出处，此谓之间接引用；或者直接引用，不必要的文字则删除，但是删除处，用省略号标明；或者间接引用与直接引用相结合。总之，能让读者明白注释者引用的是不是原文，而传统的注释方式，很难让人明白注释者用的到底是不是原文，有没有增删或者概括之语。更值得一提的是，对引文中涉及的古人的字号、别称等，钱先生都用括号注明其人的姓名，引文中只有某人的名的，钱先生就用括号在名的前面注上其姓，这样，一般读者阅读，就方便多了。这也是传统的注释中不会有的。当然，注释中引用的文字加上引号，引号内的部分，可以尽可能地少些单引号，对造反农民等“贼”、“寇”、“匪”之类的称呼，大可不必加引号了。例如卷一《满江红·送宋惠父入江西幕》的注释就是如此。这是那个时代“极左”思潮所造成的。

《后村词笺注》大约在 1978 年完成，前有钱先生作于 1978 年 11 月的前言。此书于 1980 年 7 月由上海古籍出版社出版。

5. 学术论文

《会稽陆氏族谱读后记》与《陆放翁族裔参加崖山抗元事迹考》。

写作这两篇论文的时候，钱先生正笺注陆游《剑南诗稿》，此二文当是笺注时的副产品。钱先生读《会稽陆氏族谱》，发现陆放翁族裔以陆秀夫为首，参加抗元斗争，殉难于崖山者多达16人，坚持不出仕元朝的有数人。钱先生“有感于放翁诗教影响的久远，因撰《会稽陆氏族谱读后记》”，发表于1961年9月1日《光明日报》。后来，钱先生又查《宝祐四年登科录》、《陆忠烈公(秀夫)年谱》等，发现所载陆秀夫的先世与《会稽陆氏族谱》所载不同，所以无法确认陆秀夫是否属于陆游的族裔。但是，钱先生又根据《会稽陆氏族谱》、《绍兴府志》、《山阴县志》等考证，陆游族裔中，确实至少有15人为抗元殉难崖山。钱先生把这些考证，写成《陆放翁族裔参加崖山抗元事迹考》，发表在1961年第11期《江海学刊》。

《论陈维崧的湖海楼词》，发表在1962年第2期《江海学刊》。陈维崧乃清代最为重要的词人之一，清初阳羡词派的奠基人和主要作家，朱祖谋《清词坛点将录》将他点为“玉麒麟卢俊义”。前人对其词的评价非常高，但是，都只是局限于艺术风格和其词中表现个人生活的内容，没有认识到其词最为宝贵的价值所在。钱先生则从这样几个方面，阐述了陈维崧词的价值：把白居易新乐府的精神和表现手法移植到了词中；由于年龄的关系，他的词尽管没有王夫之、屈大均等的词那样有强烈的故国之思和反清意识，但是，由于家庭影响，他始终没有忘怀明朝灭亡的惨痛历史，这样的心情，也常在词中通过怀古等表现出来，使其词与同时的王渔洋和纳兰性德等大不相同；在艺术形式方面，其词的主要特点是：第一，刚健的骨力和清丽的藻采的结合，也就是苏(东坡)辛(弃疾)和周(邦彦)姜(夔)的结合，第二，扩大了词的语言领域，特别是善于点染接近自然的语言。

《桐城派古文与时文的关系》，发表于《文学评论》1962年第2期。该论文认为，时文在发展过程中，受到了古文、骈文、传奇等的影响，但是，古文和时文有不同的特性；指出近人将桐城派古文同时文(八股文)相提并论甚至混为一谈，其论出于清人钱大昕；对支持此论的三个依据，一一加以分析批驳，证明持此论者不过是片面理解前人所说以就己说，没有全面地考察事实；从而以事实得出结论：桐城派古文与时文虽有种种联系，但从本质上来说，二者是有“鸿沟之殊”的。

《境界说诠证》，发表于《文汇报》1962年7月。对近代学者王国维所揭橥的“境界”一语的要义作具体的阐述，认为此说有四大要义，并对它们作理论剖析，在此基础上，进一步探本追源，列举在王国维之前或同时曾以“境界”一词论说诗词的司空图、王世贞、叶燮、梁启超、况周颐诸家的有关“境界”的言论，并加以辨析比较，使读者得以了解此说的发展过程，并对“境界”说的理解更加全面、更加深入。

《三百年来江苏的古典诗歌》，发表于《江海学刊》1962 年第 11 期。该论文实际上是从明末清初到民国初年江苏省古典诗歌的发展史。主要内容包括：明末清初江苏诗坛的三大流派：继承明代后七子王世贞诗派的云间派，反对明七子复古诗风的虞山派；先是倾向云间、后来折中于云间、虞山之间的娄东派；遗民诗人，包括顾炎武、陆世仪和吴嘉纪等；清全盛时期的江苏诗坛，包括叶燮、沈德潜、郑板桥、赵翼、黄景仁、洪亮吉、孙星衍、潘德舆等诗人；鸦片战争和太平天国革命时期的诗，主要包括鲁一同、贝青乔、蒋敦复和王韬、金和、江湜等；晚清以来的各种复古诗派，主要包括宋诗派的范当世、王瀣，吴下西崑派的曹元忠、徐兆玮、张鸿等，不属于西崑派而宗法唐人的诗人杨圻、沈汝瑾等；诗界革命在江苏，主要包括被钱先生称为“诗界革命在江苏的一面大纛”的金天羽，以及柳亚子、陈去病、高旭和黄人等。该论文至少有这样几大特点。一是始终紧扣时代风貌来研究诗歌的发展变化；二是点面结合，容量很大，涉及的诗人不下百余人，流派不下几十个，而重点突出，重要诗人和流派的主要价值，都被揭示了出来；三是流派之间和诗人之间的相互联系、影响和对比，得到了充分的显示，流派内部的发展、流派成员之间的师承等关系历历呈现；四是始终紧扣全国诗坛的大格局论述，突出了江苏诗坛在全国诗坛的地位和作用。总之，诗歌发展的许多规律，由此得到了揭示和体现，并给后人研究清代江苏诗歌指明了路径。该论文被收入钱先生的第一本论文集《梦苕庵清代文学论集》并作为该论文集的卷首之作，可见钱先生对该论文的注重。

《清人诗文论十评》，发表于《江苏师院学报》1962 年第 2 期，后编入《梦苕庵清代文学论集》并作为该论文集的第二篇。后来，钱先生又增补该论文为《清人诗文论十一评》，收入《梦苕庵论集》。该论文对清代著名诗文理论家钱谦益、王渔洋、赵翼、翁方纲、章学诚、阮元、黄遵宪、章炳麟等人的文学思想作了深入的研究。其特点是从他们关于诗文理论的文章原文和重要理论出发，结合当时文坛的情况加以研究，不作泛泛空论。从时间方面来说，这些作家连缀起来，可以覆盖有清一代，因此，对后人研究清代文学理论，有重要的价值。

《顾亭林的文学思想》，发表于《雨花》1963 年第 1 期。其时正是顾炎武诞生 350 周年之际。该论文认为，贯穿于顾炎武全部思想中的两条红线是：第一，提倡实学，主张经世致用，反对空谈；第二，强调知耻，重视民族气节。从博学于文、经世致用的观点出发，顾炎武的文学思想，就有如下内涵：文须有益于天下；从明道尚用的角度出发，反对华词、空言；积极地主张能文；作者必须通晓古今，洞明经术，关心时政，并具有远大的器识。从行己有耻的观点出发，顾炎武的文学思想，又具有如下内涵：主张真情直言，反对巧言伪饰；主张新变，反对模仿。

《皎然诗式简论》，1964年发表于香港《大公报》之《艺林》。该文认为，皎然《诗式》中体现的诗歌理论，涉及到诗歌风格、意境、内容与形式的关系、复古与变通的关系等重要问题，并把皎然诗歌理论中的精华部分，都揭示了出来，例如诗体论，诗德论，诗歌取境要站得高、看得远，既重视形式、又重视内容，强调创新等。

《论诗绝句简论》，1964年发表于香港《大公报》之《艺林》。该文对历代论诗绝句按照题材之不同作了分类和统计，在此基础上，论述这些论诗绝句的主要价值：唐宋以来的诗歌理论，这些论诗绝句，几乎都接触到了，因此，对研究诗歌理论，是有价值的；论诗绝句中论具体诗人者，覆盖面广，除了论述著名诗人外，大量不著名的、成就不算高的诗人，也在论诗绝句中得到了评论和介绍；论诗绝句中那些涉及面广、自成系统的大型组诗，可以作为诗学批评史读；各种不同的意见，有助于读者获得对某些作家作品的全面认识；这些论诗绝句，本身就具有诗歌艺术价值，其中许多是优秀的诗歌作品。

6. 游仙诗

游　仙　诗

神游一去弇州乡，大赤天中换劫忙。
万恨玉棺缄不尽，太阴留得炼形方。

开头两句总写这一组诗的背景。“换劫忙”，写出了“文革”开始后到当时的政坛事实。“弇州”，神仙所居住的地方。“大赤天”，道教经书以大赤天宫为道德天尊所居住的地方，诗中指我国当时高层政坛。我国国旗和中共党旗，都为赤色。“劫”，道教以天地的一成一败为一劫，也就是一个世界从开始到结束为一劫，这与佛教的说法是基本相同的。这里用“换劫”，来指政局的变化。后面两句写毛泽东。毛泽东去世，有太多的遗憾。遗憾之一，就是让江青走进了中共领导高层。“太阴”，即太阴女。道教传说中，太阴女姓卢名全，初好神仙玉子之道，颇得玉子之法，后来遇到太阳子，太阳子教以补守之要，授以蒸丹之方，卢全乃合而服之，得以成仙。后来，道教中有所谓“太阴炼形术”，说是女子修炼仙道的捷径。

诺皋咒罢梦游仙，尚记刘翁黜降年。
谁道天门鹏折翅，翻教碧落作黄泉。

这首诗写林彪。“诺皋”，呼召鬼神之辞。“刘翁”句，用唐朝段成式《酉阳杂俎》前集卷十四《支诺皋记》所载张坚的典故。“碧落”，天空，蓝天。此诗说，林彪想夺中共和国家的最高权力，结果飞机失事身死。

西垣星象冠云台，一夕皇娲酿祸胎。
牛斗龙光何处是，朱陵天外鹤归来。

此诗写朱德。“西垣”，古代中央政府中书省的别称。“星象”，道教和迷信传说中，政府的重要官员，都上应天上的星宿。“云台”，东汉洛阳南宫中有云台广德殿，汉明帝图画中兴功臣三十二人于其上。这句是说，朱德是中华人民共和国开国第一功臣。“皇娲”，女娲为女皇，所以称“皇娲”。这句是说，江青为祸，扰乱政局。“牛斗”，牛宿和斗宿两个星宿。“朱陵”，道教中有南极朱陵丹天上帝，居南昌宫。这里取“朱”切朱德之姓氏。

襄野全迷七圣途，难从赤水返玄珠。
宁封火解无遗蜕，不送黄灵去鼎湖。

此首写周恩来。《庄子·徐无鬼》云：“黄帝将见大隗于具茨之山，方明为御，昌寓骖乘，张若、謵朋前马，昆阍、滑稽后车。至于襄城之野，七圣皆迷，无所问途。”又《庄子·天地》云：“黄帝游乎赤水之北，登乎昆仑之丘，而南望还归，遗其玄珠。”“玄珠”，深奥之道也。“文革”后期，特别是周恩来去世后，即使是高层，看来也不知所措，无法判断国家将向何处去。后两句写周恩来去世后，遗体火化。他先于毛泽东去世，当然也无法张罗毛泽东去世后的事情。“宁封”，传说中黄帝时的人物，担任陶正，后来火解成仙而去。

曾说图南许拍肩，层楼十二俯诸天。
康回一撼神山柱，何处莲峰哭睡仙。

这首写陈毅。“图南”，伟大的人物。“诸天”，道教经典中有“诸天”。“拍肩”，拍肩膀，表示关系亲密。前面两句写钱先生与陈毅的交往，本事详见前文。“康回”，共工氏的别名。“睡仙”，宋代道士陈抟善睡，据说一睡就要几个月乃至半年，所以被称为“睡仙”。陈抟隐居在华山。他在去世前一年，命人在莲花峰下张超谷中凿一石室。次年，他来到这个石室，给皇帝写好遗表而卒。“文革”中，陈毅与多位老元帅、老将军和副总理抵制“文革”派的许多倒行逆施，在怀仁堂开会时，与“文革”派发生激烈冲突，但是，后来，他们的行动被定为“二月逆流”，陈毅被认为是“二月逆流”的领头人，而一直处于被打压的境地，直到去世。用陈抟的典故，切陈毅的姓氏。

南望珠田月气浓，耕烟人自好真龙。
铁桥曾唤金乌起，又打天门昨夜钟。

这首似写贺龙。“月气”，水气。“耕烟人”，神仙。李贺《天上谣》：“呼龙耕烟种瑶草。”“天门”，天上的门。屈原《九歌·大司命》：“广开兮天门，纷吾乘兮玄云。”《淮南子原道》：“排阊阖，钥天门。”后来，在诗词中，天门常指帝王宫殿的门。后两句本事未详。

神剑当年扫八荒，骑羊人未敛虹芒。
狂澜纵有掀天势，不碍旌阳缚慎郎。

这首写叶剑英。“神剑”，此指叶剑英，切一“剑”字。“八荒”，八方荒远之地。“骑羊人”，神仙传说中说，五个神仙乘五色羊，各执六穗秬来到广州，所以广州也叫“羊城”。这里切叶剑英的家乡，他是广东人。“虹芒”，神话小说中道人炼成的虹芒剑，剑气如虹成七彩，此“虹芒”指如虹之剑气。后两句写叶剑英解决“四人帮”问题，用神仙许旌阳擒蛟蜃精慎郎的典故。

满挹金浆驾紫飙，一声水调响神霄。
议瓜绾得秦坑劫，重唱朝阳郭四朝。

此首写郭沫若。前面两句说郭沫若写词庆贺粉碎“四人帮”。“金浆”，神仙的饮料。“紫飙”，红色风暴。“一声水调”，指当时传诵一时的《水调歌头》“大快人心事，粉碎四人帮”，该词为郭沫若所作。“神霄”，云霄。宋徽宗好道术，道士林灵素奏曰：“天有九霄，而神霄为最高。”“议瓜”，即秦始皇坑儒的典故。“郭四朝”，周朝时燕国人。其家兄弟四人同学道，四朝居长。他秦朝时得道，此后，到句曲山南居住。此指郭沫若，切合其姓氏。后面两句是说，郭沫若终于逃过了“文革”的劫难，活了下来，重新为祖国的新气象而歌唱。钱先生与郭沫若在“文革”前曾经见过面，所以对郭沫若也比较关注。

箕星如雪散今年，湘瑟无端五十弦。
北驾飞龙时不待，洞庭叶下奈何天。

这首写江青。这一年，许多重要的领导人去世，而江青正活跃。“箕星”，《庄子·大宗师》云商朝高宗时的名相傅说“乘东维，骑箕尾，而比于列星”。说傅说去世后，其精灵跨于箕、尾两个星宿之间，为傅说星。后来，诗文中常以“骑箕尾”比喻国家重臣之去世，箕星之散，也是这样的意思。次句化用李商隐《锦瑟》诗首句“锦瑟无端五十弦”。“湘瑟”，用唐朝诗人钱起《湘灵鼓瑟》诗，切“江青”名字。后面两句写毛泽东去世，江青就无可奈何了。毛泽东为湖南人，洞庭湖在湖南。毛泽东以湖南人而在北京担任中共和共和国的最高领袖，这就是“北驾飞龙”。“洞庭叶下”，出《九歌·湘夫人》：“嫋嫋兮秋风，洞庭波兮木叶下。”湘夫人在洞庭湖畔，等湘君不至，无可奈何。秋天的景象，暗喻其人生末路开始了。

瞒天过海闹群真，一夜燃犀见夙因。
狂煞骑驴张果老，是何白蝙是前身。

这首写“四人帮”和张春桥。“瞒天过海”，极言欺骗手段之高明和所骗规模之大、规格之高，欺骗上层甚至最高领导人，欺骗全社会，来实现其勃勃野心。“群真”，群仙人。“燃犀”，南朝宋朝刘敬叔《异苑》卷七云，晋朝温峤到牛渚矶，听到水底有音乐之声，水深不可测，人云其下多怪物。温峤乃燃烧犀牛角而照之，须臾，见水族在火光下，现出各种奇形怪状，温峤等得以尽见水下真面目。“张果老”，八仙之一，神话传说中，他常骑一头毛驴。诗中以张果老指张春桥，切其姓氏。

新声才奏郁轮袍，混入寥阳便自豪。
为是西真亲授箓，阆风顶上又偷桃。

这首写王洪文。“郁轮袍”，用唐人小说中王维的典故。相传王维以乐曲《郁轮袍》获安乐公主青睐，方中进士为官。“寥阳”，即寥阳殿。王屋山下有阳台宫，乃唐代道士司马承祯修仙的地方，其中有一殿，叫寥阳殿，殿名为唐明皇御书。殿中塑昊天上帝像，其旁还有十二元辰之像。“西真”，西王母，这里指江青。“箓”，古代帝王自称其所谓天赐的符命书。王洪文在当时如此年轻，资历如此之浅而学问修养经验等如此不足，却当上了中共中央副主席，在当时显然是毛泽东的接班人选之一。“阆风”，神话传说中神仙居住的地方，在昆仑山之巅峰。此言王洪文到中央担任要职以后，狂妄自大，胡作非为。

百卉承恩尽向阳，仙家偏爱进姚黄。
麻姑狡狯还亲摘，碧海明朝照鬓霜。

这首写姚文元。“姚黄”，牡丹的一个珍贵品种，由宋代一个姚姓人家所培育的千叶黄花牡丹，与五代时魏仁溥家所培育的千叶肉红牡丹“魏紫”齐名。这里指姚文元。姚文元以文艺批评起家。中共的文艺政策是“百花齐放，百家争鸣”，可是，独独姚文元被看中，飞黄腾达。“麻姑”，著名的女神仙，喜欢弄点法术戏耍，故云“狡狯”。姚文元以其《评新编历史剧〈海瑞罢官〉》走红而走上高层政治舞台，而主其事者，正是江青。“麻姑狡狯还亲摘”，正是指此。

龙袜双双细较量，四仙橘里赌兴亡。
赢输一瞬青城局，玉屑瀛洲孰与偿？

这首写“四人帮”为了他们的私利兴风作浪，给中共和国家造成了巨大损失。用《太平广记》橘中神仙打赌事。

金塔金砖付火神，一传隐诀迅登真。
炎魔天上尊灵曜，绝倒南游作记人。

余象斗《南游记》云，凤凰山玉环圣母的镇妖之宝金塔，被离娄山神仙华光骗去，炼成了一块三角金砖，作为法宝。华光利用这个法宝，取得了一系列胜利。民间尊华光为火神，故首句云云。“隐诀”，成仙秘诀。“炎魔天”，也叫“夜摩天”等，佛教中所谓十天之一。“灵曜”，相传华光出生时，左手掌有个“灵”字，右手掌有个“曜”字，且长了三只眼睛，所以被称为“三眼灵曜”。“绝倒”，笑倒。“南游作记人”，即“作《南游记》的人”，指余象斗。此诗似乎是写“四人帮”改毛泽东指示“按过去方针办”为“按既定方针办”，打着按照毛泽东指示办事的旗号，篡党夺权。

司真洞府暂盘桓，少室山光分外寒。
平道西头一星在，几时重整进贤冠？

“司真洞府”，道教中所说管理神仙名籍的机构，相传在河南少室山。“平道西头一星”，《晋书》卷十一《天文志》上云：“左右角间二星曰平道之官。平道西一星曰进贤。”“进贤冠”，古代官员戴的帽子，规格因品级不同而不同。此诗乃希望选拔大量好干部，包括任用许多老干部，让他们重新出来担任重任。

颠倒天吴紫凤图，十年海上看桑枯。
三清使有随车雨，洗得楼台蜃气无？

前两句是说，“文革”十年，颠颠倒倒，世事多变。杜甫《北征》：“海图坼波涛，就绣移曲折。天吴与紫凤，颠倒在短褐。”陆游诗：“拆补天吴紫凤图”。“天吴”，水神。“紫凤”，传说中的神鸟。天吴、紫凤，都是古代常见的织物或者绣品图案。“桑枯”，此指世事翻覆。“三清”，道教中元始天王所化的法身：玉清元始天尊，上清灵宝天尊和太清道德天尊，世称为“三清”。后汉郑弘，为政省简，少徭役赋税。春天下乡劝农，天干旱，他的车子到哪里，雨就下到哪里，叫“随车致雨”，也叫“随车雨”。“楼台蜃气”，古人认为，海市蜃楼是蜃（大蛤蜊）所吐气形成的，为妖气，不祥之气。后面两句是说，希望新的中央领导派好干部，清除“文革”对社会的影响。

苏耽控鹤向南天，横海仙舟十丈莲。
百万云旗会玄扈，当筵斟雉是彭篯。

这首写上海市原来的领导人马天水、徐景贤等“四人帮”余党被解决后，中央派海军司令苏振华和原来江苏省的领导人彭冲在上海市担任主要领导职务。“苏耽”，葛洪《神仙传》卷九云，苏耽，就是苏仙公，桂阳人。一日，有白鹤数十降于门，苏耽遂乘鹤升云汉而去。苏振华本来在北京任职，这次到上海任职，当然是“控鹤向南天”。“横海”，形容其大。“横海仙舟”，指海军军舰等，此与苏振华海军司令的身份相切。“玄扈”，水名，在洛阳西，其源出于玄扈山。此指上海，取“扈”与上海的简称“沪”谐音。“斟雉”，调治雉羹。相传彭祖善于调治美食，尤其善于调治雉羹，并以此侍帝尧。我国古代，常以调治食物比喻治理社会，如“调和鼎鼐”之类的词语，就是直接以烹饪比喻治理国家。诗以“彭篯”指彭冲，切其姓。

华阳第八洞天春，旧馆金坛护百神。
闻道茅君去东海，骑龙法授许真人。

这首写华国锋。前面两句写许多老干部拥护华国锋。“华阳第八洞天”，是道教中所谓洞天福地之一。“华阳”之“华”，切华国锋之姓氏。后面两句写毛泽东去世前，将华国锋定为接班人，并以“按过去方针办”等告华国锋，使华国锋有能力与办法解决“四人帮”问题。“茅君”，汉朝人茅盈，修道成仙，世称之为“茅君”。这里，“茅”与“毛”谐音，借以指毛泽东。“许真人”，就是三国时的许逊，也就是许旌阳，著名的神仙，他曾经在豫章地方战胜经常造成当地水灾的恶龙。

玉柱金庭据一方，尚图雷部窃天纲。
翻身跌落人间世，原是推车故阿香。

此写原来在某地军队担任领导工作的某人，想夺取军权而终于遭到失败。具体所指，未便妄加猜测。“玉柱”，玉质的柱子。“金庭”，道教中所谓的福地之一，地点有不同的说法，或云在卢州巢县，别名紫微山，或云在越州剡县，或云在会稽东海边的桐柏山中。“雷部”，道教中

“闻道茅君去东海，骑龙法授许真人。”

的雷神，为雷部诸神，如世间军队，这里就指军队。“天纲”，星名。《晋书·天文志上》云：“北落西南一星曰天纲，主武帐。”“阿香”，传说中推雷车的女神。

灵山访道几春秋，路半天梯见海尘。

莫再排云上阊阖，相逢都是斥仙人。

“灵山”，道教中称蓬莱山为灵山。“海尘”，此指当时社会或者政局又发生了变化。“阊阖”，天宫之门。后面两句说，如果游仙再游下去，会遇到许多“斥仙人”，也就是被斥逐的仙人。意思是说，“文革”十年，政治斗争频繁而又残酷，从高层掉下来的人物太多了。

1. 培养研究生

2. 明清诗文研究室与《清诗纪事》

3. 多种辞书与古典作品普及读物

4. 学术论文

5. 诗词点将录六种

第七章 在苏州任教（下）

这一部分，时间跨度为 1977 年到 2003 年，也就是"文革"结束到钱先生逝世。这一时期，应该说是钱先生一生中最为辉煌的时期，达到了他人生的巅峰。

1. 培养研究生

这一个时期，钱先生的教学工作，主要是研究生培养。先是招收硕士研究生，1981 年，经国务院有关部门批准，钱先生成为我国首批攻读博士学位研究生导师，着手筹备博士研究生招生工作，并于此年招收第一届博士研究生。

钱先生被定为首批博士研究生导师的事情，一直被传为佳话。《钱仲联学述》中说：

> 有一天，刚从北京参加国务院第一届学位委员会会议后南下归来的王元化先生到医院探望我，带来了一个振奋人心的好消息——我已被确定为中华人民共和国首批攻读博士学位研究生导师。消息来得那么意外，简直令人不敢相信！因为当时的江苏师院是一所普通的省属高校，按照有关规定，只能申报硕士点，不能申报博士点，所以学校根本没有就我的博士生导师资格向上提出申请。王元化先生介绍了事情的内幕。原来学位评定委员会的委员们发现不少重点大学申报的博士生导师候选人既无像样的著作，又无学术知名度；而相反许多成就卓著、名望崇高的学者却不在候选人名单中，原因只是他们的工作单位是普通高校。这不能不说是个极大的缺陷。钱锺书先生首先发难，他说，博士生导师应当论学问，而不是看学校。江苏师院的钱仲联，光凭他即将出版的《剑南诗稿校注》，我看就可以当博士生导

师，诸公以为如何？他的发言得到很多委员的附议，最后付诸投票表决，结果我的博士生导师资格得到全票通过！这不是一件小事，它不仅为我的晚年学术活动提供了巨大的精神推动力，而且使我所在的学校江苏师院成为第一批具有博士学位授予权的单位，有机会参与更高层次的竞争，从而获得了更好的发展机遇和广阔的发展空间。

钱先生成为全国首批博士研究生导师，为江苏师范学院（苏州大学）取得第一个博士点，这对苏州大学的发展，意义至为重大。在我们国家，对一个大学来说，博士点从无到有，要比从少到多困难得多。没有博士点的大学，与有博士点的大学，竞争的层次是完全不一样的。因此，苏州大学的领导在大大小小的会议上多次说过，苏州大学发展到现在这样的水平，钱先生的第一个博士点起了关键的作用。

20 世纪 80 年代前期，钱先生和学生们

从 1979 年到 2003 年，钱先生培养了数十位硕士生和博士生，详见《钱仲联学述》所附录《年表》。

《钱仲联学述》中说，除了培养研究生外，在这一时期，钱先生还"指导助教进修班一届，计 4 名；指导来自本省以及江西、广西、广东、黑龙江、新疆等省区的进修生近 10 名。"进修生中，有现任闽江学院教务处副处长的邹自振和现任齐齐哈尔大学人文学院院长的王则远，他们与我们一起听了硕士研究生的全部专业课。此外，明清诗文研究室的青年教师，把钱先生为硕士研究生、博士研究生开设的课程听了若干遍，这我将在另外的部分专门介绍。

不管是培养博士生、硕士生还是进修生，钱先生都一视同仁地订出教学计划，排出课表，然后严格按计划、照课表实施课堂教学。我在钱先生门下读硕士、博士，这些都是身受的。在读硕士期间，上课的地点是苏州大学本部十梓街一号校门旁边与礼堂对面的建筑中的105室，那里离钱先生家螺丝浜大约有一百多米，每个星期，我们在那里听钱先生两个小时课，风雨无阻。读博士期间，钱先生年纪更加大了，身体也大不如以前了，本来上课的地方，学校也作了另外的用处，就到他家里上课，同样是每星期两个小时，同样是风雨无阻。听课时，每人还能享受到先生家的一杯好茶。上课时，钱先生仪表总是非常好，雪白的头发，总是梳得整整齐齐。即使是大热天，在他家里上课，他也从来不穿短裤，哪怕是西装短裤，也不穿短袖衬衫，长袖衬衫的纽扣，从第一颗到最后一颗，扣得严严实实，以示上课的严肃认真，而且，室内没有空调，他也不吹电风扇，常常汗水淋漓。面对这样的老师，我们做学生的，即使人再少，还会不认真听吗？

一般来说，对博士生、硕士生和进修生而言，获得知识的主要途径，不再是课堂教学，而是自己看文献资料和进行研究。这是有其依据的。从研究生或者进修生的角度来说，他们已经具备了一定的学问基础和研究能力。从导师的角度来说，导师的学术观点，几乎都已经发表或者即将发表。从客观条件看，文献和学术观点的积累和传播，都已经成熟，学问和学术观点、研究方法等等的传播，在很大程度上，已经不是必须通过传统的师生授受才能实现。可是，这些只是就一般的情况而言，钱先生则是个特别的导师，如果你听了他给研究生上的课，你就会觉得，严格的课堂教学，对研究生来说，还是非常必要的。奥妙何在？大致有这样几点。第一，钱先生的学术观点，对大大小小的学术问题的这样那样的见解，大量是当时还没有发表的，没有见之于文字，你不听他的课程，到哪里去获取这些见解？他讲课不管讲到什么地方，都有你无法通过自己看文献资料获得的见解。他博大精深的学问，足以让你自始至终感受到这一点。第二，文学艺术的某些细微、精微之处，只有通过师生授受才能获得。特别是诗歌艺术中的许多感性的部分，经过钱先生讲解，我们才能领悟。第三，钱先生的表达能力，比寻常的教师要强得多。这也是有讲究的。钱先生一辈子讲常熟话，这是从语音、语调方面说的。至于词汇，他所用的词汇，比普通话的词汇量大，因为既包括普通话的词汇，也包括常熟话、苏州话的词汇，至于苏州话、常熟话中的俗语，他也常用。方言中的有些词汇和俗语等，其表现力往往强于普通话，能表达普通话难以表达的意思。所以，钱先生讲课的语言就比普通话更富有表现力。外地来的学生，一开始往往不可避免地听不大懂，但是很快就会习惯的。魏中林来自内蒙，但连笔记都记得非常好，他的《钱仲联讲论清诗》，甚至还保留了钱先生说的若干方言词汇，许多地方很传神。裴世俊来自宁夏，年岁偏大，耳朵又有问题，但是，奇妙的是，没有多久，听课、记笔记都没有什么问题了。第四，听钱先生讲课，你会受到一种鼓舞，这是自己看文献资料所难以获得的。看到他有这么大的学问，这么大年纪了，治学、工作包括上课，还是那么用功，你能不更加努力吗？《荀子・劝学》中说："学莫便乎近其人"，课堂教学，实际上也给研究生提供了一个"近其人"的机会。现在，我自己也已经指导了多年的硕士研究生和博士研究生，在指导过程中，我也努力向钱先生学习，给研究生们开课，通过课堂教学，来给他们指导。这也许就是所谓的薪火相传吧。

赵杏根博士论文答辩结束后与答辩委员会合影。前排左起：王永健、章培恒、钱先生、莫砺锋、王英志、曹林娣、杨海明。

《钱仲联学述》中，钱先生总结这几十年的教学实践，归纳出几条经验：

> 一是必须注重基本功的培养，必须攻读原著。我依据自己数十年的求学和治学经验，一再告诫学生，只有广博读书，方能左右逢源，取精用宏。

钱先生的博闻强记，在我国学术界也是非常有名的。上课的时候，各种材料，他随口就能背诵出来，根本没有什么讲稿或者卡片、笔记之类，最多只是在讲台上放几册夹了纸条的线装书。无论什么时候问他典故什么的，即使在路上，根本用不到翻阅书籍，他就能马上回答，绝不会错的。据说，有一次，有人问他："您到底能记得多少古典诗词?"钱先生略微沉吟，说，如果把"断头瘸脚"（吴方言，意思是"不完整"。）的也算在里面，大概两万多首吧。

钱先生能记得这么多，可不是看工具书看来的。他一向要求我们看原著，坚决反对"饭店上回葱"。什么叫"饭店上回葱"？这又是常熟话了。买葱应该到哪里去买？当然是到菜市场上去买，连饭店里的葱，都是从菜市场上买的。不到市场上去买，而是到饭店里去买，虽然方便，但是，未必能买到最好的葱。所以，"饭店上回葱"是句贬义的话，意思是说，使用代价大但是又不合适的二手材料。做学问不能"饭店上回葱"，就是应该读原著，不能只是从人家的研究成果中挖取现成的材料，否则是靠不住的，不扎实的，会出问题的。

> 我教学上的另一条经验是必须提倡活教，即通过教学引导学生认识规律性的东西，帮助学生掌握触类旁通、举一反三的本领。

钱先生讲课，并不把每个作家的作品都作详细的介绍，许多作家作品的风格、特点，他只是点到为止。他讲课的重点，往往是其间的关系。例如，他讲了钱载诗歌的特点后，说，黎简的诗歌艺术，有的方面像钱载，而姚燮的诗歌艺术，有的方面像黎简。那么，黎简的诗歌艺术到底如何像钱载，姚燮的诗歌艺术到底如何像黎简，跟钱载的诗歌艺术相比，到底有哪些异同，那是学生自己要去弄明白的事情了。我的心得是，钱先生善于从共时、历时两个方面各自的许多层次上把握作家作品的特点及其相互间的关系，通过这些关系，就能总结出若干规律。这样，就有"纲举目张"之效果。

> "授人以鱼，为一饭之惠；教人以渔，则终身受用无穷。"我不仅将之贯彻于课堂教学中，而且体现在对研究生的论文指导中。我经常教导学生不要迷信权威，尤其不要被导师所笼罩，做学问要有自己的眼光，要善于独立思考，不能人云亦云，嚼别人嚼过的甘蔗渣。

钱先生自己不迷信权威。他还是个19岁的少年的时候，发表《近代诗评》，被他批评的诗人，怎么说也都是当时的成名人物，其中像陈衍这样的人，是当时诗坛执牛耳的人物，不折不扣的权威，而钱先生就是敢于批评。后来他写的《梦苕庵诗话》，更是不迷信权威。后来，他自己成了古典文学研究中的权威，而要学生不迷信权威、不迷信导师，这更见其胸怀和见识，因为研究生很容易迷信权威，更容易迷信导师。尤其像钱先生这样的导师，要不迷信是很困难的。钱先生让学生“不要迷信权威，尤其不要被导师所笼罩”，实在是对症下药之语。由于自己的鲁钝、浮躁和懒惰，我没有什么学问和见识，但是，不迷信权威这一条，则差可自信，这也许就是得之于钱先生的教导吧。

> 我主张“赶鸭子上架”，给学生“压担子”，逼学生上项目，迫使他们围绕项目去阅读，去思考，去写作。实践证明，这样以科研促进带动教学的做法，较之单纯的课堂教学，可称为培养人才的“速效法”。

钱先生这样的培养方法，主要体现在对青年教师的培养上。关于这一点，我将在谈《清诗纪事》之编纂的部分详细介绍。

> 我教育学生的又一条经验是严格要求，多“泼冷水”。

所谓“泼冷水”，并不是减弱学生的治学热情，而是指对学生多批评，说“浇冷水”更为确切。培养学生如种树。种树，浇的应该是冷水，经常浇热水，就会妨碍树的生长。钱先生认为，学生应该多批评，这样，才有利于他们的成长。钱先生批评学生很厉害，这也是有名的。没有被他批评的学生，恐怕极少。至于我，不管是在攻读学位期间还是不在攻读学位期间，常常要被他严厉地批评。我也完全习惯了他的批评。我被他批评，当然不会很高兴，也会很怕去见他，但是，从来不会有怨言和埋怨的情绪。这倒不仅仅是因为钱先生比我长两个辈分，比我祖父还要年长两岁，比我外祖父要年长三岁，也不仅仅是因为“天地君亲师”的缘故，而是我深深明白，他实在是为了我好，希望我能大成，他对我的批评，总是有这样那样的道理的，总是对我有好处的，只要我能好好领会，付诸相应的实践，就会有很好的效果。可惜，我领会得不好，实践更差，所以，现在想来，很是遗憾。

> 言传与身教并重，晓之以理与动之以情相结合，这就使得我教学中一贯坚持的严要求、“泼冷水”得到学生真心诚意的理解和感激，并视为成才的必要因素，从而使他们保持头脑清醒，知不足而能改，永不自满，永不懈怠。同时，我也千方百计为学生寻找和提供各种机会、各种帮助，使他们及时得到奖掖，得到提携，尽快“出人头地”。

在“身教”方面，钱先生无疑是第一流的。他那么大的学问，还在那么大的年纪那么努力地工作和研究，我们有什么理由不努力用功呢？钱先生也常给学生帮助。别的不说，就《钱仲联学述》中所列，在“文革”以后到上个世纪末，钱先生为学生的著作写的序言，就有 15 篇之多。

弟子们庆祝钱先生九十华诞

2. 明清诗文研究室与《清诗纪事》

1981 年春天，钱先生建议组建并且担任主任的明清诗文研究室正式成立。建议成立明清诗文研究室，是钱先生一个高瞻远瞩的决定。从后来的发展来看，这一决定，实在是具有战略意义的。当时，十年“文革”结束后招收的第一届大学生，也就是 77 级大学生，还没有毕业，再说，即使他们毕业了，要独立工作、独立研究，尚须加以时日，正因为如此，古籍整理、古代文学研究人才和教学人才奇缺、断层现象，非常突出。在历代文学中，明清诗文，特别是清代（包括近代）诗歌的研究，尤其薄弱。于是，钱先生建议，从在校学习尚未毕业的 77 级本科生中，选拔古代文学基础较好的学生，成立明清诗文研究室，让他们听钱先生讲授古典文学和古籍方面的学问，并且在钱先生的指导下，一起研究一个课题，这样既出明清诗文研究成果，同时又培养明清诗文研究方面的人才。

在当时学院和系领导的支持和组织下，由钱先生亲自出考题、亲自批阅，在中文系77级学生中选拔了马卫中、周秦、范建明、范志新、王宗拭五人，再加上潘树广、何振球、张志良、尤振中、徐永端等老师，作为明清诗文研究室的成员，钱先生担任研究室主任。由于钱先生行走不大方便，尤其是上下楼梯都很困难，所以，学校就把大门口小礼堂对面第二宿舍的105室拨给明清诗文研究室使用，大约有十五个平方米。那里是底楼，不用爬楼梯，离钱先生家里，大约一百多米，还不是太远。室内放进七八张课桌和相应的椅子，一张最简单的书桌和单人椅子，一块黑板，两三个书橱，门口挂上一个钱先生写的“明清诗文研究室”的牌子，这就是像模像样的明清诗文研究室了。

研究室成立后，研究什么项目呢？钱先生提出编写《清诗纪事》。这是个大项目，有非常强的资料性，必须阅读大量的清代文献，才能完成。

诗歌纪事之书，计有功《唐诗纪事》以下，有厉鹗《宋诗纪事》，陈衍《辽、金、元三朝诗纪事》，陈田《明诗纪事》和邓之诚《清诗纪事初编》等多种。毫不夸张地说，钱先生的《清诗纪事》，兼有此前这些《纪事》的全部优点，而且还有创新。如果有人以为我的话夸张，就把它们比较一下，就可以知道了，很容易验证的。

到77级毕业分配的时候，马卫中、周秦、范建明留在明清诗文研究室继续工作。当时，朱则杰、马亚中、刘诚和我刚考上硕士研究生，跟钱先生研究古代文学，方向就是明清诗文。我们听钱先生的课，地点就在明清诗文研究室。研究室的所有成员，就跟我们一起听课。半年之后，78级毕业分配的时候，张修龄兄也加入了明清诗文研究室，也和我们一起听课。同时，陈少松老师也加入了明清诗文研究室，与他同时毕业的王英志老师也被分配在苏州大学学报工作。（他们两个是钱先生的第一届硕士生，古代文论专业，学位论文都是清代诗歌理论方面的研究）他们也和我们一起听课。后来，博士生入学了，我们四个硕士生、研究室成员，还有邹自振、王则远两个进修生，大家一起跟博士生听课。博士生的专业课，我们大家在那个时候就全听了。

1984年年底，我硕士研究生毕业后，留校工作，就被分配在明清诗文研究室。当时，由于卡片已经积累得很多了，再加上《清诗纪事》已经获得了国家的支持，学校方面更加重视，所以，又把本部文科楼（现在的名字叫博远楼）的312室作为明清诗文研究室，原来在第二宿舍

105 的那个地方保留。当时的文科楼，底楼是历史系，二楼是政治教育系，三楼就是中文系。312 本来是个中等的教室，作为一个研究室，在当时，是很气派的了。研究室的成员们，每人有了一套办公桌椅。特制的卡片柜有一人高，跟教室的宽度一样长，由一排排抽屉组成，卡片就放在抽屉里面。我们就都在这个地方工作。

那时，查找资料做卡片的工作还没有结束。此前，研究室的成员们，已经出差到外地许多图书馆去为《清诗纪事》查找了资料。我到研究室，正赶上最后一批次外出。我和范建明兄搭档，去浙江、江西、福建等地找资料。

可以被收录进《清诗纪事》的材料，实在是太多了。再说，清代的文献资料，比以前任何一个朝代都多得多，而且非常分散，许多文献，就在小范围内流传，因此，在当时的情况下，要想穷尽，完全是不可能的，好在重要的材料，都已经齐备，就是用现在的标准来衡量，所收录也已经是非常丰富的了。于是，《清诗纪事》制作卡片的阶段结束，进入编纂的阶段了。

第一步工作，是将数量庞大的卡片，按照每张卡片所属诗人姓名拼音的首字母进行分类，例如，姓"安"的诗人的材料，就归入"A"；姓"白"、"包"、"贝"、"毕"的诗人的材料，就归入"B"；姓"邹"、"查"、"朱"、"翟"、"赵"、"钟"、"张"的诗人的材料，就归入"Z"。然后，把卡片柜上的一个个抽屉抽出来，把卡片放进去，在抽屉上标明卡片所属的字母，然后，按照二十六个英文字母的顺序，把抽屉依次放入卡片柜。当然，每个字母所占有的卡片数量是不同的，像"Z"、"Y"、"C"、"L"、"S"等各自包括几个大姓氏，卡片数量就多，卡片要装几个抽屉。像"E"、"I"、"O"这样的字母，各自包括的姓氏不多，且都不是大姓氏，所以卡片不多，装不满一个抽屉。女诗人、和尚、道士的材料，另外归入各自的抽屉。

接下来，就分卡片整理、编纂了。大小字母搭配，分成若干份，然后，大家抓阄，抓到什么就是什么。那时候我们年纪都很轻，大家都是小兄弟，什么事情都好办，还觉得这样分很有趣，反正到头来谁完不成，大家都会帮忙的，分工不在于工作量的计算，也不仅在于明确责任、容易管理，而是编纂工作只能这么做。这也是有讲究的。清代诗人，名号大多不止一个，如果是大家、名家，例如钱谦益、袁枚，他们的名号，我们都非常熟悉，不会搞错的，但是，不是很有名的甚至没有什么名气的诗人，那就不同了。例如，吴之纪，顺治六年进士，他字天章，一字小修，号慊斋，室名为好我斋。有关他的材料，或称他名，或称他某一个字号。如果同一个姓氏的材料，由几个人分头整理编纂，就很可能把他不同的名号当成不同的人。当时，《清人室名别号索引》还没有出版，再说，即使有《清人室名别号索引》可以查考，它也未必能够覆盖有清一代所有的诗人。即使有完备的工具书，那还有个成员之间沟通的问题。我们这样的做法，同一姓氏归一个人管，这就省却了这方面的沟通工作。

编纂时，我们并不是只按照《清诗纪事》的体例，根据这些卡片编纂而已，而是还要补充若干材料。研究室里有一大排书橱，里面装了《国朝诗别裁集》、《湖海诗传》、《晚晴簃诗汇》、《江苏诗徵》、《两浙輶轩录》和《续录》、《国朝杭郡诗辑》和《续辑》及《三辑》、《四明清诗略》、《皖雅》、《近代诗抄》等大部头诗歌总集。每编纂到一个诗人，就到这些书中去找，看看有没有什么可以补充进去的材料，如果有，就马上补充进去，有时还要跑到图书馆古籍部去查找补充。按照体例，一个诗人，如果没有与具体的有一定价值的事情有关的诗歌，他就无法进入《清诗纪事》，所以，有时我们发现一个诗人名下的评论材料很多，而且还有一定的价值，但是他的诗都是写景、题画、咏史等题材，没有具体的事情相关，在这样的情况下，我们总是舍不得放弃，尽量寻找他与具体事情有关的诗歌，这样就可以把他编入《清诗纪事》了。有的时候，诗人的诗歌确实与某件事情有关，但是没有现成的纪事材料，我们还得去寻找甚至考证，或者写一段按语。为了和总体风格一致，按语也总是用文言文来写。总之，谁编纂某一诗人的材料，谁就对这个诗人的部分负全部责任，包括标点等等，都不能出错。

根据编写的具体情况，这里还要对体例作些补充。同一朝（如同是顺治朝、同是康熙朝等）诗人的的排列，该朝皇帝居首，接下去按照科名排列，进士和举人，考中得早的在前，晚的在后；同一年的，先进士后举人；同年的进士，状元列于前面，其他就不按照名次了。一朝的进士、举人之后，列诸生，什么拔贡、优贡、岁贡、副贡、廪生、庠生、监生，统统都是诸生，都是俗称的"秀才"资格。诸生之中，先是诸生之做官的，再就是诸生中的不做官的，我们称他们为"赤膊诸生"，意思是除了一个诸生头衔之外什么官衔也没有的。再接下来是没有任何科名但是担任过这样那样官职的，再接下来，就是布衣，最后就是无名氏，也就是那些无法知道他们名字的诗人。

同一个诗人的诗歌作品的排列，按照体例，应该按照该诗人的诗集中的顺序排列。大家、名家的部分，我们确实这样做了，还是比较严格的。可是，每个诗人这样做，明显是不可能的。原因非常简单，我们不可能找到每一个诗人的诗集。在这样的情况下，我们就把诗歌按照与其有关的事件发生的先后顺序排列，如果连这些事件的先后我们无法知道，那就按照诗歌的体裁排列，顺序是：五言古诗、五言律诗、五言绝句、七言古诗、七言律诗、七言绝句。总之，一定有个义法在其中，不会胡乱排列的。评论材料和纪事材料排列的先后，与体例中说的，稍微有些不同。体例中说："诗人生活故事及诗歌总论混合排列，略以材料所自出的书籍之撰刻先后为序。"事实上，各种书籍撰写或者刻印的先后，有的也难以考证清楚的。所以，实际上，我们是按照这些书籍的作者生年的先后排列的。研究室的同事们把《清诗纪事》所用的书籍的作者，按照他们出生时间的先后排列一张表，每个人给一个序号。我们每个参加编纂的人，都有这样一张表，编纂的时候，就按照这张表上作者序号的先后来排列材料。当时，许多作者的序号，我们能背出来的。

我们当时还是按照严格的作息制度实行坐班制，工作的地点，就在文科楼 312 室。这时候，因为钱先生身体不好，办公地点离开他家又远，又在三楼，他爬上来不方便，所以他不能像我们一样坐班，但是，他有时会来看看。我们的工作无疑是很辛苦的。有时，休息的时候，我们会开些玩笑，学着钱先生讲些常熟方言，也会到也在三楼的中文系阅览室去看看报纸和学术刊物。

钱先生比我们更忙。他除了给研究生上课等工作外，我们编纂的《清诗纪事》稿子，都要由他审阅，这工作量是非常大的！后来，研究室请了柳义南、徐植农、王西野三个顾问协助钱先生审稿。可是，事实上，顾问们审阅过的稿子，最后钱先生还是要再次审阅的。我们编纂整理的稿子，每一页都是签名的。钱先生不时会把我们叫去，把近期他审稿中发现的问题给我们看。这些问题出现在谁编纂的稿子中，谁就会被他严厉地批评。柳义南先生是钱先生在无锡国专的学生，柳亚子先生的侄儿，文史方面的造诣很深，有《李自成纪年》等著作行世。可是，钱先生也不会因为他是顾问、已有学术成就而稍微客气点，他的稿子中有了问题，钱先生也照样当面批评！不过，正是钱先生这样严格的要求，保证了《清诗纪事》的学术质量，更让我们从这样的学术训练中很快地加强基本功，提高研究能力和学术水平。

《清诗纪事》前四卷七册出版后，研究室寄给钱锺书先生一套，请他指教。不久，钱锺书先生复信：

敬启者：忽奉惠赐仲联先生主编《清诗纪事》前七册，惊喜交集。虽未细览，然望气已识其宝矣。体例精审，搜罗弘博，足使陈松山（田）却步，遑论计（有功）、厉（鹗）。唯于邓氏初编（指邓之诚《清诗纪事初编》）颇有恕词，愈征广大教化。邓书附会影响，甚至杜撰虚造，逞其私智，误人不浅。如谓塞尔赫集中《西洋镜》诗，即寓"西洋镜一戳即穿"之讥，然《晓亭诗钞》卷二只有《西洋画》诗；又如称邵陵自题《疎园集》诗非邵长蘅所及，不知此诗全袭南宋戴东野《农歌集》卷四之作，仅易一字而已。（拙著《谈艺录》314 页已隐摘其讹。）此类不胜枚举。又于诗学实无真解，评骘语每令人笑来。仲联先生自运，卓尔名家，月眼镜心，必兼文心史识之长。烦代致倾倒之忱。草此布谢，即颂

编安

苏州大学明清诗文研究室

钱锺书上。十二月二十五日。

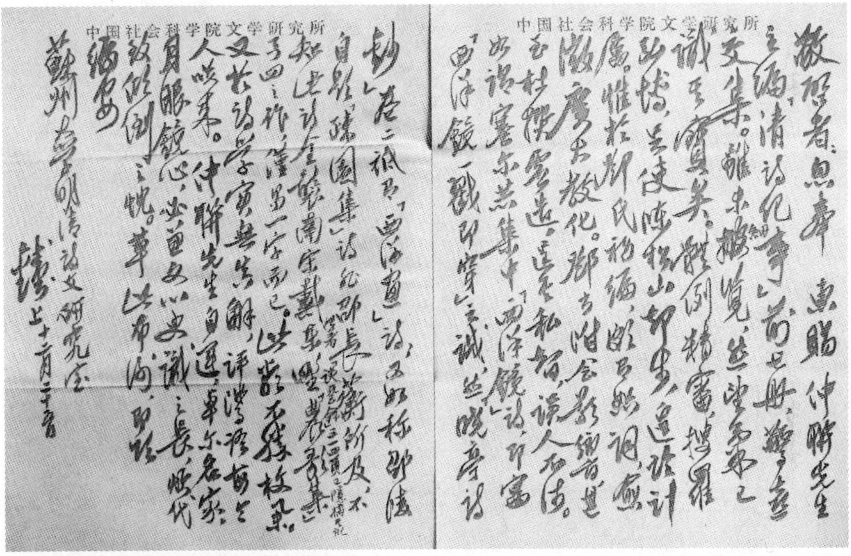
中国社会科学院文学研究所
中国社会科学院文学研究所

钱锺书先生给明清诗文研究室的信，盛赞《清诗纪事》之一

1989 年夏，《清诗纪事》后七卷 15 册出齐，研究室又寄给钱锺书先生，再次请他指教。钱锺书先生收到后又一次写来热情洋溢的书信：

奉到惠赐《清诗纪事》十五册，厚仪高谊，感荷曷极。宏编巨著，如千尺浮图，费时无多，竟能合尖。钱先生与诸君子之愿力学识，文史载笔，当大书而特书，举世学人受益无穷。不才蒙启迪之深，更非言辞可谢矣。专上

明清诗文研究室

钱锺书上。十一月二日。

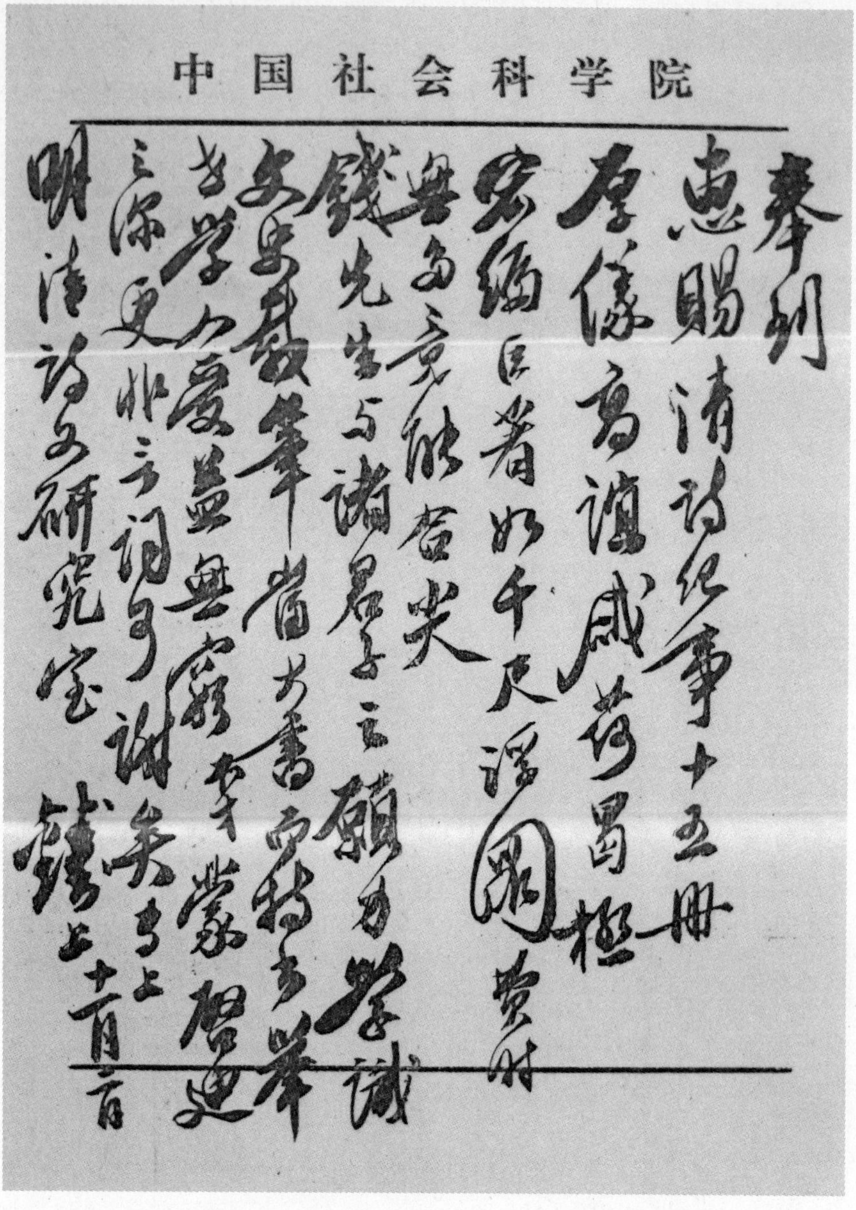
中国社会科学院

钱锺书先生给明清诗文研究室的信，盛赞《清诗纪事》之二

《清诗纪事》所荣获全国性大奖如下：1990 年 9 月，第四届中国图书奖一等奖；1992 年，中华人民共和国新闻出版署颁发的全国首届古籍整理图书一等奖；1994 年 1 月，中华人民共和国新闻出版署颁发的第一届国家图书奖提名奖；1995 年 12 月，中华人民共和国教育委员会颁发的全国高等院校首届人文社会科学研究优秀成果一等奖。

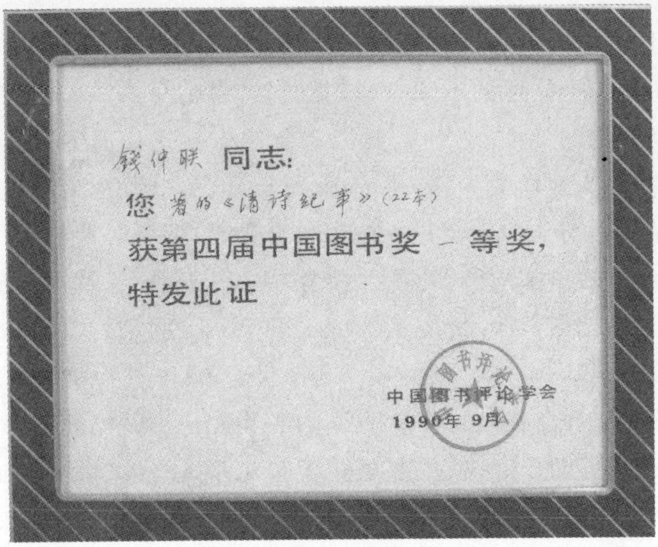

《清诗纪事》所获得的奖状之一

所有这些,都从不同的角度,肯定了《清诗纪事》。

3. 多种辞书与古典作品普及读物

在这一时期,钱先生参加了《汉语大辞典》、《中国大百科全书》等许多辞书的编纂工作,担任主编、编委等,参加组织领导、制定体例、撰写、审稿、修改、定稿等工作。详见《钱仲联学述》等。

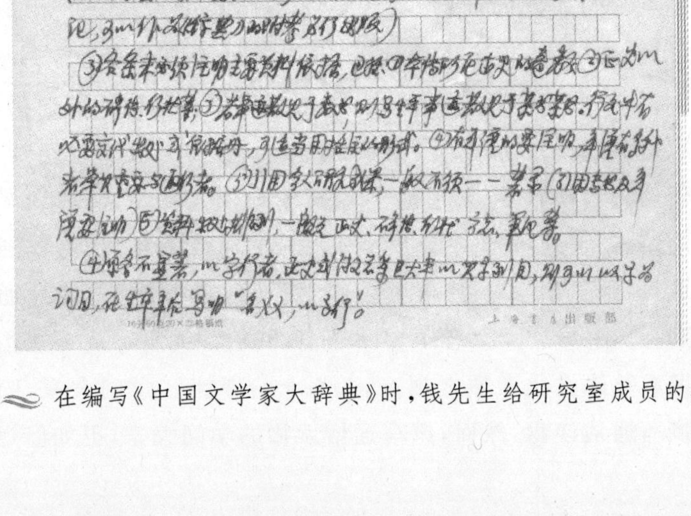

在编写《中国文学家大辞典》时,钱先生给研究室成员的指示。

辞书的重要性，是众所公认的，像《汉语大辞典》、《中国大百科全书》、《中国文学家大辞典》、《中国文学大辞典》这样的重要工具书，当然应该由钱先生这样的专家、权威把关。“鉴赏辞典”这一类的著述，具有普及读物的性质，为什么要劳动像钱先生这样的专家、权威呢？其实，像钱先生这样的专家、权威，能更好地、更准确地引导人们鉴赏诗词作品。早在1961年11月到1963年3月间，钱先生就在《新民晚报》上陆续发表唐宋词鉴赏文章，总名为《唐宋词谭》。同时，夏承焘先生也以《西溪词话》、《月轮楼说词》的栏目，分别在《浙江日报》和《文汇报》上连续刊载唐宋词赏析文章。上个世纪80年代中期以后，“鉴赏热”风靡全国，各色各样的文学作品鉴赏辞典良莠不齐，在这样的情况下，钱先生这样的专家、权威参加文学鉴赏辞典的编辑、撰写工作，更有为鉴赏辞典树立标杆、示读者以珍珠、帮助读者辨鱼目的意义。

钱先生在这个时期，还撰写、出版了好多古典文学作品选本或者注释本。如：

《清诗三百首》，1984年3月由长沙岳麓书社出版，不断再版至六版。1987年6月，该书荣获全国优秀畅销书奖。

《清诗精华录》，1987年4月齐鲁书社出版；

《宋诗三百首》，1987年1月浙江古籍出版社出版；

《近代诗举要》，1989年上海教育出版社出版；

《清文举要》，1989年5月安徽教育出版社出版；

《近代诗三百首》，1990年6月浙江古籍出版社出版；

《清词三百首》，1992年1月岳麓书社出版；

《明清诗精选》，1992年12月江苏古籍出版社出版。

《近代诗钞》，1993年3月江苏古籍出版社出版；

《中国近代文学大系诗词集》，1991年4月上海书店出版。

钱先生学问如此博大精深，为什么不倾其全力去研究深奥的学问，写可以藏之名山、传之不朽的著作，以尽可能地发挥他作为学问大家的作用，却如此费心耗力，撰写这些通俗读物？撰写通俗读物，也是学问大家价值的一种体现。通俗读物，读者面广，且读者以初学为多。如果通俗读物的作者学识浅陋，所撰写的通俗读物错误百出，无异于盲人导陌路，其害处可知。如果没有优秀的通俗读物，任劣质通俗读物泛滥成灾，则其害又不胜言了。硕学专家，高屋建瓴，撰写通俗读物，驾轻就熟，引导广大读者于学问正道，其功德无量。优秀通俗读物于中华民族整体文化素质之提高，关系十分重大。学问大家，固然不必全来撰写通俗读物，然而，撰写通俗读物的学问大家，更加值得我们尊敬！

善于为通俗读物的学问大家，如果要在古代推选一人，则不能不推孔夫子。他所整理的《诗三百》，也就是我们常说的《诗经》，不就是通俗读物吗？上下数千年，诗歌集子不知凡几，然而，在中国历史文化中的地位和作用，有超过《诗三百》的吗？如果在现代数学界推一位善于为通俗读物的学问大家，则不能不推华罗庚。他的有关优选法等的著作，不是通俗读物吗？然而，它们引导了多少青少年进入科学王国！使多少生产和生活中的实际问题迎刃而解！如果在当代古典诗歌研究领域推一位善于为通俗读物的学问大家，则不能不推钱先生了。他所为古代文学作品、特别是古典诗歌作品的通俗读物，质量之高、数量之多，都是客观事实。他所为"三百首"就有多种。他在选编《近代诗三百首》时，我也有幸参加了一些工作。我听钱先生说，《三百首》到底选录多少诗呢？这是有讲究的，要么平头三百首，要么三百零五首，要么三百十一首。"三百"容易理解，"三百零五"和"三百十一"这两个数字，是怎么来的？是从《诗经》中诗歌的数量而来的。《诗经》收录诗歌三百零五首，还有六首诗歌有目录但是没有诗歌作品，如果加上这六首，不就是三百十一首吗？钱先生在"三百首"选录诗歌的篇数方面如此讲究，他选编这些通俗读物时所心摩手追的，也就非常明了了。

这里，我重点介绍钱先生的三种清诗选注本，即《清诗三百首》、《清诗精华录》和《近代诗三百首》。这三种清诗选注本，入选篇目极少重复，但是，其共同特点，至少有三。

清代诗歌史寓乎其间。清代诗歌史，悠悠近三百年，大家名家诗人辈出，诗歌流派众多，何等博大高深！如何能用一通俗读物概括体现？这正是钱先生作为学问大家的功力所在。除了前言部分外，这三种选注本中体现清代诗歌史者，主要是诗人小传部分。这三种选注本中，每一位入选诗人，都系一小传。小传主要包括诗人生平、诗歌理论、诗歌创作成就、特色和影响等等。读者可以知其人、论其世、明其持论、把握其诗歌创作之总体风貌。诗歌理论、诗歌成就，都是诗歌功力浅的人所不能较好地评说的。即使是看似简单的诗人生平一项，也不是浅学者所能写得很好的，既要简洁，又要全面。例如，《清诗精华录》中第一位诗人钱谦益的小传，既写其投降清朝，又肯定其"秘密从事抗清活动，与瞿式耜、郑成功等抗清力量都有联系"，如此方顾及其全人。然而，各诗人小传之间，又并不是孤立的，而是注重他们之间的相互联系和影响。例如《清诗三百首》中王渔洋的小传说："传其衣钵者不少，北方有吴雯，南方有叶燮，叶燮门下又有沈德潜，都曾为渔洋所称赏。沈德潜又有门人王昶传其宗派，影响直到乾嘉年代。”《清诗精华录》中高心夔的小传说他的诗歌“与白香亭（邓辅纶）相匹，在江西则开陈三立之先声”。袁昶小传云其“与沈曾植同为晚清浙派诗人代表”。这一类例证，举不胜举。如此则清代诗歌史中诗歌艺术之师承、流派与发展等等，脉络分明。读者读完此书，掩卷思其小传所示，则一部清代诗歌发展史，可得到一个轮廓了。如果读者要进一步了解清代诗歌，甚至于要研究清代诗歌，就不至于问津无所，更不至于误入歧途了。

钱先生的诗学思想寓乎其间。这三种虽然是诗歌选注本，但是，读者如果把它们作为诗话读，也是完全可以的，因为其中体现了钱先生的诗学思想。读者通过这三个选本了解钱先生的诗学思想，有三条途径。一是由这些选本中所入选的诗歌作品，可以知道钱先生的宗趣所在。此三书中所选，多关社会政治、风俗教化、民生日用者，但是也不废自然风光、男女爱情等内容。清初和近代入选的诗人和作品，都比清代中叶为多，可知在钱先生看来，清初和近代诗歌的总体成就，高于清代中叶。清代诗歌流派中，神韵说、格调说、性灵说、肌理说之代表作家，都有作品入选，但是，所入选诗歌的数量，不无差别，于此，读者也可见钱先生于各个流派之所重所轻。二是可以从诗人小传的总体评价中见钱先生的诗学思想。该部分有引用前人代表性评论的，也有钱先生自己的独到之见。例如，《清诗精华录》中评赵执信云：“（赵执信）服膺常熟冯班，自称私淑弟子。但班诗崇尚李商隐与宋代西昆体，赵诗以峻刻为主，与班风格，实不相近。集中有若干讽刺现实、意义深刻之作，为当时王渔洋、朱彝尊诸人所不敢为。”又评沈德潜云：“自为诗风格朴老，但较丰实，缺少神味，而且模拟的痕迹较显。内容多歌功颂德，也有少数作品反映了人民的疾苦。”评价都相当全面、公正，恰如其分。三是可以于各诗歌之下题解或者注释之第一条见之。例如，《清诗精华录》评沈德潜《下百步云梯过华沟穿鳌鱼洞》一诗云：“此诗状写百步云梯至鳌鱼洞一路景色，揉合作者的感受，使人有身临其境之感。在‘状写难状之景’和诗境的‘缒幽凿险’上，体现了作者的艺术功力。”《近代诗三百首》中评黄人《题长吉集》云：“这首题咏之作，诗人以丰富奇特的想象，化用李贺诗句和有关李贺的传说，形象地表现了李贺诗歌的艺术特色，也表达了诗人学习前人而又勇于创新的论诗见解。全诗体现了他‘古体跌荡纵横、雄奇瑰丽、骨苍而韵逸，气劲而趣博’的特点。”近人喜言赏析，诗词鉴赏辞典不知凡几，然而有多少能如此精当者？

注释有特色。注释诗歌，非腹笥极为富有者所不能为。纵观古代注释诗歌的学者，无不学富五车，可见注释诗歌之大不易。钱先生此三书，虽然都是选注本，属于通俗读物，然而，其中注释，超越古人而自成特色者，主要有二。一是所根据的典籍更加多。清代以前的诗人作诗，所用典故名物，多出于我国传统古籍，即使佛教典故，也不常用。所以，注释诗歌的学者所熟悉的，只需要传统的典籍就可以了。清代诗人作诗所用的典故名物之富，实在是远远超过前人。钱先生有超越前代注释诗歌的学者的学问，才能注释清代诗歌。例如钱先生所选黄遵宪《登巴黎铁塔》、《纪事》、《锡兰岛卧佛诗》等诗歌，除了大量我国经史典故、佛教典故外，还用了大量出自《圣经》等的异邦新旧事物的典故，钱先生能一一注释明白。二是引用清人诗歌来注释清人诗歌。前代注释家笺注诗歌，也大量使用以诗歌注释诗歌的方法，以明其所变化、点化而出之者。此非精熟于前人诗歌者所不能为，自然较仅仅注释名物训诂、典章制度、典故史实者为难。不过，此类注释方法，前人仅仅限于以唐代或唐代以前诗歌注释唐代或者唐代以后的诗歌。这钱先生也善于为之，翻开这三书，这一类例证很多，这里就不举例了。然而，除此之外，钱先生能以宋代或者宋代以后的诗歌，特别是清诗注释清诗，这是一个特色。例如《近代诗三百首》注释陈衍《冬述回首示子培》诗之"子由将北行，瘦马独不骑"一联时，则云语出苏轼《辛丑十一月十九日既与子由别于郑州西门之外，马上赋诗一篇寄之》诗中"苦寒念尔衣裘薄，独骑瘦马踏残月"句，而此处反其意而用之，暗寓兄弟同行之意。用清诗注释清诗，更是钱先生的一绝。例如《近代诗三百首》中有黄遵宪《冯将军歌》"得如将军十数人，制梃能挞虎狼秦，能兴灭国柔强邻，呜呼安得如将军！"钱先生注释云："脱胎于黄景仁《余忠宣祠》'呜呼元亡尚有人，尽如将军元可存，呜呼安得如将军！"《清诗精华录》选董以宁《闺怨》云："流苏空系合欢床，夫婿长征妾断肠。留得当时临别泪，经年不忍浣衣裳。"钱先生注释云，龚自珍《己亥杂诗》之一有云"欲浣春衣仍护惜，乾清门外露痕多"，构思正是从此诗中来。但龚自珍诗表现了忠于皇帝的封建士大夫的感情，自不能及董诗纯粹抒发夫妻离别之情来得感人。此类注释，不仅能明其所出、所启，且能引导读者比较其间异同优劣、蜕化演变，于清代诗歌，了解更加深入。然而，如果不是于清代诗歌精熟如钱先生者，又岂能顺利达到这样的高度？

通俗读物之中，也多传世之作。《诗经》固然不必论，华罗庚《优选法》、《曲线运动》，《万有引力》等数学著作不敢妄论，即就诗歌选本论

之，如《千家诗》、《唐诗三百首》、五朝诗《别裁》等，无疑都是传世之作，但是，这些选本，都没有注释，选诗和评论，也往往有欠精当处。钱先生此三种清代诗歌选注本，宗旨、义法、体例、选择、评论、注释，皆过《千家诗》等远甚，必为传世之作无疑。他的其他的此类通俗读物，也都是如此。

4. 学术论文

《读昌谷诗札记》，1979年9月发表于《中华文史论丛》第3辑；《李长吉永贞诗史发微》，1979年11月至1980年5月发表于香港《大公报》之《艺林》。这两篇文章，实际上是"文化大革命"后期钱先生完成的《李贺年谱会笺》中的有关部分。见本书对《李贺年谱会笺》的介绍。

《佛教与中国古代文学的关系》，发表于《江苏师院学报》1980年第1期。该论文从佛经翻译、佛教思想进入文学领域、佛教典故和词语进入文学领域等方面，论述了佛教对我国文学的影响。其中论述佛教对我国古典诗歌和诗歌理论、诗歌批评的影响，尤为详细，而主要集中在中国古典诗歌以佛理、佛典和佛教词语入诗，佛教对中国诗歌形式尤其是声律发展方面所起的重要作用，以佛教理论如顿悟等和佛教话语论诗等方面。当然，关于佛教对我国古代小说、戏剧等的影响，该论文也有很多论述。这对此后的研究者研究这些领域，有切实的指导意义。

《王船山诗论后案》，1980年6月发表于《文艺理论研究》创刊号。该论文主要包括这些观点：王夫之的"因景因情，自然灵妙"、"身之所历，目之所见，是铁门限"等论述，忽略了想象的重要性；王夫之的神韵理论，流弊是脱离现实生活，不免陷入于虚空神秘，而在艺术见解方面，确实有独到之处；王夫之对长篇叙事诗持贬低的观点，这是不公正的；王夫之的诗论，重视性灵神韵，对雄浑奇伟、厚重沉健的作品，意存歧见，这也是不公正的。王夫之是清初与黄宗羲、顾炎武齐名的人物，但是，钱先生的这篇论文，则主要对他的诗歌理论中的不足作实事求是的分析和批评，由此我们可以看到钱先生严谨的、科学的治学态度，不迷信，更加不随波逐流。

《文心雕龙创作论读后隅见》，发表于《光明日报》之《文学遗产》1981年第3期。该文乃是关于王元化先生所著、1979年出版的《文心雕龙创作论》的评论。文章充分肯定了该书考订精确，论说深刻，"经纬贯通，妙绪纷披"，"根底无易其固，而裁断必出于己"的总体特点，并列举了该书许多很有意义的创获，例如刘勰以"心"这一环节使道、圣、文三者贯通；《辨骚》应列入《文心雕龙》的总论部分以及与此相关的对“奇正”问题的论述；关于“言尽意”问题的阐述；关于《文心雕龙》创作论的唯物主义认识论的分析；对《文心雕龙》特定话语系统的考辩剖析等等，此外，在研究和写作方法方面，该书在引进西方文论阐释评介《文心雕龙》方面做得极为成功，能给古代文论研究以方法上的启迪。钱先生还在此文中直率地提出了一些补充材料和商榷意见，以供作者和读者参考。

《古代山水诗和它的艺术论》，发表于 1981 年第 2 期《文艺理论研究》。该论文先是用导游式的方法，介绍了从《诗经》到近代山水诗的发展概况，让读者领略了我国山水诗的风光，然后，钱先生以诗人的习惯，结合古人的有关理论，概括出写山水诗的诀窍。在此基础上，将我国山水诗划分为清远和雄奇两种艺术风格。前者自谢灵运递及唐代王孟韦柳、裴迪、常建、刘虚，宋代九僧、四灵，明末竟陵派、阮大铖，清代厉鹗，近代俞明震、何振岱等代表作家，其语言以自然白描为基本特色；后者则自曹操递及唐代李白、杜甫、韩愈、孟郊，宋代苏轼、陆游、杨万里，金代元好问，清代钱谦益、吴伟业、屈大均、黎简，近代姚燮、郑珍、高心、刘光第、陈三立、许承尧、金天翮等代表作家，其语言则以藻丽雕琢为主要面目。文章后半部分引进山水画作参照以研究山水诗，指出诗情画意，其理相通，进而将诗论、画论的南北宗之说归源于佛教禅宗哲学，证明了禅宗的哲学观点和画论家、诗论家的美学观点一脉相通，证实了佛教对中国文化艺术的影响，从而引导读者从哲学、文化学的高度来把握中国古代山水诗的艺术论。

《宋代诗话鸟瞰》，1981 年 2 月发表于《古代文学理论研究丛刊》第 3 辑。该论文的主要内容为：诗话的起源和概念、范围；按照诗话的形式，宋代诗话可以分为若干类别；宋代诗话中有影响的论题或观点研究，例如“言志为本说和刺怨说”，“强调诗歌创作来源于生活现实和它的感染教化作用”，“反对以议论为诗，主张别材别趣”，“反对用事，反对求出处”，“以禅说诗”。文中举例涉及的宋代诗话不下 20 种。

《论同光体》，发表于 1981 年《文学评论丛刊》第 9 期。该论文辨明了“同光体”这一名词的产生、这一概念的内涵和这一个诗歌流派的来源，在此基础上，将“同光体”剖析为三派，并对这三派作深入细致的分析和研究。这三派是：一是以陈衍、郑孝胥、沈瑜庆、陈宝琛、林旭、李宣龚等人为成员的闽派，其学古方向溯源韩孟，于宋人则侧重于梅尧臣、王安石、陈师道、陈与义、姜夔等；其二是以陈三立、华焯、胡朝梁、王易、王浩等人为成员的赣派，其学古趋向为黄庭坚；其三从是沈曾植、袁昶、金蓉镜等人为成员的浙派，其学古趋向并不墨守宋人，于元嘉时代的颜、谢两家用力极深，同时力尊清前、中期秀水派朱彝尊、钱载为宗师。通过对这三派及其重要作家的研究，钱先生肯定了他们作品中内容方面进步的部分，指出了不足的地方，批判了其中落后的部分，特别是他们在进入民国以后诗歌中往往体现的遗老思想等；对他们诗歌艺术方面的成就与追求，钱先生则给予了充分的肯定，反复强调他们在诗歌艺术方面的可取之处。这样，这一在近代诗坛影响重大、人员庞杂的学宋诗歌流派，就得到了全面的、历史的和公正的评论。这对我们研究历史上并不以思想进步著名的文学流派，在方法和角度方面，很有指导意义。

《释气》，1981 年 10 月发表于《古代文艺理论研究丛刊》第 5 辑。首先，该论文探讨了“气”如何成为古代文学理论话语系统中的一个重要概念，这就是：“由天地自然之气到人身自然之气的物质命题，进入到精神的命题，随之而来的，便把气这一名称来品评人物，更进一步又把气作为文学艺术理论的专用术语。”其次，论述“自然之气与创作的关系”，以钟嵘和刘勰的理论和古代文学中相关作品为例来阐述。再次，论“人身之气与创作的关系”，逐一阐述古代文艺理论中相关的重要论述，步步深入。再次，为“文气说许多术语的释义”，也就是阐述古代文艺理论中常用的包含“气”的概念，如志气、意气、力气、风气、生气、神气、才气、辞气、气象、气格、气势、气体、气韵、气脉、骨气、气味、气调、气候、声气、光气、气魄、客气、习气等等，一一指陈出处，揭示概念的内涵，分析其源流变化，列举代表论述或在文艺批评中的运用，辨析与相关概念的相互联系和差别。直到今天，该论文还是我读过的关于“文气说”的论文中最为全面、最为透彻的一篇。

《论近代诗四十家》，发表于 1983 年第 2 期《社会科学战线》。早在 1935 年，钱先生作五言三韵古诗《论诗四十首》，分别论龚自珍、魏源、郑珍、何绍基、江湜、金和、贝青乔、王运、邓辅伦、高心夔、张之洞、黄遵宪、李慈铭、沈曾植、范当世、陈三立、樊增祥、易顺鼎、康有为、梁启超、丘逢甲、金天翮等近代诗人。该论文分别论述这四十家诗人的诗歌创作成就、诗歌理论和诗学趋向等，而各以以前所作论诗诗为发端，如对该论诗诗做诠释一般。近代有影响的重要诗人，几乎都在其中，且被引为比较等而被评论的诗人也很多，又注重诗人与诗人之间、流派与流派之间的相互关系，因此，该论文可以当作近代诗歌史来读。

《清诗简论》，1983 年 12 月发表于《光明日报》之《文学遗产》，是年全国清诗讨论会在苏州举行，这是钱先生向会议提交的论文。该文分

“前期清诗的作家和流派”、“后期清诗的作家和流派”和“诗歌体式的新发展”三个部分，对清诗的总体发展和成就作了勾勒，对流派、诗人、作品的点评，非常精当，具有很重要的指导意义。对流派、作家之间相互关系的注重，更使文章具有立体感和“史”的意义。

《陈衍渔洋秋柳诗解辩证》，1984 年发表于《文史》第 2 期。该文认为，陈衍《石遗室诗话》卷十一对王渔洋《秋柳》诗第三首下半首的解释是错误的。陈衍认为，诗中“南雁”指南中诸老，“西乌”指在山西的顾炎武，“风流枚叔”指钱谦益。钱先生通过详细的考证，认为“南雁”指南明遗臣，“西乌”指郑成功等，“风流枚叔”则是侯方域，支持了李兆元之说。

《三百年来浙江的古典诗歌》，发表于《文学遗产》1984 年第 2 期，为《三百年来江苏的古典诗歌》的姊妹篇，1983 年在苏州大学举行的第一次全国清诗研讨会上钱先生提交的论文。该论文是在简要回顾清代以前浙江诗歌发展史的大背景上展开的。其主体部分，分为“明末清初的浙诗”、“浙诗的奠基时期”、“清中叶浙诗的四大流派”、“鸦片战争的前夜和战争期间的浙诗”、“晚清浙江诗坛的学古流派”、“诗界革命在浙江”六个部分。对清代浙江诗歌中流派、重要作家、重要作品作了全面、精深的研究而表达扼要，研究中思想内容和艺术形式兼重，尤其注重流派与流派之间、作家与作家之间相互关系的研究和浙江诗坛与全国诗坛关系的研究，覆盖面甚广，完全称得上是清代浙江诗歌发展的简史，对后人的研究，具有很重要的指导意义。

《文心雕龙识小录》，发表于 1985 年第 1 期《文艺理论研究》。该文乃 1984 年 11 月钱先生参加在上海举行的《文心雕龙》国际学术讨论会时提交的论文，就刘勰关于“文心”、“般若”二词的用法和本义作了详赡的考索论证。首先，钱先生用“以《文心雕龙》证《文心雕龙》”的研究方法，对《文心雕龙》中“文心”的内涵作探讨，认为此书中“文心”的第一义，可以用“天地之心——道心——文心”的形式来表示，并以此义解释该书中的有关论述；“文心”的第二义，即常识所云之心，也就是脑，属于物质范围，也是构成“文心”的重要因素，可以用“物——心——文心”的形式来表示，并以此义解释该书中的有关论述。“般若”是佛家词语。两晋以下，到刘勰生活的时代，玄言家和佛教徒一直有“有”、“无”之争，也有人以佛教“般若”学说，破“有”、“无”之偏执。刘勰在《文心雕龙》中用“般若”一词，并非以此宣扬佛教学说，而是用以破“有”、“无”偏见。这与当时以及此前的时代学风有关。

5. 诗词点将录六种

封建社会中，在主流文化看来，梁山人物，都是"贼寇"、反面人物，都属于要剿灭的范围。明朝天启年间，宦官司礼太监魏忠贤擅权，大力剪除异己。东林党人杨涟、叶向高等上疏参劾，魏忠贤恨之入骨。魏忠贤亲信王绍徽用《水浒传》一百零九人（包括晁盖），配上他们所要清除的东林党人，撰写成《点将录》，第一位是天罡星托塔天王李三才，次为及时雨叶向高。三十六天罡、七十二地煞齐全。王绍徽将这《点将录》献给魏忠贤，以作为构陷、打击、迫害异己的依据并提供方便。在魏忠贤、王绍徽看来，《点将录》中所点，当然都是敌对人物、反面角色。不过，这是以梁山一百零九人为依据、对某一类人物及其相互关系、地位、作用等进行描述、评论的一个创举，使这套《水浒》人物，成为一个话语系统，以描述、评论某一类人物总体和各自的风貌及其相互关系等等。

到了清代嘉庆年间，有一位叫舒位的著名诗人，写了个《乾嘉诗坛点将录》，用梁山一百零九人（一百零八加晁盖）这个话语系统，来描述和评论乾嘉诗坛，包括这些诗人在诗歌和诗歌理论、诗歌文献的整理与传播等方面的成就，他们各自在诗坛上的地位以及他们之间的关系等等。也就是说，舒位第一次将这个话语系统应用到了诗歌批评。此外，舒位的这个点将录，还有思想进步的意义。上文说过，《水浒传》中的梁山好汉，在封建时代的主流文化观念看来，都是反面角色，而舒位用他们来比喻诗人，很明显，他是把他们当作正面人物来看待的，这在当时，无疑是个进步。舒位以后，一直到清代结束，没有人再用过这个话语系统来作文学批评，其间当然有这样那样的原因，但是，我想，主流文化把梁山好汉当成贼寇的传统观念，肯定是一大原因，尽管在民间，在大众文化中，梁山好汉一直是正面人物。在封建社会中，精英文化与大众文化之间的区别，比当代社会中要大得多。两种文化对待梁山好汉的态度，就是一个很好的例证。

在民国年间，汪国垣作《光宣诗坛点将录》，照舒位《乾嘉诗坛点将录》的形式，来描述和评论光宣诗坛。此后，钱先生作了《顺康雍诗坛点将录》（《苏州大学学报》1991 年第 1 期）、《道咸诗坛点将录》（《苏州大学学报》1989 年第 4 期）、《近百年诗坛点将录》（初刊于《明清诗文研究丛刊》特辑，1984 年苏州大学明清诗文研究室编，后收入 1993 年 11 月中华书局版《梦苕庵论集》）、《近百年词坛点将录》（见 1993 年 11 月中华书局版《梦苕庵论集》）、《南社吟坛点将录》（《苏州大学学报》1994

年第1期)、《浣花诗坛点将录》(见1993年11月中华书局版《梦苕庵论集》)等六个点将录。

用梁山好汉来描绘和评论某一时期的诗坛,困难是明显的。

要以梁山好汉来描述、评论某一时期的诗坛,就首先要对这一诗坛的情况有非常深入、非常细致的了解。就所了解的诗人的数量而言,必须大于或至少等于一百零九个,这个任务就不轻松,更何况,对他们各自在诗歌方面的贡献、特色和他们之间的种种关系等等,都要有深入的了解,这样才能给他们排座次并做出评论。在这个方面,钱先生无疑是做得非常好的,他的功夫和见识,是我等望尘莫及的。六个点将录,除去重复的诗人或者词人,少说也有四五百家!不才如我者,这四五百家的名字都无法全部记住,更不要说对他们及其诗词等有深入细致的了解了。

在对这些诗人有全面和深入细致的了解的基础上,还要对他们做出科学的评价,称出他们的轻重,辨别他们及他们在创作、理论、文献等方面的贡献、特色以及相互关系,才能给他们排座次。这些工作,又要显示作者的胆识。

梁山一百零九人,其间地位和次序,是天上落下来的石头上刻着的,所以大家也没有什么意见,如果让他们自己来讨论,按照对梁山事业的贡献、资历、能力和影响等等来排座次,永远也不会有个统一的结论。不过,梁山好汉终究是一伙的,是同一个系统的,如果论起贡献和资历,论起历史地位来,相对说来,还好办一些。让十个人读了《水浒传》后各给他们排一个座次,然后比较这十张座次表,差别不会太大,更不会离谱。东林党也是一个系统的,与梁山好汉有相同的地方,党内相比,地位的高下,很容易就比出来了。因此,相对来说,王绍徽写《东林点将录》的工作,难度也不大的。比起一统的梁山和东林党来,某一时期的诗坛则要复杂得多。诗坛上,有这样那样的流派,这样那样的圈子,还有很多特立独行的诗人。各个流派和圈子之间,谁也不买别人的账,流派和圈子的领袖,特别是有些官职的,又都想当诗坛头领。流派和圈子内部,又往往有矛盾和斗争,实质所在,都是争名夺利。要用梁山好汉座次系统来套某一时期的诗坛,或者说,要把某一时期诗坛状况纳入梁山好汉座次这个话语系统,难度确实是很大的。

梁山好汉们,一个个都是个性鲜明的,其中三十六天罡星尤其如此。仿照梁山好汉的座次给某一时期诗坛上的诗人排座次,已经很难了,如果还要让相关诗人的创作个性、贡献和特点等与相应的那位梁山好汉一致,那就难上加难了。

试看钱先生是怎样来点将的。

先看旧头领和都头领。《顺康雍诗坛点将录》中，旧头领托塔天王晁盖是钱谦益，诗坛都头领二员宋江和卢俊义，则分别是吴伟业和王渔洋。钱谦益在诗歌创作、诗歌理论方面的成就，在整个清代，是少有人能与之相比的。或称牧斋为"两朝领袖"，虽是谑语，却为实情。黄宗羲《八哀诗》之五《钱伯牧斋》有"四海宗盟五十年"之句，则是定评。顾炎武力诋牧斋之为人，而首肯其文化成就。就当时诗坛而论，影响之深广，无过牧斋者。大量诗人，受其沾溉。先进者如吴伟业、龚鼎孳、周亮工等，皆获其揄扬，诸人亦往往借牧斋之评以自重。于后进者，牧斋亦提携、指导、鼓励，零楮碎墨而外，于王渔洋，有《古诗一首赠王贻上》长篇，于宋琬，有《宋玉叔安雅堂集序》，于施闰章，有《施愚山诗集序》，于屈大均，有《种上人诗集序》。牧斋友人黄宗羲，开浙派诗宗宋一路，而牧斋乃首倡唐宋兼宋者。牧斋族人钱曾，常熟二冯，则受牧斋沾溉尤深，虞山诗派，尊牧斋为祖。以上仅就名家言之。未能入名家之列而得牧斋沾溉者益众。于此可见牧斋于清诗发展之贡献。为什么钱先生取钱谦益为旧头领呢？因为他年辈高，在康熙三年(1664)就去世了。吴伟业也是清初东南文化界的领袖，曾经出面解决当时文化社团间的矛盾，有较高的声望。他的诗歌创作，成就斐然，可以与钱谦益比美，他的年龄也比钱谦益小一些，去世也迟几年。因此，他被点为宋江。王渔洋继承钱谦益为诗坛领袖，提倡神韵说，作《秋柳》诗，大江南北，和者数百家，又长期担任中央政府要职，居高声远，对诗坛的实际影响，要比吴伟业大得多，时间也长久，但是，与吴伟业相比，他是后辈，所以，只能当卢俊义了。

《道咸诗坛点将录》中，诗坛旧头领托塔天王晁盖，由程恩泽当之，而诗坛都头领二员宋江和卢俊义，则分别由龚自珍和魏源当之。程恩泽在道光十七年去世，是近代宋诗派的先导。近代宋诗派，力量强，影响大，但是，毕竟是艺术上学古的流派，在诗歌内容上，也没有突出的创新，道咸诗歌价值最大的，不是宋诗派，而程恩泽去世早，即使在宋诗派中论，其创作成就也不大，也不是道咸宋诗派实际上的领袖，所以，只能是旧头领。说其旧，一是说他去世早，二是说他作为先导的宋诗派就思想、艺术上说来，大致是传统的，创新不多。龚自珍和魏源就不同了，他们的诗歌，无论从思想上还是艺术上说，相对于传统诗歌，创新比较明显，在道咸诗坛乃至整个近代诗坛上的实际影响也比较大，道咸以下诗坛的成就，数这一路为最大，因此，奉他们为都头领。

《近百年诗坛点将录》中，旧头领托塔天王晁盖为李慈铭。钱先生说，李慈铭“能兼综汉魏以来，下迄明七子、清渔洋、樊榭（厉鹗）、复初斋（翁方纲）各派之长，而不能自创新面目者”。“同光体之魁杰沈曾植亦亟称其工。李氏博学雅才，望倾朝野，晚清名士，群推祭尊，良非浪得名也。”说他是旧头领，是因为其诗歌艺术旧，都是学人家的，没有创新，而且旧派诗人都认可他，因此，点他为旧头领是非常确切的。都头领及时雨宋江和玉麒麟卢俊义，则分别由黄遵宪和丘逢甲当之。他们两个的诗歌，从内容到形式，于传统诗歌多所突破，特别是黄遵宪，突破尤其多且大，在当时和后来的影响巨大，几乎没有一个诗人能与他相比。因此，点他们两人为诗坛都头领，也是非常确切的。汪国垣的《光宣诗坛点将录》，则以王闿运为旧头领。王闿运是近代汉魏六朝诗派的代表人物，说他学古，其诗歌思想和艺术，都没有什么创新，说他陈旧，这没有问题，但是，他仅仅是学古诸诗派中一个诗派的代表，无法代表所有的学古诗派，所以，汪国垣点他为旧头领，远远没有钱先生点李慈铭为旧头领来得妥当。再说，从政治上说，进入民国后，王闿运出任国史馆馆长，用进步的观点看，这是跟上时代的步伐，值得肯定的，但是，旧派文人们就未必赞同他的这个进步举动，事实上，他们也不会认同他做他们的头领的。李慈铭才是合适的旧头领。汪国垣点陈三立为及时雨宋江，以郑孝胥为玉麒麟卢俊义，这正好充分显示了他与钱先生在诗学观点方面的重大差异。陈三立和郑孝胥，都是同光体的代表人物，都是宋诗派。不错，光宣诗坛上，同光体的力量和影响很大，他们在艺术上，特别是在如何学习宋诗艺术上，有许多经验和独到之处。汪国垣所欣赏的，正是他们的古雅和学古艺术，所以点他们两人为都头领。钱先生则认为，同光体乃至整个宋诗派，艺术上确实有可取之处，但是，从思想到艺术，他们创新明显不足。这一历史时期诗坛上的主要成就，不在于宋诗派，而在于黄遵宪等所影响的一派，内容和形式，乃至理论，与传统的古典诗歌相比，都有很大的开拓，他们是诗坛的主流。相比之下，汪国垣的诗学观，就不免显得陈旧和片面了。如果将钱先生的点将录与汪国垣的点将录作一系统比较，他们的分歧，就更加明显了。

钱先生《近百年词坛点将录》中，点谭献为旧头领托塔天王晁盖，因为谭献“总结清词，选《箧中词》、《箧中词续》，拓常州派堂庑而大之。彊村以前，久执词坛牛耳。自为词托体风骚，一代正宗。然学古功深，创新犹嫌未足。方之于诗，殆如北地、信阳之摩盛唐，白香、湘绮之仿汉魏”。总之，在词的创作和理论方面，他学古到家，但是创新不足，年辈也比较前，所以是“旧”。词坛都头领及时雨宋江与玉麒麟卢俊义，则分别以朱祖谋和王鹏运当之。王鹏运创作成就高，整理、传播词作方面贡献大，年纪也似乎比朱祖谋大一些，朱祖谋也受到他很大影响，这是事实。可是，他的成就和影响，比不上朱祖谋，所以，只能屈居第二席卢俊义的位置了。朱祖谋在创作、理论和文献传播方面，都是公认的词坛领袖，钱先生将他点为宋江，是理所当然的。从这里，我们也可以看出钱先生作为一个词学批评家的胸襟。钱先生为词，风格和路子，与朱祖谋并不一致。他说："联中岁为词，实为门外，唯不向彊村门下乞残膏剩馥，差可自信。"可是，钱先生还是将朱祖谋点为宋江，这是尊重客观事实，不以自己的艺术取向来律人。

相比之下，《南社吟坛点将录》中，确定头领，就要容易一些了，因为南社是一个团体，有组织，与梁山好汉和东林党，在这方面是很相似的。钱先生点金天羽为旧头领，因为他没有参加过南社，但是，他的创作和理论，是和南社文学的总体精神是一致的，他在传统文化方面的造诣，包括传统诗歌方面的造诣，是南社诸人所不及的，再者，他还是柳亚子的老师，所以，点他为旧头领，也是恰当的。钱先生点柳亚子为宋江，点陈去病为卢俊义，也是与他们在南社中的地位一致的。

纵观钱先生的这几个点将录，我们可以知道，凡是被钱先生点为旧头领的人，除了他们的成就和影响外，或者是年辈比较前，或者是他们的创作和理论泽古功深且广，而创新明显不足，或者这两者兼而有之。被钱先生点为宋江和卢俊义的人，都是在诗坛或者词坛上影响巨大的人，而且在他们的影响下，当时诗或词的创作，与前人相比，取得了显著的创新成果。

接下来是掌管机密军师二员，天机星智多星吴用和天闲星入云龙公孙胜。《顺康雍诗坛点将录》分别以朱彝尊和赵执信当之；《道咸诗坛点将录》分别以林昌彝和姚燮当之；《近百年诗坛点将录》分别以陈三立和陈衍当之；《近百年词坛点将录》分别以况周颐和郑文焯当之；《南社吟坛点将录》分别以高旭和姚光当之。这两个位子在梁山好汉中排名比较前，军师又当运筹帷幄，因此，就诗坛词坛而论，他们必须在创作等方面有影响，地位比较高，仅次于头领，而且，最好是诗歌理论或者词学理论的专家。以上这几位中，成就和影响当然仅次于头领，大多数还是理论家，有诗话或者词话行世。朱彝尊有《静志居诗话》，赵执信有《谈龙录》，林昌彝有《射鹰楼诗话》，陈衍有《石遗室诗话》，况周颐有《蕙风词话》，郑文焯有《大鹤山房词话》。姚燮和陈三立，都没有诗歌理论行世，他们分别被点上公孙胜和吴用，全凭他们的创作成就和影响。

再接下来是“掌管钱粮头领二员”，为天贵星小旋风柴进和天富星扑天雕李应。《顺康雍诗坛点将录》分别以纳兰性德和曹寅当之；《道咸诗坛点将录》分别以祁寯藻和谭莹当之；《近百年诗坛点将录》分别以冒广生和张謇当之；《近百年词坛点将录》分别以盛昱和叶恭绰当之；《南社吟坛点将录》分别以于右任和高燮当之。在军队的后勤工作中，钱粮最为重要，所以，这两位，在梁山好汉中的排名，还是比较前的。在点将录中，他们对诗坛或者词坛，还是有比较大的贡献的，他们的贡献，除了表现在创作上，还表现在其他方面，这与他们自身的生存状态有关。被点为“天贵星小旋风柴进”的，都是出身高贵或者社会地位比较高的，合“天贵”的意思。纳兰性德、盛昱是清朝满族贵族，冒广生是成吉思汗的后代，祁寯藻长期当军机大臣，于右任在国民党政府中地位很高。他们或者出身贵族，或者地位崇高，但是都好风雅，利用他们的地位和财力，为发展文化事业服务，得到诗人、词人们的拥护和推崇。被点为“天富星扑天雕李应”，都是很富有的人，并且几乎都利用他们的富有，来整理、刊刻诗集或者词集等，为诗坛或者词坛作贡献。曹寅、谭莹、张謇、叶恭绰，都是如此。

钱先生说过，头领不一定本事大，不一定是英雄，而五虎将，才是真正的英雄，才都有大本事的，例如，林冲的本事，比宋江要高强得多吧。梁山好汉中的马军五虎将是：天勇星大刀关胜，天雄星豹子头林冲，天猛星霹雳火秦明，天威星双鞭呼延灼和天立星双枪将董平。点将录中配得上这五虎将的，都是成就一等一的大诗人、大词人，他们之间成就的大小，则按照次序的前后而定，也参考他们各自创作等贡献的特色和他们自身其他方面的特色。他们代表当时不同风格、不同流派、不同经历和不同身份的诗人中的第一流诗人，合于五虎将各领一军的意思。《顺康雍诗坛点将录》中的五虎将依次是顾炎武、宋琬、吴兆骞、施闰章和查慎行，其中大刀关胜有儒将风范，而顾炎武以堂皇正大的儒者为诗人，正切合大刀关胜的身份。林冲遭人陷害而吃官司，宋琬被人陷害而身陷牢狱，两人遭遇有相似之处，而林冲性格雄豪而沉稳，与宋琬诗风，更是相合。施闰章诗文兼擅，查慎行诗词兼擅，正合于“双鞭”和“双枪”之意。查慎行又长期担任御用文人，身处清华，自称“烟波钓徒”，可谓风流矣。《道咸诗坛点将录》中的五虎将依次是曾国藩、陈沆、贝青乔、郑珍和何绍基。曾国藩以理学家和大功臣、极品高官为诗人，当然非关胜莫属。陈沆诗风雄浑苍凉，与林冲之为人、性格正合。郑珍诗，有生涩奥衍和平易通俗两种风格，其所谓“双鞭”，正是在此。何绍基为著名书法家，也是第一流的诗人，其所谓“双枪”

之意在此。《近百年诗坛点将录》中的五虎将依次是沈曾植、范当世、康有为、金天羽和杨圻。其中沈曾植为大学者兼诗人，其诗学问宏富，力量雄厚，自然是关胜当之。康有为诗歌，浩浩汤汤，泥沙俱下，内容多新异怪特，在当时诗坛上，正如霹雳火一般。杨圻诗歌学唐人，尤其风流华美，当然是“英雄双枪将，风流万户侯”的董平了。《近百年词坛点将录》中的五虎将依次是文廷式、张尔田、陈洵、夏敬观和陈曾寿，其中夏敬观和陈曾寿诗词兼擅长，所以合于“双鞭”和“双枪”之名。

再接下来是“马军八骠骑兼先锋使八员”，他们是：天英星小李广花荣，天佑星金枪手徐宁，天暗星青面兽杨志，天空星急先锋索超，天捷星没羽箭张清，天满星美髯公朱仝，天微星九纹龙史进，天究星没遮拦穆弘。这些好汉，次于五虎将。在诗坛和词坛上说，是二流作家。《顺康雍诗坛点将录》中，钱先生分别以钱曾、陈恭尹、潘耒、高其倬、黄任、李郯嗣、张笃庆、严遂成当之。《道咸诗坛点将录》中此八人是汪琭、徐子苓、莫友芝、王尚辰、黄燮清、林寿图、孙衣言和王柏心。其中莫友芝诗不崇尚流美，而“风骨高而性情出”，合于“青面兽”之形象。《近百年诗坛点将录》中此八人为林旭、刘光第、文廷式、谭嗣同、袁昶、夏敬观、陈曾寿、俞明震，此中一半人被杀，林旭、刘光第和谭嗣同都是“戊戌六君子”中的人物，而袁昶则是在庚子事变中反对义和团而被杀。文廷式身材魁梧，学问宏富，为人少所顾虑，敢作敢为，实在是有“青面兽”风格。谭嗣同为诗，好尝试，合于“急先锋”之外号。夏敬观诗词学问俱佳，又享高寿，可谓“天满星”了。钱先生说：“近人宗宋者，往往瘦劲有余，丽泽不足，而《苍虬阁诗》独能以玉溪之神，兼韩、黄之骨，遂觉异彩飞扬。”史进满身花绣，称“九纹龙”，陈曾寿当之，其诗正是如此之美。俞明震诗宏抱远识，格高气豪，可谓“没遮拦”矣。《近百年词坛点将录》中，这八人则是李绮青、张上龢、张仲炘、夏孙桐、赵熙、梁鼎芬、张景祁、陈锐。据龙榆生说，夏孙桐与朱祖谋为儿女亲家，朱祖谋从事词的创作等，乃出于夏孙桐的诱导。朱祖谋既为宋江，则急先锋索超，当然是由夏孙桐来承当了。赵熙写作，出手很快，可谓“没羽箭”了。梁鼎芬一把大胡子，自然，“美髯公朱仝”，非他莫属了。陈锐词有云：“十年雪涕神州，气酣西蹴昆仑倒”，不是“没遮拦”么？《南社吟坛点将录》中，这八人是王蕴章、黄节、谢无量、吴虞、诸宗元、孙景贤、吴庠和庞树柏。王蕴章出道很早，他中举人，捷报到家，他正在城头上放风筝呢，故正合年轻英俊的花荣。吴虞提出“打倒孔家店”，可谓“急先锋”矣。孙景贤有梅村体之作《宁寿宫词》，很美，当然是“美髯公”了。吴庠，钱先生说他“才调纵横，诗词骈体俱妙。余事图绘篆刻，亦见匠心之巧”，所以是“九纹龙”。

再接下来是马军小彪将兼远探出哨头领一十六员，属于七十二地煞星之列，但是排在地煞星的第一个部分，被点作家，主要是这一时段中三流偏上的作家，多地方性的作家，在他们各自的地方说来，还是了不起的，他们大多也有名篇传世，足可称道。《顺康雍诗坛点将录》中属于这一类的诗人，有侯方域、邵长蘅、尤侗、申涵光、丁澎、毛先舒、董以宁等。其中尤侗能诗词文章戏曲和文言小说，点为“地威星百胜将韩滔”，非常贴切。申涵光是清代河朔诗派的开山之祖，其诗歌成就以及在当时诗坛的地位等，与这一层面的诗人相符合，他被放在这一十六人之中，当然是合适的，而他被点为“圣水将军单廷珪”，还是因为他的家乡河北，有一水名圣水，正与单廷珪的绰号相合。沈谦诗精巧、工整而美丽，真是一头“锦毛虎”，所以被点为“锦毛虎燕顺”。柴绍炳说毛先舒诗“如伶伦调管，气至音成，比竹之能，而欲近天籁”，所以，毛先舒被点为“铁笛仙马麟”。“清诗三百年，王气在夜郎”，说的是郑珍。周起渭也是贵州人，当然比郑珍早得多，他显然不能称王，但是在那里称霸是可以的了，再说，他姓周，所以，就被点了“小霸王周通”。《道咸诗坛点将录》中，被分别点为这几个将领的诗人有易佩绅等。道咸时间不长，所以，被点为这一类的作家，创作成就其实都不大，“蜀中无大将，廖化作先锋”，此之谓也。汪士铎是南京人，南京长江中有三山，所以，他就被点为“镇三山黄信”。易佩绅晚年沉溺于仙道，所以被点为“铁笛仙马麟”。《近百年诗坛点将录》中，这一类作家，成就比较大。有陈宝琛、朱铭盘、梁鼎芬、赵熙、杨岘、杨锺羲、黄节、诸宗元等。秦树声为诗，造语奇诡，是“以丑为美”，所以，被点为“丑郡马宣赞”。赵熙作诗很快，曾经一夕以七律遍赠座者，送友人入蜀，为绝句三十首，一夕增为六十首，可谓“百胜将”了。杨锺羲晚年自号圣遗居士，以良乡圣水而得名，所以，被点为“圣水将军”。马一浮精通佛学，诗有哲理，在十六人中，他被点为“铁笛仙”。杨无恙诗学李商隐等，华美细腻，所以，十六人中，非“锦豹子杨林”莫属。《近百年词坛点将录》中，有陈廷焯等当此十六人。《南社吟坛点将录》中，则林景贤等十六人当此十六将领。吴恭亨诗诡异奇崛，以“丑郡马”当之也固宜。马君武精通西学，善于翻译诗歌，所为诗歌，能融通中外，此非“百胜将”欤？朱锡梁溺水而亡，点他为“圣水将军”，也有仙化其死亡，说他死后成水神的意思。马叙伦之被点为“铁笛仙马麟”，大概是因为他姓马吧？杨天骥之被点为白花蛇杨春、杨铨被点为锦豹子杨林、周斌被点为小霸王周通，大概也是同样的原因吧？

步军头领一十员也都是英雄，只是次于五虎将，所以，点将录中所点这相应的十位作家，也都是该时段的第一流作家。在《顺康雍诗坛点将录》中，他们是钱秉镫、屈大均、杜濬、吴嘉纪、黄周星、邝露、潘柽章、冒襄、邢昉与方文。这十位，都是明遗民而坚决不与清王朝合作者。钱秉镫为时势所迫，当过和尚，自然是花和尚鲁智深。屈大均为反清事业几乎走遍天下，"行者武松"当然就是他了。杜濬性格和行为都很怪特，所以是"赤发鬼刘唐"。吴嘉纪足迹不出东淘，一有机会，诗名传遍大江南北乃至全国，不是"插翅虎雷横"吗？黄周星歌哭无端，行为怪异，竟然仿照屈原，在某年端午投水自杀，被点为"黑旋风李逵"，也很有道理。邝露精通音乐，又容易引发女子爱慕，"浪子燕青"，非他莫属了。邢昉亦狂亦狷，不是"两头蛇"吗？《道咸诗坛点将录》中此十人，也都是很有成就的作家，有鲁一同、江湜、张际亮、黄爵滋、汤鹏、何栻、朱琦、王拯、赵函、陆嵩。鲁一同为其中最了不起的诗人，再加他姓鲁，当然由他坐鲁智深的位子了。张际亮为诗，狂肆不羁，所以，钱先生让他当了"赤发鬼刘唐"。黄爵滋是谏官，言论丰采，一时为清流领袖，端的是厉害，所以，他就当了"插翅虎雷横"。汤鹏为人，大大咧咧，不拘小节，为诗不被格律拘束，当然被点为"黑旋风李逵"。何栻乃舒位一流人物，权奇倜傥，所为诗对仗工整，辞藻美丽，点他为"浪子燕青"，也很合适。朱琦和王拯同乡齐名，前者为"病关索杨雄"，后者当然是"拼命三郎石秀"了。《近百年诗坛点将录》中，被点为这十好汉的是释敬安、苏曼殊、许承尧、蒋智由、黄人、曾习经、李希圣、曾广钧、樊增祥和易顺鼎。释敬安自然是花和尚鲁智深。苏曼殊也是和尚，且自称"行云流水一孤僧"，走过的地方不少，所以，就当了行者武松。鲁智深和武松，这两个都是大英雄。黄人为人为诗文词，怪异奇特，当然非"黑旋风李逵"莫属。曾习经为诗学李商隐，沉博绝丽，绚烂工致，当"浪子燕青"，也不亏待他。李希圣和曾广钧，都是近代西崑派的高手，又齐名，一个为杨雄，另一个当然为石秀了。樊增祥和易顺鼎齐名，又都是近代学唐诗派的高手，故分别为"两头蛇解珍"和"双尾蝎解宝"。《近百年词坛点将录》中这十位好汉分别是黄遵宪、金天羽、易顺鼎、梁启超、黄人、曾广钧、吴庠、杨圻、高旭和叶玉森。黄人还是"黑旋风"。《南社吟坛点将录》中，被点为这十位步军头领的分别是释演音、苏曼殊、黄侃、汪东、黄人、吴梅、宁调元、周实、胡韫玉和胡怀琛。苏曼殊还是武松，黄人还是黑旋风，而精通曲学和音律的吴梅，当然是"浪子燕青"了。

此下是"步军将校一十七员"。这些好汉，都是地煞星，座次在"马军小彪将兼远探出哨头领一十六员”之后。被点为这“步军将校一十七员”的作家，当然相应地不如被点为“马军小彪将兼远探出哨头领一十六员”的作家，因为步兵跟骑兵相比，毕竟要差不少。《顺康雍诗坛点将录》中，被点为这些“步军将校”的，有金圣叹、吕留良、魏耕、万寿祺、阎尔梅、李良年等，名气比较大，但是，他们的名气，不一定由诗歌而得的，当然，其诗也有一定的成就，足以名家。《道咸诗坛点将录》中，相应的诗人有蒋敦复、蒋湘南等，他们之中，差距还是不小的，也许是道光、咸丰时间不长，回旋的余地小，难以找出合适的人来凑齐这个数目。《近百年诗坛点将录》中，相应的诗人有金蓉镜、李瑞清、夏曾佑、章太炎、张鸿、汪荣宝、林文、程潜和胡汉民等。金蓉镜诗多难以索解处，所以当“混世魔王樊瑞”，李瑞清未婚妻去世后，聘未婚妻之妹妹，又去世，又聘未婚妻之妹妹，完婚后数年，妻子又卒，他被点为“丧门神鲍旭”，不知道是否与此有关？程潜是国民党军队的上将，被点为“打虎将李忠”，不知道和他的身份有无关系？刘师培是为袁世凯称帝出大力气的人，他被点为“摸着天杜迁”，肯定与此有关。黄侃喜欢骂人，没有学者风度，他被点为“没面目焦挺”，肯定是说他没有学者风度，而不是说他的诗歌没有自己的特点。沈汝瑾是钱先生的堂舅，“其貌灰土”，所为诗歌也非常朴素，所以被点为“地丑星石将军石勇”。《近百年词坛点将录》中，则沈曾植、康有为、潘飞声、吴梅、张鸿、曹元忠等被点为步军将校，大抵为诗人而兼为词人者，诗名响亮，而亦为词者，且词亦足以成家。徐树铮为“打虎将李忠”，肯定与他的将军身份有关。林学衡被点为“摸着天杜迁”，是因为他说他的诗古今第一，杜甫第二，这不是“摸着天”么？《南社吟坛点将录》中，被点为这些步军将校的，有陈柱、金鹤翔、徐澄宇等。

接下来是“四寨水军头领八员”，其中六人是天罡星，二人是地煞星。在古代的军队中，水军只是偏师，但是，梁山本身是个水寨，所以水军还是很重要的，于是，其头领中的绝大部分，是天罡星，特别是阮氏三雄，资格很老，是梁山的元老。《顺康雍诗坛点将录》中，分别以王夫之、彭羡门、毛奇龄、陈维崧、顾贞观和厉鹗为水军头领中的天罡星，他们都是以词人为诗而诗歌也有比较高的成就的，只是从总体上略次于被点为步军十大头领的诗人们。水寨头领中的两个地煞星，则由孔尚任和洪升来充当，南洪北孔，他们是当时齐名的两个著名戏曲家，南洪有《长生殿》，北孔有《桃花扇》。他们的诗歌，也是有一定的成就的，洪升还是王渔洋的学生。《道咸诗坛点将录》的六个天罡星分别为林则徐、邓廷桢、吴振棫、翁心存、郭松焘和左宗棠，两个地煞星分别为彭玉麟和刘铭传。钱先生说:“水军头领,以中枢宰相、封疆大吏、驻外使臣当之。其中除翁、吴外,或曾统水军作战,或首议创船厂,或首涉重洋,故悉归之水军也。”这也可以说是个依据吧。《近百年诗坛点将录》中这六位天罡星分别是金和、张之洞、张佩纶、邓辅纶、高心夔和王闿运,两位地煞星分别为谭献和陈锐。就诗歌宗尚来说,金和、张之洞和谭献是宗尚唐诗的,其余则是属于汉魏六朝派,总之都不是学宋诗派,也不是趋向于创新的诗派,在当时诗坛上,自然是偏师,不是主力,但是,被点为天罡星的这六位诗人,应该也是当时第一流的诗人。《近百年词坛点将录》中,这六位天罡星分别是陈澧、庄棫、王闿运、李慈铭、樊增祥、冒广生,都是当时第一流的词人,但是,词风与朱祖谋不同,朱祖谋为都头领,他们自然是偏师了。两个地煞星,则分别以林纾和严复当之。他们都是翻译家,词为余事,亦非当行,但都有一定价值。《南社吟坛点将录》中,这六位天罡星分别是黄兴,田兴奎、田名瑜兄弟,刘泽湘、刘谦和刘鹏年三刘,两位地煞星分别为吴江沈昌眉、沈昌直兄弟。

接下来是“四店打听声息邀接来宾头领八员”,都是地煞星,乃梁山开设用以打听声息邀接来宾的四山酒店的负责人及其副手,即东山酒店的孙新和顾大嫂,西山酒店的张青和孙二娘,南山酒店的朱贵和杜兴,北山酒店的李立和王定六。钱先生这几个点将录中,所点大多是我国东南西北四个方位传播诗坛消息或者为诗人交往和切磋提供方便而自己在诗歌方面也有一定成就的人。《顺康雍诗坛点将录》中,这八人分别是黄宗羲、毕著、费密、刘淑英、梁佩兰、程可则、龚鼎孳和徐乾学。黄宗羲、毕著、费密、刘淑英都是往来奔走闯荡江湖的人物,“打听声息”,那是肯定的。毕著和刘淑英还都是带兵打仗的女将军,点梁山中的两位女将,很贴切。龚鼎孳和徐乾学长期在北京担任高官,门下宾客极盛,大多能诗,他们被点为北山酒店正副头领,最为贴切。此外,黄宗羲是浙江东部人,毕著是江苏昆山人,浙江和江苏,都在华东地区,所以,他们被点为东山酒店的人。费密是四川人,四川在我国西部,所以点为西山酒店的头领。梁佩兰是广东人,所以被点为南山酒店的头领。梁佩兰晚年入翰林而归家乡,在广东名辈、资历等甚尊,所以在广东诗坛,影响还是比较大的。《道咸诗坛点将录》中,在东山酒店的是梁章钜和李长霞。梁章钜是福建人,长期在江苏和山东做大官,许多文人来往于其官署,为吟唱等风雅事业。李长霞为山东女诗人。在西山酒店的是龙启瑞和沈湝,他们都是广西人。在南山酒店的是朱次琦和陈澧,他们都是广东人,长期在广东讲学,成就人才很多,其中不少是诗人。在北山酒店的是边浴礼和史梦兰,他们都是直隶人。《近百年诗坛点将录》中,在东山酒店的是福建的沈瑜庆和王真。沈瑜庆家的涛园,为陈衍他们经常集会谈论诗文的场所。王真为陈衍和何振岱的诗弟子,女诗人。在西山酒店的是程颂万和秋瑾。程颂万是湖南人,早年结诗社为湘社,当然是西山酒店的掌柜了。秋瑾是浙江人,但是早年就跟父亲到了湖南,嫁在湖南,所以也把她放在西山酒店了。在南山酒店的是柳亚子和陈去病,他们都是吴江人,在清末,他们组织南社,当然是诗坛上的南山酒店了。在北山酒店的是盛昱和王树枬,他们都是北方人。盛昱是清宗室,他家里常有士人雅集。王树枬则是北方学者的领袖。《近百年词坛点将录》中,在东山酒店的是周庆云和吕碧城。周庆云曾经在西溪建造浙江词人的祠堂,编写《两浙词人小传》等。吕碧城是近代著名女词人,安徽人。在西山酒店的是程颂万和夏敬观的夫人左又宜,他们都是湘西人。在南山酒店的是柳亚子和沈宗畸,他们都是江苏吴江人。在北山酒店的是满族人杨锺羲和耆龄。《南社吟坛点将录》中,在东山酒店的是江苏吴江朱剑芒和浙江的女诗人徐自华,朱曾经在福建举行南社闽集,又撰写《南社诗话》、《南社人鬼录》等,对传播南社诗歌和诗人等,贡献很大。在西山酒店的是江西人傅屯艮和湖北人陈家庆。傅屯艮创办刊物,主持南社湘集,自然是西山酒店的掌柜。在南山酒店的是潘飞声和古直。潘飞声是广东人,晚年居住上海,其家里文人座客常满。古直也是广东人,长期在中山大学教书,门生成才者甚多。在北山酒店的是山西人景耀月和长期居住北方的广东人林百举。前者长期在北京大学、东北大学任教,并且曾经担任过南社丛刊的诗歌编辑。

总探声息头领一员,为"天速星神行太保戴宗",属于三十六天罡星之一。钱先生的这几个点将录中,以当时较有成就的诗词选家或诗论词论家当之,当然,他们自己在诗词创作方面,也是有一定成就的,但他们的主要贡献在诗词的传播,是他们加速了诗词的传播。《顺康雍诗坛点将录》中,此席为郑方坤,他作有《国朝名家诗抄小传》等。《道咸诗坛点将录》中,此席为符葆森,他编有《国朝正雅集》,其中他的诗歌评论为《寄心庵诗话》。《近百年诗坛点将录》中,此席是梁启超,他著有《饮冰室诗话》。《近百年词坛点将录》中,此席是冯煦,他作有《蒿庵词话》,选有《宋六十一家词选》。《南社吟坛点将录》中,此席是徐珂,他编有《清稗类钞》等文献。

此下为"军中走报机密步军头领四员",为"地乐星铁叫子乐和"、"地耗星鼓上蚤时迁"、"地狗星锦毛犬段景柱"、"地贼星白日鼠白胜"。

"铁叫子乐和"没有问题,《顺康雍诗坛点将录》是李雯,《道咸诗坛点将录》中是李鸿裔,《近百年词坛点将录》中是王蕴章,《南社吟坛点将录》中是闻宥。其他三位,那就有点问题了。按照《水浒传》中的倾向,这三位也是好汉,可是,他们做事情的方式毕竟是偷,他们毕竟被称为贼,这就犯了常人的忌讳。点将时被点为贼,哪怕是梁山好汉时迁等那样的贼,似乎也不是好事情。在战场上真刀真枪地干,不论在哪一阵营,只要本事高强,似乎都是英雄。智取生辰纲那样的勾当,放在任何一个社会,官府都要查究的,不过,这是明目张胆的抢劫,虽然用了计谋,但人们竟然也能接受。可是,即使是偷贪官污吏的东西,窃取敌对阵营将领的法宝等,似乎也是下三滥的勾当。所以,点将点到这几个人,点将录的作者,除了王绍徽以外,就不得不踌躇了。舒位把这三位处理为"隐姓埋名头领",说是"拟人不伦,有伤忠厚,付之阙如,亦以免咎"。汪国垣于包括乐和在内的四人,"埋名而不隐姓,偶占四句,各系一人,熟于光宣诗坛掌故者,自能知之,不必人人尽喻也"。但是我等不熟悉光宣诗坛掌故的,自然就很难知道他们分别是什么人了。"乐和"为恽某某,说是"衣冠而优孟者也"。看了注释,才知道此人叫恽薇荪,身为士大夫,却喜欢去客串演戏,所以汪国垣才点他为乐和。用今天的观点来开,那是汪国垣的思想太守旧的缘故,客串演演戏,有什么可以指责或者嘲笑的呢?"时迁"点了林某某,评语是"一半儿乞相一半儿偷",至于说的是其为人还是为诗,还是别的方面,如果仅仅看这句话,那就无从知晓了。"金毛犬"点的是沈某某,评语是"好一把贱骨头",根据注释,此人之贱,乃是表现在对青楼女子和演员的青睐。"白日鼠"点的是潘某某。汪国垣有绝句合咏此四人云:"粉墨登场一曲新,塞阴俯拾杜陵人。琴书一棹江南艇,艳说英伦迹已陈。"由此可知,林某为诗,好偷杜甫,而潘某某好说英伦,似为曾经到过英国。可是,好说英伦,似乎也不算什么大错,与"白日鼠"之间的关系,我们更加难以明白了。

钱先生是如何来点这些问题好汉的呢?几个点将录还有不同,要在都有义法在其中。《顺康雍诗坛点将录》中,点的都是曾经在明朝做过官而投降清朝的人物,宋徵舆为时迁,金毛犬为阮大铖,白日鼠则为马士英,后两个在明朝就是大奸臣。将这三个人点为梁山上这三个头领,其中的贬义,是非常明显的。这些,当然没有问题。《道咸诗坛点将录》,被点为这三个席位的分别是李元度、钱江和王韬。这三个人都有被当局惩罚的经历,这或者是钱先生点他们为此三人的根据?李元度在跟太平军作战时,打了败仗,丢了城池,被曾国藩参劾,丢了官职。

钱江以恃才傲物，触怒军中主将而被杀，如果因此被点为“金毛犬”，那似乎有点冤枉。“金毛犬”应该是奴颜卑膝才是，钱江身为诸生，却负经世之略，恃才傲物，风格行事，与“犬”全不相类，何况还是“金毛犬”。王韬身怀经世之略，先是向清政府献抵御外国侵略者的策略，没有被采纳，后来竟然向太平天国当局献策，结果被清政府通缉，跑到英国、日本等地，后来才回到上海。从被通缉的角度，他被点成“白日鼠”，还是有道理的。《近百年诗坛点将录》中，钱先生用林庚白《今诗选》附录元凶巨憝三人，谓“皆不与同中国者”，“盖寄斧钺于诗史之中也”。他又在林庚白说的这三个人的基础上增加一人为四人，仿照汪国垣的办法，只点姓而略去名，又不加评论。被点为乐和的是郑某某，很明显，就是郑孝胥。被点为时迁的是汪某某，这比郑某某更容易知道，乃汪精卫也。被点为“金毛犬”的是梁某某，此人知名度当然远不及汪精卫，也不及郑孝胥，但在民国年间是混迹北洋政府的政客，在日伪时期是南京汪伪政权的高官，道光间名宦梁章钜之孙梁鸿志是也。此人学问宏富，诗才出众。抗日战争胜利后，他被国民党政府枪决，这样一个名门才子，可惜贪图富贵，不惜名声，更不顾正义和国家、民族的利益，导致了如此下场。被点为“白日鼠”的是黄某。这个黄某，即黄濬。2007 年上半年放映的电视连续剧《五号特工组》中日本特务黄秋岳的原型，正是此黄濬。黄濬，字秋岳，福建侯官人，早慧，成年后好与老辈交往。他早年留学日本，后来在国民党政府任职，一直做到行政院简任高级机要秘书，掌握最高机密。后来，日本女间谍南造云子利用色相勾引黄濬和黄濬的儿子、外交部某科副科长黄晟，并把他们发展为日本特务。1937 年 7 月 27 日（一说 28 日），当时国民党政府最高层开会，采纳张治中将军的建议，决定在长江下游江阴段，用沉船和江岸炮火封锁等手段，将已经进入长江的所有日本舰船和海军陆战队封锁在长江里，予以全部消灭。这一计划如果实现，可以想象，将有可能从全局扭转当时的战局。作为高级机要秘书的黄濬在开这次绝密会议时，担任记录，掌握了这一最高机密。散会后的当晚，他就把这一极为重要的机密告诉了南造云子。南造云子马上上报给日本军部，结果，在长江里的所有日本舰艇等船只和日本海军陆战队，马上撤退，在一夜之间，全部逃出长江，使当时中国最高当局的这个计划完全落空。当时参与这一计划的高层人物的恼怒，可想而知。后来，当局成功破获此案，黄濬父子在 8 月 26 日以叛国罪被枪决。钱先生曾经对我们讲过当时传说的黄濬案被侦破的故事，与俗传的宪兵收买其家丫鬟莲花之说不同，而与《五号特工组》中的相关情节，倒有相似之处。黄濬文

笔很好，诗也写得不错，他的《花随人圣庵摭忆》是民国年间笔记中比较好的一种。梁鸿志和黄濬，都是陈衍的学生。《近百年词坛点将录》中，被点为时迁的是黄某，也就是黄濬，被点为“金毛犬”的是赵某某，此人叫赵尊岳，参加过汪伪政权。被点为“白日鼠”的是梁某某，也就是梁鸿志。《南社吟坛点将录》，钱先生点这几个人，则又是另外的思维方式。他说：“走报机密步军头领四员，旧时点将录，多贬以贼称，然水泊英雄，全蒙贼名者也，贼而非贼，犹今人所云叛徒也。闻宥诸人，于诗俱宗法同光体，与柳亚子之高举唐帜者，公然对抗，在柳亚子眼中，则诸人诚南社诗坛之叛徒矣。”他点的这几位，是从这个意义上来说的贼。所以，在这个时段中，被点为时迁的是姚锡钧，被点为“金毛犬”的是成平，被点为“白日鼠”的是朱玺。

“守护中军马军骁将二员”为“小温侯吕方”和“赛仁贵郭盛”。《顺康雍诗坛点将录》以王渔洋的两个哥哥王士禄和王士祜当之，《道咸诗坛点将录》以姚鼐门下四大弟子中的梅曾亮和方东树当之，《近百年诗坛点将录》以为陈三立所赞赏的王瀣和沈曾植弟子胡光炜当之，《近百年词坛点将录》以汪兆铨和汪兆镛两兄弟当之，《南社吟坛点将录》则以柳亚子的儿子柳无忌和高旭的儿子高圭当之。总是，被点为这两个头领的人，都是与某大家或名家亲近之人，而且以后辈为多。紧接下来的“守护中军步军骁将二员”，即“毛头星孔明”和“独火星孔亮”两兄弟，则都以两兄弟诗人或者词人当之，且他们的年辈比较后。《顺康雍诗坛点将录》以冯舒、冯班兄弟当之，《道咸诗坛点将录》以周星誉、周星诒兄弟当之，《近百年诗坛点将录》以陈衡恪、陈隆恪兄弟当之，《近百年词坛点将录》以陈衡恪、陈方恪兄弟当之，《南社吟坛点将录》则以王德中、王德锜兄弟当之。“专掌行刑刽子二员”，即“铁臂膊蔡福”和“一枝花蔡庆”两兄弟，也多以诗人兄弟或者词人兄弟当之。《顺康雍诗坛点将录》中，这两人是吴乔和贺裳，他们与法律或者法院没有关系，他们是诗论家，诗歌批评家，专门对诗歌作品开刀，被点为“专掌行刑刽子”，非常贴切。他们虽然不是兄弟，但是持论一致，趣味相近，是诗歌理论意义上的兄弟。《道咸诗坛点将录》中，这两人是尹耕云和吴可读，前者长期担任谏官，后者任职刑部，又担任过御史，身份与掌行刑的头领，有点相像。《近百年诗坛点将录》中，这两人是郁华和郁达夫兄弟，郁华曾经长期担任申江法院院长，与蔡福的职务相合，于是，连他与法律没有什么关系的弟弟郁达夫，也被点成了“专掌行刑刽子”。《近百年词坛点将录》中，这两人是黄孝绰和黄孝纾兄弟，他们与司法等没有什么关系，也不是词学批评家。《南社吟坛点将录》中，这两人是蔡寅和蔡守，与蔡福、蔡庆姓氏相同，蔡寅在辛亥革命之际担任过沪军司法长。

“专管三军内探事马军头领二员”，为“矮脚虎王英”和他的妻子“一丈青扈三娘”。《顺康雍诗坛点将录》以归庄和柳如是当之，《道咸诗坛点将录》以承龄和西林春当之，《近百年诗坛点将录》以王国维和沈祖棻当之，《近百年词坛点将录》以汪东和沈祖棻当之，《南社吟坛点将录》以陈世宜和吕碧城当之。“一丈青”在梁山女将中武功最高强、门第最高贵，所以，被点作“一丈青”的女作家，都是当时最好的女作家。因为三十六天罡星中没有女性，所以，限于性别，她们最多只能被点为“一丈青”，这有点冤枉。梁山是男子的世界，而诗坛和词坛不是。以梁山好汉这个话语系统来描绘和评论诗坛或者词坛，总会有不足。这就是一个。

“一同参赞军务头领一员”为神机军事朱武。朱武当然比不上吴用，但是也很了得。因此，钱先生这几个点将录中，以当时有较大成就和影响的诗论家或者词论家当之。《顺康雍诗坛点将录》中是叶燮，他著有诗学名著《原诗》；《道咸诗坛点将录》中是潘德舆，他著有《养一斋诗话》；《近百年诗坛点将录》中是陈诗，他著有《尊瓠室诗话》；《近百年词坛点将录》中是王国维，他著有词学名著《人间词话》；《南社吟坛点将录》中是胡先骕，他在《学衡》上发表大量的文章论述清代诗文。

在《顺康雍诗坛点将录》、《道咸诗坛点将录》、《近百年诗坛点将录》、《近百年词坛点将录》、《南社吟坛点将录》中，“专管行文走檄调兵遣将一员”“圣手书生萧让”分别是林佶、张裕钊、吴昌硕、李瑞清和萧蜕，他们都是著名书法家而为诗人，因为在梁山好汉中，萧让正是以书法著名。“专管定功赏罚军政司一员”“铁面孔目裴宣”，则分别是顾嗣立、沈景修、狄葆贤、刘熙载和王文濡，他们都是诗论家或者词论家，或者是选家，对文学作品作遴选或者批评，类似于“定功赏罚”。顾嗣立选有《元诗选》，部头很大，网罗有元一代诗歌文献，价值非常高。沈景修作《读国朝诗集》绝句百首，“包罗宏富，评骘中肯，诗句亦神韵绝佳，不坠宋、金人论诗绝句以文为诗习气”。狄葆贤有《平等阁诗话》，“其诗话能猎其华而存其概，执简以御繁，自范当世以下，去取确当，新旧两存。其在当时，影响颇大”。刘熙载有《艺概》一书，论诗词曲等艺术，水平非常高。王文濡则选有大量诗文选集，就数量而言，近代少有人能和他相比，他在选本中对所选诗文或者作者的评论，也多恰当，注释更是简明扼要。“掌管考算钱粮支出纳入一员”“神算子蒋敬”，这几个点将录分别以刘大櫆、陆以湉、金兆蕃、成肇麐、陈栩当之，他们也都是诗词选家或者文艺评论家，他们的工作，与“考算钱粮支出纳入”，有相似之处。刘大櫆有《历朝诗约选》92卷，对姚鼐选《五七言今体诗抄》，有直接的影响。陆以湉《冷庐杂识》中，谈论诗歌的部分，也很有价值。徐世昌《晚晴簃诗汇》，实际上是金兆蕃代为编选的，“煌煌巨帙，可备一代诗歌文献，与钱谦益《列朝诗集》、朱彝尊《明诗综》并存。然选诗标准并不高，所录多价值不大之小篇，名章杰构不多。应将清代名家一二百人另行精选，其他不必重选，清诗之全貌即可概见”。成肇麐选《唐五代词选》，“去取不苟，示人以规矩准绳”。陈栩早年为《文苑导游录》一书，“示后学以梁津，宏奖风流，有足多者”。

“掌管专工监造大小战船一员”“玉幡竿孟康”，钱先生这几个点将录分别以刻字匠萧诗，《吹网录》、《鸥陂渔话》的作者叶廷琯，文学评论家胡先骕，词选家和词学家刘毓盘，政治家李根源当之，这几个，总体特色不是很明显，但是都有依据，都是为创作做后勤吧。“掌管专造一应兵符印信一员”“玉臂匠金大坚”，钱先生这几个点将录分别以周亮工、赵之谦、李息（即弘一法师）、江标、邓溥霖当之，这几位，几乎都是篆刻名家，仅周亮工不以篆刻名，但是他有著作《印人传》，于篆刻也是内行。

“掌管专造一应旌旗袍袄一员”“通臂猿侯健”，钱先生这几个点将录分别以黄之隽、刘熙载、姚锡钧、何震彝、余其锵当之。他们中大多数有做集句的高超本事，如制作旌旗袍袄，用各色布缝缝补补，制作成品，天衣无缝，各适其用，故以“通臂猿”拟之。黄之隽，“其得名乃在《香屑》一集，集唐诗九百四十三首，各体皆备。其自序集骈文三千余字，工巧浑成，千变万化，屈伸自如，极才人之能事，诚如其《自题唐香屑集后》所云：诗中得意应千首（姚合），颇学阴何苦用心（杜甫）。”何震彝能集词为诗，有《词花珠尘》一卷，“天衣无缝，为集句之作别开生面”。余其锵为悼亡诗，集龚自珍诗而作数十首，名《神伤集》。刘熙载无集句诗或者词，但是，其文艺理论名著《艺概》，分文、诗、赋、词曲、书法、经义等六个部分，所论义理，多相通者，也与“通臂猿”之“通”相切。姚锡钧呢？钱先生说他“惟妙惟肖，优孟衣冠。亦步亦趋，海藏散原。真假悟空，当面难辨。手中亦有金箍棒，亦能七十二变。如来一眼觑破，猕猴原形毕现”。点他为“通臂猿”，奥妙原来在此。

“掌管专攻医兽一应马匹一员”“紫髯伯皇甫端”，钱先生在这几个点将录中，分别以陆圻、董文达、萧蜕、王乃徵和田桐当之，他们都通医理，且曾经行医。“掌管专治诸疾内外科医生一员”“神医安道全”，分别为这样几位：傅山、张维屏、周树人（鲁迅）、马浮和费公直，除了马浮外，他们都通医理，傅山、张维屏和费公直，还长期行医。那么，马浮凭什么被点为安道全呢？他研究佛学，钱先生说："佛为大医王，治众生病。一浮不为医而栖心禅悦，大愿拯溺。"其《怀人诗》有云："斧柯已烂尚观棋，驱我山行采药迟。若使归来从季卜，不辞折臂学卢医。"不能医治人的身体而力图医治人的灵魂，跟鲁迅的愿望，正是一致的。因此，点他为安道全，也是切合的。

"掌管监督打造一应军器铁甲一员""金钱豹子汤隆"，这几个点将录分别以一选家、批评家、诗词文献编辑、出版、传播者当之。吴之振编选有《宋诗钞》，对清代宋诗的传播有很大贡献。汤贻汾，诗词曲画皆工。章士钊，喜欢论诗，钱先生说："其论近代诗七绝组诗，评骘时流，褒贬特严。"徐珂，多词学研究和词作评论著作。刘铁冷，《民权报》的编辑。

"掌管专造一应大小号炮一员""轰天雷凌振"。这几个点将录分别以徐述夔、洪仁玕、孙景贤、邵天雷当之，除了孙景贤外，他们三位，都是反清人物。徐述夔《一柱楼诗》中，有许多反清的诗歌，因此，文字狱案发，徐述夔遭到戮尸之惨。洪仁玕为太平天国干王。邵天雷为清末革命志士，差点为革命牺牲。孙景贤之被点为"轰天雷"，是因为他写有一本小说，叙述常熟沈鹏弹劾李莲英等事，小说的名字叫《轰天雷》。孙景贤当过清廷的官员，不能算反清人物，但是，这小说是与清政府捣蛋的。

"掌管专一起造修葺房舍一员""青眼虎李云"，分别由徐电发、蒋超伯、孙雄、缪荃孙、周瘦鹃当之。他们都是于整理、传播诗歌和词文献有贡献的诗人或词人。"掌管专一屠宰牛马猪羊牲口一员""操刀鬼曹正"，分别以曹溶、厉志、邓散木、胡先骕和张冰当之。其中厉志、胡先骕为批评家，批评作品，如屠夫操刀，故点为"操刀鬼"。邓散木为篆刻家，当然是操刀的。张冰当过法官，类似于操刀杀人。曹溶在明朝就已经做官，到了清朝，长期做大官，钱先生说他是"试操刀一割之用"，所以，点他为"操刀鬼"。

"掌管专一排设筵席一员"为"铁扇子宋清"，分别以宋荦、彭蕴章、李宣龚、吴昌绶、陆丹林当之。他们大多是大官或富豪，为文人聚会、诗词传播与文艺信息传播有显著的贡献。"掌管监造供应一切酒醋一员""笑面虎朱富"，则分别为尹继善、陶梁、潘飞声、林葆恒、包天笑，他们大致的特点，略同被点为宋清者。"掌管专一筑梁山泊一应城垣一员""九尾龟陶宗旺"，分别为曾灿、孙桐生、汪国垣、赵万里、蒋箸超，他们都是对诗词文献的整理和传播很有贡献的诗人或词人，堪称诗坛或者词坛的保护者。

最后一位是“掌管专一把捧帅字旗一员”“险道神郁保四”，分别以邓汉仪、张应昌、林庚白、龙榆生和范烟桥当之。这是个高举诗坛或者词坛大旗的人物。邓汉仪编选《天下名家诗观》，钱先生说他：“取观为书名，隐然以尼父兴观群怨之帜自树，具见其别裁伪体、力追大雅之旨。”张应昌编选《国朝诗铎》，所收录多有关国计民生风俗教化之作，钱先生说他：“书以铎名，不特取《说文》遒人以木铎记诗言之义，以求合孔子录诗之旨，而且隐然以天将以夫子为木铎自居。”钱先生以此席予以林庚白，则明显有嘲弄的意味，他引用林庚白《丽白楼诗话》中的话：“尚论古今之诗，当推余第一，杜甫第二。余诗实尽得古今之体势，兼人人之所独专。”把龙榆生点为此席，有点开玩笑的意思。至于范烟桥被点为南社的郁保四，是因为他晚年写《吴江三大诗人》一文，这三大诗人乃金天羽、陈去病和柳亚子，金天羽被钱先生点为南社的旧头领，柳亚子和陈去病为南社无可动摇的领袖，范烟桥自己，小品文出色当行，而诗词则非所长，所以，当个郁保四，也非常恰当，倒不是开玩笑或者嘲弄了。

《浣花诗坛点将录》则与以上几个点将录很不相同，并不是以点将录的形式描述并评论某一时期诗坛或者词坛的状况，而是描述和评论历代诗人学习杜甫的状况，以杜甫为宋江，以韩愈为卢俊义，白居易为吴用，元稹为公孙胜，李商隐为柴进，陆游为李应，王安石、黄庭坚、元好问、吴嘉纪、郑珍为五虎将，陈师道、陈与义、钱谦益、吴伟业、朱彝尊、钱载、江湜八人为先锋，文天祥、顾炎武、屈大均、杜濬、姚燮、鲁一同、朱琦、黄遵宪、丘逢甲、梁启超十人为步军头领，李梦阳、何景明、王世贞、邓辅纶、高心夔、王闿运六人为水军头领，潘德舆为总探声息头领神行太保戴宗。该点将录只有三十六天罡星，没有地煞星。

这几个点将录中的评语，可以看作是《梦苕庵诗话》的扩展，除了几乎不引用整篇诗歌外，《梦苕庵诗话》的一些特色，这些评语也是有的。例如，钱先生很重视诗人之间的师承等关系，重视诗歌流派的传承和诗坛风尚的形成与嬗变，各种风气的消长，其评价既实事求是，又充分体现出进步的诗学观念。

当然，与《梦苕庵诗话》相比，这些点将录中的有些评语，还是有鲜明特色的，如同赞语，工整而押韵，也很凝练、古雅，不过有时也很幽默，开点小玩笑，如同《水浒传》中的赞语一样。例如《顺康雍诗坛点将录》评钱谦益：“东林一星天巧，诗坛两朝领袖。儒林黄阁倾倒，钵袋渔洋衹受。文章司命江南，亭林亦得俯首。投笔集胜杜陵，定论出自春柳。”钱谦益是东林党人，在王绍徽的《东林点将录》中，他被点为“浪子燕青”。相传钱谦益的衣服，领子是明朝式样的，袖子是清朝式样的，还自己吹嘘，说这样很方便，人家就对他说：“您老先生正是两朝领袖啊！”当然这是人们编出来嘲笑钱谦益投降清朝的。不过，在明朝，他是东林要员，自然是士大夫的领袖，到了清朝，他仍然是东南士大夫的领袖，在诗坛同样如此，在明代和清代，他都是领袖，这是事实。即使是身为儒学家的黄宗羲和阎若璩都很佩服钱谦益的学问，黄宗羲与钱谦益的私交还很好。钱谦益曾经送给王渔洋一首诗，叫《古诗赠新城王贻上》，将未来诗坛领袖的希望寄托在王渔洋身上，王渔洋自然接受，所以是“钵袋渔洋祇受”，祇者，敬也。钱谦益当江南文坛领袖，即使是他的对头顾炎武，也是俯首承认的。钱谦益的《投笔集》胜过杜甫，这个观点是陈寅恪提出的。当然，这样的评语，对一般读者来说，是难以全部读明白的，但对于研究清代诗歌的人来说，应该没有什么问题的。

总之，这六个点将录，都描述、评论了各个有关的时期或者有关的类别的诗坛或词坛状况，对诗坛或词坛全貌、流派演变、地域诗词、家族诗词、诗词批评、文献整理与传播、各种理论特点与演变等等，都在流派、诗人等之间的关系中作了全面而精到的研究。它们是钱先生《梦苕庵诗话》的扩展，但是，它们有整体的结构，又是对《梦苕庵诗话》的发展。从这几个点将录中，可以生发出对这些时期或者类别诗词的许多研究，换言之，它们为此后的研究，奠定了基础，划出了格局，指明了方向，提供了文献等线索，无疑是相关研究最为重要的文献之一。

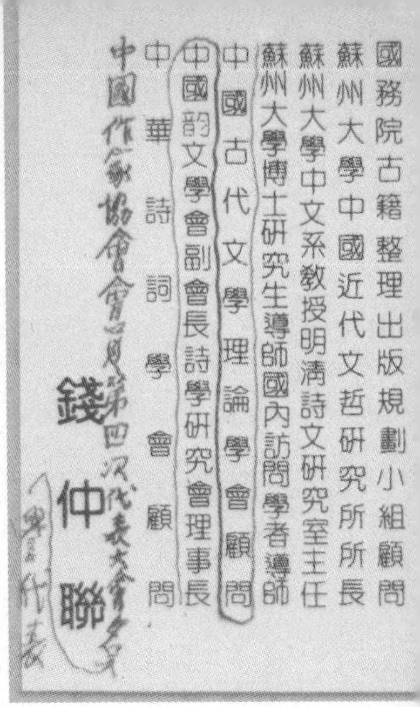

國務院古籍整理出版規劃小組顧問
蘇州大學中國近代文哲研究所所長
蘇州大學中文系教授明清詩文研究室主任
蘇州大學博士研究生導師國內訪問學者導師
中國古代文學理論學會顧問
中國韵文學會副會長詩學研究會理事長
中華詩詞學會顧問
中國作家協會會員第四次代表大會代表
錢仲聯

第八章　诗人·学者·教育家

钱先生最早是以诗人成名的。他也是一位早熟而得以大成的诗人。他诗集中最早的诗歌，作于1922年他15岁的时候。其诗集中所收诗歌，止于2001年。2001年以后，他仍有诗作。如此长的创作生涯，在古今诗人中，是罕见的。

对钱先生的诗词，从比钱先生老一辈、甚至老两辈的学者，到当代青年学者，都同致赞辞，好评如潮。

钱先生的五古写景之作，早年有《破山禅院晓坐》、《溪晓》、《挹辛庐看荷》、《秋夜锦峰别墅坐月》等。《钱仲联学述》中说："当时写诗学王孟韦柳一路，下及明阮石巢、清厉樊榭，心情生活与山水环境相协调，风格上力求幽雅精致，艺术上趋于成熟。"这当然是最为权威的论断。这些诗歌的风格，还是与厉鹗为近，不过，意境幽雅而没有厉鹗的"幽冷气"，语言精致准确而没有厉鹗好用冷僻典故和替代词的毛病。钱先生在上海期间到杭州游西湖所作五古写景之作，则比起早年所作来，明显劲健有增，有清代黎简山水诗和姚燮山水诗的味道。在无锡国专任教期间所作五古山水风景诗，特别是抗日战争期间在湖南、广西时期所作，劲健而外，益多奇气，究其原因，一是国难当头，哀伤激愤，主观意识更为强烈，二是其地山水多奇，在生长于江南的钱先生看来，尤其如此。

五古叙事诗，源于汉乐府，"感于哀乐，缘事而发"。究其实际，凡是以五言古诗叙事者，实在是哀多乐少。钱先生诗集中，以五古叙事者不多，最为典型者，为《赵娥》一首，以东汉赵娥杀死仇家、为父报仇为起，叙1935年施剑翘女士行刺军阀孙传芳、成功地为父报仇事，而所发议论甚为高远："彼哉焉足责，国仇且莫问。倘为巾帼羞，坤道行妇顺。"盖指责当局面对日本大规模侵略而不抵抗也。全诗格调古朴，为古乐府本色。

五古感慨国事者，如《国防军后撤，感书一百韵》、《西征八首》等，乃杜甫在安史之乱中所作五古一路，尽沉郁顿挫之能事。以五古写朋友交谊、生死契阔者，如《哭谢玉岑四首》、《悼石遗先生》、《瞿禅先生书告吴趋游约，念旧抒怀，寄以一百韵》、《颜诗屋曰攀云拜石师竹室，纪之以诗》、《明两老人八秩寿言八十韵》等，廊庑阔大，波澜翻腾，翔实真挚，而一归平实。

钱先生之五律，如果细品之，主要有这样四种。一是清幽淡逸者，这主要是他早年所作山水风景诗，如《山前塘步月，憩维摩下院》、《月夜坐依绿草堂》、《晓坐》、《二泉亭》、《晓起楼望》等是也。这与其这一时期所作五古山水风景诗的风格是一致的。二是典重深厚者，如《淞乱杂述十首》、《热河失守，感赋五首》、《游仙四首》等，多组诗，题材多为感慨国家大事者，其廊庑阔大、波澜翻腾，与长篇五古有相似之处，但是精致、典重则远过之。三是坚苍阔大者，这主要是钱先生在20世纪30年代及其以后所作的一些山水风景诗，如《金山》、《甘露寺悬崖》、《焦山四首》等，可以与杜濬《金山》、《焦山》诗相媲美。不过，此类诗不是很多。四是朴老平实者，以写村居和相关的情景为主，如《移居萝村五首》、《廉江至广州湾道中三首》、《寓楼杂诗八首》、《浦东村居杂感六首》、《再叠村居杂感韵六首，答仲道和》等，有很少用典故的清真者，但是，特别是后来所作，用典故还是比较多的，不过，总之不失为平实。

五绝源于民歌，后来流变为两大类，一类保持民歌朴素自然的特点，另外一类则以精工细致为特点。钱先生诗集中，五绝很少，有之，则为朴素自然一路。1938年在湖南所作《短谣十首》，是其五绝的典型之作，如："锦缆牙樯去，唯闻载达官。哀鸿千万队，风雨立江干。""江上桃花水，猩红血未消。那知亡国恨，夜夜荡脂妖。"当然，这种朴素自然，是古语的朴素自然，与以白话为诗，还是有本质的区别的。

钱先生诗集中的七言古诗，当然以《蝴蝶曲》、《后蝴蝶曲》两首梅村体七言歌行为代表作。这两首诗，前文已经专门论之，此不赘论。钱先生的七言古诗，写山水景物或者题画等等者，奇气纵横，文采烂漫，早年所作，尤其如此。如《樱花叹》、《为表兄翁忍华题陶云伯邹巷古藤图》、《法相寺古樟》等，后来所作如《松岑丈来，告游虞山，诗以速之》、《题守玄师属题黄丈滨虹蜀江山水长卷》、《龙隐岩》、《还珠洞》、《飞瀑泉在山围深处，黄宾虹先生锡此名》、《勾漏洞》、《白沙洞》、《桃源洞》、《为又辛题季今啬溪山无尽长卷》、《宣城梅花杖引，谢陈从周先生》等，文采之烂漫，不及前期所作，而奇气纵横，则有过之，曲折腾挪，则肯定更上一层楼，甚至或有奇奇怪怪若韩愈、卢仝、李贺一路者。至于《题黄丈滨虹为陈师守玄摩盂鼎铭长卷》、《邓散木刻印相贻，报以长歌》等，则明显是以学问为诗，远绍韩愈某些作品，近接乾嘉诸老和翁同龢某些作品。

钱先生诗集中，用以纪事的七言古诗很多，特别是在30年代，尤其如此，如《哀沈阳》、《哀长春》、《马将军歌》、《哀锦州》、《飞将军歌》、《李营长死事诗》、《胡烈士诗》、《虹口义屠诗》、《五百死士歌》、《哀冷口》、《哀南口》、《哀大同》等，得杜甫在"安史之乱"中所作七言古诗之神理，与之相比，杜甫所作写实较多，而钱先生所作以奇幻为胜，极尽渲染、烘托、对比、想象、夸张、跌宕、开阖之能事，于清代求之，则出朱琦反映鸦片战争诸诗中七言古诗而驾其上。

钱先生之七律，早年所作，如《南堂》、《维摩寺望海楼月夜》、《深秋》、《离乡》、《涩枕》等，以及在上海时期游西湖所作《平湖秋月坐雨》、《宋庄》、《花港》、《湖上杂感四首》等，深曲细致，时有硬句，当是受当时同光体等学宋诗风的影响。"九一八事变"以后，钱先生诗风一变，反映国家大事的七律，美不胜收，如《书愤》、《近闻四首》、《斫地》、《春雪》、《青鸾》、《有感四首》、《重有感四首》、《夹竹桃，无恙属赋》、《本事》、《感事》、《近事》、《孤愤》、《书感二首》、《丙子元旦雪中作》、《上元雪中作》、《荒唐》、《顷刻》、《初闻冀北消息》、《平津沦陷感赋四首》、《岁暮杂感四首》、《闻河南消息》等，40年代末、70年代中所作叠杜甫《秋兴》韵等，都是钱先生七律的代表作。这些诗歌，杜甫之阔大沉厚、韩愈之雄健挺拔、李商隐之细密富赡及点染藻采，能合于一手，其中质实坚苍之处，则又得之于清代顾炎武和鲁一同，于常熟而言，当然明显有钱谦益以及冯舒、冯班的影响。

古代诗歌中的七绝，有"软笔"、"硬笔"两大类。前者以轻灵流畅、风韵卓绝、悠扬婉转取胜，后者则以平实劲健或硬语盘空取胜。钱先生诗集中的七言绝句，都是以软笔为之的。其中代表作，窃以为首推《游仙诗》数十首，这在前文有详细阐述。此外，如《玉岑招听方红宝鼓词三首》、《九月十四日游湖得绝句五首》、《宝界桥上和无恙》、《海西近事》、《云史先生自香港惠诗，答和四首》、《杨柳枝》、《湘女子唐桂林男妆从戎八载，抗日军兴，转战南北战场，屡立军功，今之木兰也。为赋四绝句》、《读昌谷集绝句六十首》、《丁巳西湖杂诗二十首》、《滇游绝句二十二首》等，佳作举不胜举。总的说来，钱先生的七言绝句，以得之于李商隐为多，神理细密之处，又得之于宋人，而大多神韵卓绝、风调盎然，又精严醇美。

陈三立是近代诗坛上的一个大家，同光体诗的代表诗人，其诗歌成就，当然是非常高的。不过，陈三立的诗歌，有一个明显的缺点，这就是，他早年的诗歌风格，与他晚年的诗歌风格，没有什么区别。一个人的心灵，早年与晚年，肯定是有这样那样的不同的。诗为心声，如果早年的诗歌与晚年的诗歌一样，这里肯定是有问题的。钱先生与陈三立完全不同。钱先生是个早熟、高寿、大成的天才。他一出手，所写诗歌就非常成熟，把他 15 岁时作的诗歌放在厉鹗甚至是唐代王维、孟浩然的诗集中，人们也很难看出来。佛家提倡“常觉不住”，意思是人生修养，要不断进取。钱先生于诗歌之道，即是如此。他一出手所作诗歌就很成熟，但是他没有在这样的“成熟”中停止脚步。实际上，在八十多年的创作历程中，他从来也没有停止过自己在思想、艺术上追求的脚步，他晚年的诗歌，与他早年相比，尽管都是上乘之作，但是，各自的特色是很明显的。大体说来，钱先生早年的诗歌与他晚年的诗歌相比，前者以感受胜，后者以见识胜；前者以功夫胜，后者以学问胜；前者为天才之诗，后者乃智者之诗；前者天真烂漫，后者隽永深沉。当然，这仅仅是从总体上而言。

此外，钱先生在词的写作方面，也足以称大家。他的诗词集中所存词，仅仅 58 首而已，但是，可以说每一首都佳。从晚清到民国，可以说，是朱祖谋一路的词风风靡词坛，前有朱祖谋，后有他的继承人龙榆生。他们一路，就是富有阴柔之美、词藻华美，甚至涂抹堆砌的一派，其底色乃南宋吴文英的格调。钱先生中年才开始填词，当时他是著名诗人，在大学里教过多年的古典文学，对为词之道，肯定已经有深入的了解和自觉的意识，所以，他一出手就非常成熟，并有自己的特色。他在诗歌艺术方面已经具有的精深造诣，他对文学艺术的见解，使他填词决不走当时流行的朱祖谋那一路。钱先生的词，有苏轼词的气度，而没有其少含蓄之病；有辛弃疾词的沉雄，而没有其粗豪之病；有婉约诸家的辞采，而没有他们繁缛、堆砌、纤弱之病；有姜夔之清空，而又点缀典故，不失富贵态。其总体特色，乃雄深雅健，奇丽高华，如老树著花，大海悬虹。在这样的总体特色之下，长调和中调，也还有某些不同。在钱先生的词中，长调占绝对多数，如《烛影摇红·廖忏庵先生于守玄阁座上题赠新词，……次韵报谢》、《念奴娇·寄张孟劬先生燕京》、《念奴娇·题段无染摩其师黄宾虹桂林阳朔山水画册》、《扬州慢·江楼晚眺》、《水龙吟·八月二十一晚，风雨中京口渡江北》、《摸鱼儿·丁酉感埃及近事有作》、《湘月·闰中秋，杨白桦邀观所编嫦娥奔月剧》、《金缕曲·辛丑秋与夏瞿禅共寓国际饭店十三楼》、《贺新郎·十二周年国庆，客上海国际饭店十三层楼，夜观灯市烟火有作》、《风流子·拙政园夜游》、《木兰花慢·黄任之先生挽词》、《水龙吟·仲弘元帅哀词》、《买陂塘（听龙吟）》、《大江东去·游黄州赤壁》等，境界阔大，感慨深沉，情绪浓烈，又曲折跌宕，益显酝酿醇厚，舒展翻腾，曲尽其妙，而点染辞采，刚济以柔，韵味独特。至于中调、小令，则相对于长调而言，多些阴柔之美，以宛转的风调、旷远迷离的意境和更多的词藻胜。如为铁琴铜剑楼传人瞿旭初《疏香阁图》所题《减字木兰花》、《浣溪沙·落花》、《点绛唇（梦雨飘来）》等，也是如此。

钱先生的诗集，有1930年与王蘧常诗歌的合刊本《江南二仲诗》，排印本；《游仙诗》，有1934年木刻本；《梦苕庵诗存》三卷，1937年无锡国专排印本。以上三种，现在已经不易找到了。1983年油印本《梦苕庵诗词》，其中诗六卷，词一卷。此本收录钱先生1983年之前所作。1994年4月广东南社研究会刊《梦苕庵诗词》，收录诗七卷，词一卷，收录下限止1992年，另外增加了《梦苕庵联语》十四联。诗词、联语，都编年排列。不过，油印本中有少数几首诗歌，不见于此本。至于钱先生为什么要删除这几首诗，我也难以明白。2004年8月北京图书馆出版社出版《梦苕庵诗词》，不分卷，上编为诗，下编为词，都编年排列。这实际上是1994年广东版本的选本，这个本子中所收录，广东本中都有，但是所收比广东本少得多。2008年黄山书社出版、周秦和刘梦芙所编《梦苕庵诗文集》，所收最全。

钱先生虽然最早以诗人成名，但是，就他一生而言，其学术成就，更为人所重，影响也更大。以《近代诗评》为标志，钱先生由诗歌创作，发展为诗歌研究，因而走向了学术。在此后，对钱先生来说，这两者是相互促进的。钱先生对诗歌的研究，可以分为包括诗歌评论在内的理论研究和诗歌注释。当然，这两者之间，也是相互渗透的。前者以《梦苕庵诗话》和一系列的研究论文为代表，后者则以一系列的诗歌别集注释为代表。钱先生最早选择《人境庐诗草》和《海日楼诗》来注释，明显有借鉴黄遵宪、沈曾植诗歌艺术，以进一步提高自己诗歌创作水平这样的意图，钱先生本人就是这样说的。他说，选择韩愈的诗歌作注释，是因为“我爱好同光体诗派，韩诗是同光体派奉为祖师的，对我写作上起很大作用”[1]。为刘克庄的词作注释，我想也有同样的目的，事实上，刘克庄的词，正是钱先生为词所取法的主要对象之一。他增注《鲍参军集》，尽管是为了完成其祖父未竟之业，注释陆游的诗歌，尽管是接受出版社的邀请，但是，应该也有类似的目的在。这只要看他诗

钱先生著作等身而又半。摄于2002年

词中所用不少典故和其不少诗词句子的“脚跟”出自这些诗词集，就可以证明这一点。另一方面，因为钱先生是写作诗词的行家里手，因此，他注释前人诗词，就可以切中肯綮，非隔靴搔痒者可望其项背。在《韩昌黎诗系年集释》中，韩愈诗歌下所罗列的诸家评语，都是钱先生收集和选择的，如何选择，有钱先生自己的义法在，这与钱先生自己精湛的诗歌艺术，又是紧密联系在一起的。这些，在有关部分我已经作过具体的论述了。要之，钱先生自己的诗词艺术与其诗词方面学问造诣之间，是相互促进的。

钱先生自己的诗词艺术与其诗词方面的学问造诣，乃是他成为一个出色的教育家的必要条件之一。这个条件，使他在大学讲坛上，特别是在研究生培养中游刃有余。当然，除了这个一般人难以达到的条件外，他还具备另外一些一般人难以达到的条件，这些条件，使他成了出色的教育家。现在社会上，这样那样的“学”很多，这样那样的“家”也很多。一个人达到什么样的程度才有资格被称为某一方面的“家”，也应该有个客观标准。一个教育家，他应该有长期的教学实践，特别是第一线的教学实践；应该有自己独特的教育理论，并且这些理论，已经在他的教育实践中实施；他的实践与理论，应该有卓越的成效。钱先生1927年春就开始了他的教师生涯，直到2003年逝世，教龄长达75年之久，其间教过私塾、中学和大学，其中在大学任教达六十多年，这样长的教育实践，恐怕即使在全世界来说，也是不多的。钱先生的教育思想，本书在他无锡国专任教阶段和在苏州大学任教阶段所作研究中，就有比较详细的介绍和论述。至于钱先生75年教育生涯的卓越成就，那更有目共睹。他在无锡国专任教时的学生，不少就已在学术界灿烂的众星之中，发出引人注目的光芒，人们常会开列出一串长长的名单。此后他所培养出来的学生，他们的成就，也是学术界所共知的。1993年12月，钱先生荣获全国性的教育奖——曾宪梓教育奖，1996年4月，他又被评为江苏省优秀研究生教师。作为一个如此出色的教育家，他是当之无愧的。

2001年冬天钱仲联携弟子一行游嘉兴

注释

[1] 钱仲联:《钱仲联自传》,见江苏省政协文史资料委员会编:《江苏文史资料》第41辑《江苏近现代历史人物》第2集,《江苏文史资料》编辑部1991年版,第218页。

诗学霸才

钱仲联

后　记

我是人们常说的"77级"中的一员。1978年春进入江苏师范学院(今苏州大学)后,我看到文科楼底楼书法展览中有钱先生的作品,字非常秀气,有"二王"的笔意。书法的内容,是钱先生为欢迎我们入学作的绝句。我第一次见到钱先生,大约是此后不久,在现在苏州大学本部钟楼的小礼堂里,我们听钱先生作学术报告。报告的内容,是讲诗歌创作中的形象思维。当时,毛泽东给陈毅的关于论写诗要用形象思维的一封信发表不久,关于形象思维的讨论,成为热门的话题,所以学生会请钱先生作这方面的学术报告。钱先生的那次学术报告,主要是结合李商隐的《泪》、辛弃疾的《贺新郎(绿树听鹈鴂)》等诗词来讲的。当时的情景,甚至钱先生当时的音容笑貌,至今仍然历历在目,弹指间,已经整整30年过去了!

2006年秋,北京大学出版社邀我为《中国学术大师系列》丛书撰写钱先生的传记,作为钱先生的弟子,我深感荣幸,但我当时在美国教书,次年五月才能回国,因此也曾为有可能耽误出版时间而深感不安。感谢出版社对我的信任,还是将这个任务留给了我。去年五月初回国后,我就开始奋力撰写此书,现在终于按照要求完成了任务。

关于钱先生的传记资料,已经有钱先生自己写的自传多种,别人所写介绍钱先生家世、生平及其诗文、学术等的文章,那就更多了。那么,本书所写,与以前钱先生和诸君所写的,异同到底如何呢? 套用一个说法,就是"同乎不得不同,异乎不得不异”。

具体说来，本书在以下三个方面，比较注重。

一是对钱先生所处人文环境的介绍。《论语·公冶长》中，孔子评论宓不齐，“君子哉若人！鲁无君子者，斯焉取斯？”意思是说，宓不齐成为君子，这跟鲁国多君子的环境是分不开的。钱先生成为文化大家，这跟他所在的人文环境是分不开的。因此，本书花了比较多的篇幅，写钱先生在各个阶段的人文环境，包括他的文化交游，其中涉及到许多文化名人，以及他们之间诗歌唱和等风雅之事。

二是对钱先生诗歌的阐述。钱先生是个著名的诗人。他主张诗歌应该反映社会现实，为现实服务，同时也讲究诗歌的艺术性。本书选择了他在各个阶段的代表作品作阐述，这一部分，也占比较大的篇幅。例如，其名篇前后《胡蝶曲》，20 世纪 30 年代写的前后《游仙诗》，70 年代写的《游仙诗》，都是钱先生诗集中的上乘之作，我大多作了阐述。必须说明的是，作为笺注了许多种古典诗词别集的诗人，钱先生写作诗歌，其词语、典故空间，是非常广阔的，他的诗歌中典故很多。就诗歌传统而论，七言歌行、《游仙》、《秋兴》这些诗歌，用典又特别多、特别杂，在钱先生手里，这些诗歌当然更是如此。因此，上述提到的这些诗歌，都是典故多而杂的诗歌。相比之下，古典犹自可，“今典”更难对付。这些诗歌，无一例外地与当时的社会政治有关，而当时的政治环境中，这些诗歌中要表达的某些内容甚至涉及的某些话题，多少有点不合时宜，甚至是禁忌，因此，钱先生不得不用非常晦涩的语言来表达他所要表达的内容。这就大大增加了我们理解这些诗歌的难度。更何况，余生也晚，前后《游仙诗》、前后《胡蝶曲》等写的社会政治，我也没有切身的了解，至于有些具体的事件，更加难以索考了。可是，这些诗歌确实是钱先生诗歌中最有价值、最有魅力也最能代表他的创作风格的诗，于是，我不揣浅陋，把我对这些诗歌的理解讲给大家听，与大家共同欣赏、学习、探讨。

三是对钱先生著述的详细介绍。对钱先生的学术著作，一一作比较详细的介绍，对钱先生所写的通俗读物和编的前人作品选集或总集等，则介绍得比较简单。对钱先生所写学术论文，凡是发表在学术期刊上并且被钱先生收入 1993 年中华书局版《梦苕庵论集》的，我都一一作介绍。

也许有人会问，你在钱先生门下这么多年，曾经听到过钱先生什么特别的议论或者遗闻轶事之类呢？当然有一些，不过不太多，我也根据需要把它们写到此书中合适的部分中了。

钱先生是一座文化高山。《诗经》中说,“高山仰止”,作为钱先生的弟子,“仰止”之余,我还想把看到的这座高山的情景说给大家听,指给大家看。当然,对我来说,这座高山实在是太高太大了,所以,渺小如我者,所能看到的,肯定仅仅是山上某些容易见到的景观,至于看得不真切的地方,甚至看错了的地方,一定也是无法避免的,因此,我恳切地希望读者批评指正。

我在钱先生门下多年,现在有机会为钱先生写书,为传播他的学术思想、展示他的精神魅力做些力所能及的工作,这对我来说,实在是非常幸运的。衷心感谢本书责任编辑魏冬峰女士,是她不时地关心和催促,使我抓紧时间完成了这个任务,又是她细致的审稿,减少了此书中的错误。

赵杏根

2008 年 4 月